中国乡村社会大调查 CRSS 项目系列成果

民族地区中国式现代化调查研究丛书　何　明　主编

团结聚力促进民族地区乡村振兴

云南省宁洱县乡村振兴调研报告

张锦鹏　陈曦　等　著

Uniting and Gathering Strength to Promote Rural Revitalization in Ethnic Minority Areas

A Research Report on Rural Revitalization in Ning'er County, Yunnan Province

社会科学文献出版社
SOCIAL SCIENCES ACADEMIC PRESS (CHINA)

中国乡村社会大调查(CRSS)云南样本县分布图

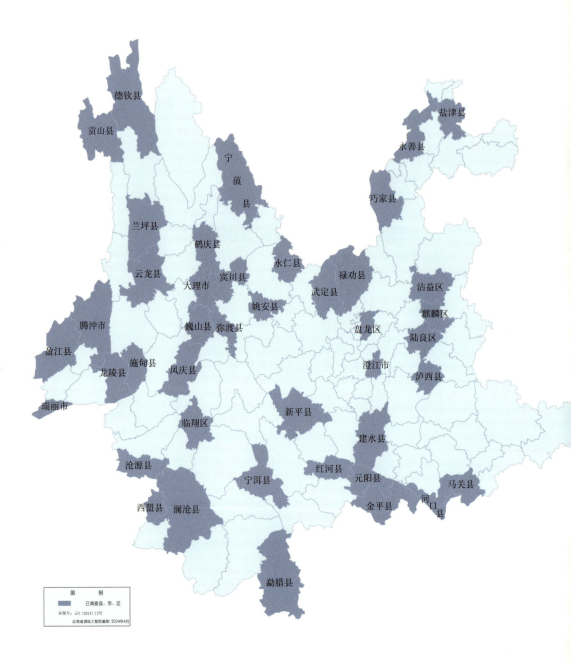

德钦县
贡山县
宁蒗县
兰坪县
鹤庆县
云龙县
永仁县
宾川县
禄劝县
沾益区
大理市
武定县
麒麟区
腾冲市
姚安县
陆良区
盈江县
巍山县
弥渡县
盘龙区
施甸县
凤庆县
澄江市
泸西县
龙陵县
瑞丽市
临翔区
新平县
建水县
沧源县
宁洱县
红河县
元阳县
马关县
西盟县
澜沧县
金平县
河口县
勐腊县
盐津县
永善县
巧家县

图 例
█ 已调查县、市、区
审图号：ZS（2024）12号
云南省测绘工程院编制 2024年4月

中国乡村社会大调查学术指导委员会

总　序

　　中国近代的现代化进程，如果把发轫追溯到 1840 年鸦片战争催生的国民警醒，已有一百多年的历史。从近百年中国乡村研究的学术史看，我国学界很早就清醒地认识到，中国走向现代化的最大难题是乡村发展。在这一进程中，通过社会调查来深入了解现代化背景下中国乡村发展的道路和难题，一直是中国社会学、民族学、人类学的学科使命。事实上，自 20 世纪我国著名社会学家陶孟和首倡实地社会调查以来，几代学人通过开展乡村社会调查，对中国乡村社会的发展进程进行了长时间、跨地域的动态记录与分析。这已经成为中国社会学、民族学、人类学"从实求知"、认识国情和改造社会的重要组成部分。

　　云南大学作为中国社会学、民族学和人类学的起源地之一，为丰富中国社会的乡村调查传统做出了持续性的贡献。80 多年前，国难当头之际，以吴文藻、费孝通为代表的一批富有学术报国情怀的青年学者，对云南乡村社会展开了实地调研，取得了丰硕的学术成果，留下了"报国情怀、社会担当、扎根田野、自由讨论、团队精神、传承创新"的"魁阁精神"。中华人民共和国成立之后，云南大学全面参与了民族识别和民族大调查的工作，推动云南各民族融入中华民族大家庭的进程，积累了大量民族志资料。21 世纪初，云南大学又组织开展了覆盖全国 55 个少数民族的"中国民族村寨调查"，真实书写了中国少数民族半个世纪的发展历程及文化变迁。

　　党的二十大报告强调，"全面建设社会主义现代化国家，最艰巨最繁重的任务仍然在农村"。"仍然在农村"的认识，一方面是指，在我国人多地少的基本国情下，振兴乡村成为一个难题由来已久；另一方面也是指，乡村振兴的问题至今还没有得到根本解决，城乡发展的差距仍然较大，农业、农村和农民发展的"三农"问题仍然是中国实现现代化的艰巨任务。所以说，在我国经济社会发展的新阶段，调查乡村、认识乡村、发展乡村、振兴乡村，仍是推进中国式现代化的重中之重。

2022 年，为了服务国家"全面推进乡村振兴"和"铸牢中华民族共同体意识"的大局，落实中央《关于在全党大兴调查研究的工作方案》的文件精神，赓续魁阁先辈学术报国之志，云南大学又启动和实施了"中国乡村社会大调查"（CRSS）这一"双一流"建设重大项目。

本次云南大学推动的"中国乡村社会大调查"项目是针对云南省乡村居民的大规模综合社会调查。该调查以县域研究为视角，通过概率抽样的方式，围绕"产业振兴、人才振兴、文化振兴、生态振兴、组织振兴"以及铸牢中华民族共同体意识等主题对云南省 42 个样本县（市、区）进行了定量和定性相结合的调查。该调查以云南大学为主体，联合中国社会科学院、北京大学、复旦大学、华东师范大学、上海大学、西南大学、贵州省社会科学院、贵州财经大学、云南师范大学、玉溪师范学院、昭通学院等 15 家高校和研究机构，组成了 875 名师生参与的 42 个调查组，深入云南省 42 个县（市、区）的 348 个行政村、696 个自然村进行问卷调查和田野访谈工作。调查团队最终行程 7 万余公里，收集了 348 份目标村居问卷和 9048 份目标个人问卷，访谈地方相关部门成员、村干部和村民累计近千次。

在实际组织过程中，本次调查采用了"以项目为驱动、以问题为导向、以专家为引领"的政学研协同方式，不仅建立了省校之间的紧密合作关系，还设立了由我和云南大学原党委书记林文勋教授担任主任的学术指导委员会。委员均为来自北京大学、清华大学、中国社会科学院等高校和研究机构的社会学家、民族学家和人类学家，直接参与了调查方案设计、专题研讨以及预调研工作，充分保障了调查支持体系的运行。中国社会学会原秘书长谢寿光，卸任社会科学文献出版社社长后，受聘为云南大学特聘教授，以其多年组织全国性社会调查的经验，作为本次调查执行领导小组的负责人，具体组织实施了调查和成果出版工作。此外，为了便利后续的跟踪调查,更好地将学校小课堂延伸到社会大课堂、更好地服务于地方发展,本次调查还创建了面向国内外的永久性调查基地,并在此基础上全面推进全域调查基地建设、全面打造师生学习共同体,这一点在以往大型社会调查中是不多见的。

本次调查在方法设计方面也有一些值得关注的特色。首先,过去的许多大型社会调查以量化问卷调查为主,但这次调查着重强调了混合方法在大型调查中的应用,特别是质性田野调查和社会工作服务如何与量化问卷调查相结合。其次,这次调查非常重视实验设计在大型调查中的应用,对抽样过程中的匹配实验、问卷工具中的调查实验和社会工作实践中的干预实验都进行了有针对性的设计,这在国内的社会调查中是一个值得关注的方向。再次,与很多以往调查不同,本次调查的专题数据库建设与调查同步进行,从而能够及时地存储和整合调查中收集到的各种数据,包括但不限于问卷调查数据、田野访谈录音、官方数据、政策文件、实践案例、地理信息、照片、视频、村志等多种文本和非文本数据,提高了数据的共享程度、丰富程度和可视化程度。最后,本次调查在专题数据库建设过程中,开创性地引入了以 ChatGPT 为代表的人工智能技术,并开发研制了"数据分析与文本生成系统"(DATGS),在智能混合分析和智能文本生成方面进行了深入探索,这无疑有助于充分挖掘数据潜力。

本次调查的成果定名为"民族地区中国式现代化调查研究丛书",这一定名全面地体现了本次调查的特色与价值,也体现了云南大学百年来在乡村社会调查中的优良传统,标志着云南大学乡村社会调查传统的赓续进入一个新的阶段。丛书约有 50 种,包括调查总报告、若干专题研究报告以及 42 部县域视角下的针对所调查区县的专门研究。作为一项庞大而系统的学术探索,本丛书聚焦于民族地区乡村社会的多个层面,翔实而深入地记录和分析了当代中国民族地区在迈向现代化的进程中所经历的变迁和挑战,描述和揭示了这一进程的真实面貌和内在逻辑,同时也为相关战略、政策的制定和实施提供了科学依据和理论支持。

本丛书研究成果的陆续推出,将有助于我们更加全面而深入地理解我国民族地区乡村社会转型和发展的多样性和复杂性，为民族学和社会学的发展注入新活力、新思想。期待本丛书成为推动中国社会学和民族学发展一个重要里程碑。

2023 年 10 月 31 日于北京

目　录

绪　论

实现"两个一百年"奋斗目标、实现中华民族伟大复兴，是新时代中国共产党人的政治宣言和庄严使命。其中的重点、难点和短板是"三农"问题，这是全党和全社会的共识。党的十九大提出了"实施乡村振兴战略"，这是一个新战略，是着力从根本上解决"三农"问题的重大举措，切中了中国乡村发展的要害，指明了新时代乡村发展的方向。党的二十大报告指出要"全面推进乡村振兴"，继续保持工作的连贯性。实施乡村振兴战略是中国式现代化征程中解决"三农"问题的总抓手。

云南大学是云南省唯一的"双一流"建设大学。云南大学以人才优势和智力优势，服务好国家和云南省乡村振兴战略。推进云南省全国民族团结进步示范区建设，不仅是继承传统的体现，而且是服务社会实践的需要，也是学校建设与发展的需要。正是基于这一理念，云南大学组织实施"中国乡村社会大调查（云南）"重大项目，项目计划围绕乡村产业振兴、人才振兴、文化振兴、生态振兴、组织振兴及新时代民族工作，深刻反映云南脱贫攻坚的历史性成就和云南乡村振兴的具体实践，为边疆民族地区高质量发展提供智力支持。

开展"中国乡村社会大调查（云南）"，是云南大学继承吴文藻、费孝通等"魁阁"先辈学术报国精神的体现。吴文藻、费孝通等是我国著名的社会学家和人类学家，他们早在 20 世纪 40 年代初期，就对云南进行了深入的社会调查和研究，还出版了一系列社会学著作，产生了《云南三村》《生育制度》《祖荫下》《芒市边民的摆》《彝族简史》《傣族史》等一批学术经典，开拓了中国社会学、民族学、人类学等社会科学学科的领域，至今仍有广泛的影响。改革开放以来，费孝通等人深入农村进行调查研究，了解中国农村的真实情况，撰写了大量有关农村变革的文章和报告，为中国的农村改革事业提供了宝贵的参考，留存了大量的时代资料。

乡村调查一直是云南大学的传统。云南大学多年来积极参与大量云南民族村寨调查，收集了许多文字资料，编辑出版了很多民族研究著作，取得了不少成果，在人类学界产生了较大的影响。1999年，云南大学实施了"跨世纪云南少数民族调查"项目，组织了一支142人的调查队伍，组成了25个民族调查组和1个遗传信息调查组，对人口在5000人以上的云南25个少数民族进行了田野调查。调查组采用现代人类学通行的小型社区调查的方法进行研究，即从每个民族聚居区中选择一个具有典型性的村寨进行重点调查研究。在对云南少数民族村寨完成调查并取得一定经验之后，云南大学又将调查推向全国少数民族村寨，最终完成了56个村寨调查，出版调查研究报告64本（包括汉族1本），共1700余万字，收集了大批实物，拍摄了14000多张照片，摄录了一批音像资料。这次是继20世纪50年代全国民族大调查半个世纪之后又一次规模较大的民族调查。这次调查达到了为民族学研究提供大批丰富鲜活材料，为国家完善民族政策、做好民族工作提供决策参考的目的。

为了更好地开展田野调查工作，从2003年起，云南大学民族学与社会学学院建立了10余个田野调查基地，包括红河哈尼族彝族自治州元阳县新街镇箐口村（哈尼族）、怒江傈僳族自治州福贡县鹿马登乡赤恒底村（傈僳族）、丽江市玉龙纳西族自治县黄山镇南溪村（纳西族）、大理白族自治州剑川县沙溪镇石龙村（白族）、昆明市富民县东村乡芭蕉箐村（苗族）、玉溪市通海县纳古镇纳家营村（回族）、昆明市石林彝族自治县圭山镇大糯黑村（彝族）、怒江傈僳族自治州贡山县独龙江乡迪政当村（独龙族）、德宏傣族景颇族自治州芒市西山乡（景颇族）、西双版纳傣族自治州勐海县勐海镇曼腊村（傣族）、西双版纳傣族自治州景洪市基诺山基诺族乡巴朵村（基诺族）、西双版纳傣族自治州勐海县西定乡章朗村（布朗族）等，为云南大学民族学专业师生开展长期的田野跟踪调查提供了稳定的调查点，也为民族学专业本硕博各层次学生提供了实习基地。云南大学西南边疆少数民族研究中心还成功对接了民族学与社会学学院举办的第 12 届教育部研究生教育创新计划项目暨"云南大学研究生田野调查暑期学校",在学界产生了广泛的影响。

2022 年 10 月 27 日下午,在云南大学东陆校区文津楼报告厅,启动实施了重大项目"中国乡村社会大调查(云南)"。时任云南大学党委书记林文勋宣布,该项目正式启动。这是一项对云南大学民族学一流学科建设有重大意义的项目,也是对高校学术研究服务社会、助力边疆民族地区乡村振兴、建设中国式现代化具有重大意义的项目。

开展"中国乡村社会大调查(云南)",是云南大学服务云南高质量发展大局的需要。云南作为边疆民族地区,曾是全国贫困人口最多、贫困深度最深的省份,在取得了打赢脱贫攻坚战的伟大胜利以后,做好巩固拓展脱贫攻坚成果同乡村振兴有效衔接、做好乡村振兴这篇大文章,是云南实现跨越式、高质量发展,实现现代化的中心工作和重大课题。"中国乡村社会大调查(云南)"围绕乡村"五大振兴"及新时代民族工作,记录历史足迹,反映成就经验,展望未来前景,提供智力支持,具有重大的现实意义、实践价值和理论价值。

开展"中国乡村社会大调查(云南)",是助推云南大学"双一流"建设的需要。正如 2022 年 10 月 27 日下午,时任云南大学党委书记林文勋在中国乡村社会大调查(云南)启动仪式上讲话时强调的:"中国乡村社会大调查是新时代、新形势下,云南大学推动民族学、社会学发展的综合性大项目。大调查要融学科建设、人才培养、学术研究、社会服务为一体,进一步提升我校民族学、社会学的学科建设水平,并着力培养一批未来的中国优秀的社会学、民族学研究者。要通过本次大调查,打通社会与学校之间的联系,把学校小课堂延伸到社会大课堂,全面推进全域调查基地建设,面向社会、面向实践,提升人才培养质量。要通过本次大调查,掌握第一手材料,研究国家经济社会发展当中的重大理论问题、现实问题,在此基础上产出一批高质量的、有影响的学术成果,全面提升学术水平。要通过本次大调查,进一步服务国家战略,服务云南发展,全面提升云南大学师生和学科服务社会的能力。"

总之，"中国乡村社会大调查（云南）"是对于乡村发展的全面深入探索，对于解决乡村问题、实现乡村可持续发展、推动中国社会与经济的发展具有重要意义。

"中国乡村社会大调查（云南）"具体由云南大学民族学与社会学学院组织实施。2023年春节前后，由云南大学牵头，来自全国18所高校的875名师生奔赴云岭大地42个样本县（市、区）348个行政村696个自然村的9048个农户家庭展开了一场大规模的田野调查研究。"中国乡村社会大调查（云南）"立足于云南乡村的经济社会发展和民族团结进步，以县域为研究单位聚焦乡村振兴，采用"定量+定性+社会服务实践"的混合调查研究模式，系统发掘与总结云南省乡村振兴、民族团结进步示范区建设经验，服务和融入国家发展战略。在定量数据采集方面，采用分层、多阶段与人口规模成比例（PPS）的概率抽样方法，收集一系列的田野调查资料，建成一个反映新时代云南省情的"中国乡村发展数据库（云南）"；在定性研究方面，聚焦乡村人口、土地流转、基层治理、教育等现实问题，针对重点地区开展系列专题研究；在社会服务实践方面，开拓探索有云南大学特色的民族社会工作之路，同时产出一批支撑云南大学"双一流"二期建设的重大标志性成果。

宁洱哈尼族彝族自治县（以下简称"宁洱县"）是大调查确定的42个样本县（市、区）之一。中国乡村社会大调查宁洱调查组（以下简称"宁洱调查组"）在2023年1～10月多次深入宁洱县开展实地调查，按照统一格式和要求，针对宁洱县的实际情况，收集了大量的基础数据，获得了大量村居问卷、个人问卷资料，数个县直部门的质性访谈资料。经过后期的认真梳理和深入分析，宁洱调查组认为，宁洱县作为典型的少数民族自治县，一直以铸牢中华民族共同体意识为主线，大力弘扬民族团结誓词碑优良传统，紧紧围绕"共同团结奋斗、共同繁荣发展"的目标，以民族团结进步示范区建设为依托，取得了脱贫攻坚和乡村振兴的突出成就，2018年被国家民委命名为"全国民族团结进步创建示范县"，是以团结促发展的民族地区乡村振兴样本。本书是宁洱调查组师生深入调查、认真梳理、共同研究的结晶。

一　乡村振兴的国家战略与政策设计

农业、农村、农民问题是关系国计民生的根本性问题，党始终把解决好"三农"问题作为全党工作的重中之重。随着形势的新发展、新变化、新要求，党解决"三农"问题也出现了一系列新思路、新变化。

第一，从战略的高度重视"三农"问题。习近平总书记在党的十九大报告中指出：实施乡村振兴战略，要坚持农业农村优先发展，按照产业兴旺、生态宜居、乡风文明、治理有效、生活富裕的总要求，建立健全城乡融合发展体制机制和政策体系，加快推进农业农村现代化。由此看出，乡村振兴战略是中央在新发展理念框架下，对"三农"工作的整体性、全面性部署，是一项系统性、综合性工程，体现了我们党从战略的高度重视"三农"问题。

实施乡村振兴战略，要坚持农业农村优先发展，努力实现农业强、农村美、农民富，总目标是农业农村现代化，途径是城乡融合发展，核心举措是美丽乡村建设。具体表现在以下方面。一是理论方面。要改变城市偏向的发展思维，坚持农业农村优先发展，实现城乡融合发展。二是总体要求方面。就是五句话，即"产业兴旺、生态宜居、乡风文明、治理有效、生活富裕"，这二十个字是过去新农村建设二十个字的新提升。三是农业方面。既要加快推进农业农村现代化，又要努力将小农户与现代农业发展有机衔接。农业发展尤其要确保国家的粮食安全，要把中国人的饭碗牢牢端在自己手中。要在产业体系、生产体系、经营体系等方面加强社会化服务和政策支持。四是农村方面。要实现生态宜居、乡风文明、治理有效，尤其应强调加强农村基层的基础性工作，强调自治、法治和德治相结合的治理体系。此外，还要深化农村集体产权制度改革，壮大集体经济。五是农民方面。要实现农民生活的富裕，尤其强调促进农村三次产业融合发展，支持和鼓励农民就业创业，拓宽增收渠道，并保障农民财产权益。六是农地方面。要深化农村土地制度改革，完善承包地"三权分置"制度，保持土地承包关系稳定并长久不变，第二轮土地承包到期后再延长三十年。七是从业人员方面。鼓励更多科技人才投身振兴乡村的伟大事业，培养造就一支懂农业、爱农村、爱农民的"三农"工作队伍。

第二，以法律的形式为乡村振兴提供法治保障。《中华人民共和国乡村振兴促进法》在 2021 年 4 月 29 日由第十三届全国人民代表大会常务委员会第二十八次会议通过。共有十个章节，分别为：第一章总则，第二章产业发展，第三章人才支撑，第四章文化繁荣，第五章生态保护，第六章组织建设，第七章城乡融合，第八章扶持措施，第九章监督检查，第十章附则。《中华人民共和国乡村振兴促进法》以党中央关于实施乡村振兴战略的重大政策部署为基础，瞄准当前乡村发展中的突出矛盾和问题，充分利用法律的稳定性、规范性和可操作性特点，为全面实施乡村振兴战略提供了法治保障。该法的颁布具有重大的意义：为全面解决"三农"问题提供了制度框架，丰富了乡村法律制度体系；明确了党和政府在实施乡村振兴战略中的基本职责；为体现乡村价值和文化传承提供了法律制度支撑；为乡村治理体系和治理能力现代化建设奠定了法律制度基础；为城乡融合发展提供了法律实现路径。

第三，在"十四五"规划中突出以实施乡村振兴战略为引领。国务院编制印发的《"十四五"推进农业农村现代化规划》（以下简称《规划》），将"三农"工作重心转向全面推进乡村振兴。《规划》提出全面推进乡村产业、人才、文化、生态、组织振兴，推动农业全面升级、农村全面进步、农民全面发展。《规划》以农民农村共同富裕为目标，聚焦增加农民收入和提升农民生活品质，提出发展乡村富民产业、加强乡村基础设施建设、提高农民科技文化素质等要求，着力缩小城乡发展差距、促进农业高质高效、乡村宜居宜业、农民富裕富足。《规划》以农业现代化和农村现代化一体设计、一并推进为路径，把农业现代化和农村现代化作为一个整体来谋划，在产业发展、基础设施、生态保护、社会治理、乡风民风、深化改革、党的建设等方面综合施策，使二者同步推进，相得益彰。

第四，高度重视巩固拓展脱贫攻坚成果同乡村振兴有效衔接。2020 年 12 月 16 日，中共中央、国务院出台了《关于实现巩固拓展脱贫攻坚成果同乡村振兴有效衔接的意见》。党的十八大以来，以习近平同志为核心的党中央把脱贫攻坚摆在治国理政的突出位置，作为实现第一个百年奋斗目标的重点任务，纳入"五位一体"总体布局和"四个全面"战略布局，并作出一系列重大部署和安排。全面打响脱贫攻坚战，困扰中华民族几千年的绝对贫困问题历史性地得到解决，脱贫攻坚成果举世瞩目。① 打赢脱贫攻坚战、全面建成小康社会后，我国要在巩固拓展脱贫攻坚成果的基础上，做好乡村振兴这篇大文章。

中共中央、国务院印发《关于实现巩固拓展脱贫攻坚成果同乡村振兴有效衔接的意见》，明确提出，脱贫攻坚目标任务完成后，设立 5 年过渡期。脱贫地区要根据形势变化，理清工作思路，做好过渡期内领导体制、工作体系、发展规划、政策举措、考核机制等有效衔接，从以解决建档立卡贫困人口"两不愁三保障"为重点转向实现乡村产业兴旺、生态宜居、乡风文明、治理有效、生活富裕，从集中资源支持脱贫攻坚转向巩固拓展脱贫攻坚成果和全面推进乡村振兴。到 2025 年，脱贫攻坚成果巩固拓展，乡村振兴全面推进，脱贫地区经济活力和发展后劲明显增强，乡村产业质量效益和竞争力进一步提高，农村基础设施和基本公共服务水平进一步提升，生态环境持续改善，美丽宜居乡村建设扎实推进，乡风文明建设取得显著进展，农村基层组织建设不断加强，农村低收入人口分类帮扶长效机制逐步完善，脱贫地区农民收入增速高于全国农民平均水平。到 2035 年，脱贫地区经济实力显著增强，乡村振兴取得重大进展，农村低收入人口生活水平显著提高，城乡差距进一步缩小，在促进全体人民共同富裕上取得更为明显的实质性进展。这一文件的出台，为做好巩固拓展脱贫攻坚成果同乡村振兴有效衔接指明了路径，特别是对经济落后地区的发展意义重大。

第五，各级各部门"三农"工作安排部署以实施乡村振兴战略为导向。

---

① 《中共中央 国务院关于实现巩固拓展脱贫攻坚成果同乡村振兴有效衔接的意见》，求是网，2021 年 3 月 22 日，http://www.qstheory.cn/yaowen/2021-03/22/c_1127242075.htm。

一年一度的中央农村工作会议、中央一号文件，都以实施乡村振兴战略为导向。比如，《中共中央 国务院关于做好 2022 年全面推进乡村振兴重点工作的意见》《中共中央 国务院关于做好 2023 年全面推进乡村振兴重点工作的意见》，都是以中央文件的方式直接安排年度全面推进乡村振兴重点工作。各地各部门年度的农村工作会议、涉农文件，也都以实施乡村振兴战略为导向。比如，云南省为深入贯彻落实中央一号文件精神、扎实推进乡村全面振兴，结合自身实际，相应出台了《中共云南省委 云南省人民政府关于做好 2022 年全面推进乡村振兴重点工作的实施意见》《中共云南省委 云南省人民政府关于做好 2023 年全面推进乡村振兴重点工作的实施意见》，提出了云南省的年度重点工作。

总之，为促进乡村振兴，国家提出了实施乡村振兴战略，并从法律、文件、规划、实施意见等方面进行了顶层设计、规划引领、任务分解、落实举措制定，保证了乡村振兴工作思路清晰、方向明确、方法得当、措施有力。

二　凝聚中华民族共同体力量促进乡村振兴的理论思考

由于历史地理等多因素的综合影响，我国民族地区多数是贫困地区，如何在打赢脱贫攻坚战、全面建成小康社会后，在巩固拓展脱贫攻坚成果的基础上，做好乡村振兴这篇大文章，跟上整个国家发展的步伐，实现各民族共同繁荣富裕，是民族地区干部群众面临的重大课题。在民族地区实施乡村振兴战略，关键是把铸牢中华民族共同体意识贯穿于乡村振兴工作各领域、全过程，凝聚中华民族共同体力量，调动各民族的积极性，形成共同团结奋斗的合力，这是促进民族地区乡村振兴的必然选择。2018 年 3 月 8 日，习近平总书记在参加山东代表团审议时，高屋建瓴地提出了实施乡村振兴战略的"五个振兴"——产业振兴、人才振兴、文化振兴、生态振兴、组织振兴，"五个振兴"科学论断揭示了乡村振兴发展的基本规律，也是我国民族地区凝聚中华民族共同体力量，促进民族地区乡村振兴、提升乡村治理效能的着力点和主攻方向。

一是凝聚中华民族共同体力量，促进乡村产业振兴。乡村振兴，产业是基础。新时期实施乡村振兴战略要因地制宜，抓住产业发展这个"牛鼻子"。促进乡村产业振兴，要充分发挥各民族的共同力量，以"共同团结奋斗、共同繁荣发展"为主题，以实现各族群众共同富裕为目标，积极创造条件加快经济社会发展，全面激发内生动力。要立足当地资源禀赋、发展条件、比较优势等实际，找准当地群众共同富裕的切入点和发力点，促进当地特色优势产业走上规模化、规范化、标准化发展道路，构建起绿色安全、长远发展、优质高效的产业体系，推动乡村产业现代化步伐。要树立大农业的观念，引导并撬动资本力量，着重将制度、技术以及商业模式作为产业构建的原生动力，建立并完善利益联结机制，培育产业新业态，走新型农业现代化道路。要切实增强脱贫地区和脱贫群众内生发展动力，拓宽农民增收致富渠道，巩固拓展脱贫攻坚成果，培育乡村振兴支柱产业，促进农户增收。

二是凝聚中华民族共同体力量，促进乡村人才振兴。乡村振兴，人才是关键。促进乡村人才振兴，要调动和发挥各民族各类人才的积极性，高度重视培养和用好民族干部，对政治过硬、敢于担当的优秀民族干部给予充分信任、委以重任。要着力教育、培养、选拔各民族基层干部，把综合素质高、统筹能力强、群众基础好的干部放到乡村振兴第一线，成为维护团结稳定、促进共同富裕的指战员，确保党的各项政策在基层有人懂、有人抓。要注重营造人才发挥作用的良好环境，增强乡村对人才的吸引力，同时结合产业发展需求，既重视人才的引进，又注重本土人才的开发利用，培育更多"土专家""田秀才"，壮大基层专业人才队伍。要高度重视爱国主义教育，教育广大各民族群众形成正确的社会主义核心价值观和中华民族历史观，增强其对中华民族的认同感和自豪感，牢固树立休戚与共、荣辱与共、生死与共、命运与共的共同体理念，为乡村振兴做贡献。

三是凝聚中华民族共同体力量，促进乡村文化振兴。乡村振兴，文化是灵魂。文化认同是最深层次的认同，是民族团结之根，是民族和睦之魂。促进乡村文化振兴，要深入开展民族团结进步创建工作，深化广大乡村地区的铸牢中华民族共同体意识教育，构建铸牢中华民族共同体意识宣传教育常态化机制，实现进村进户、入脑入心。要把乡村振兴文化话语整合到社会主义核心价值观等话语体系中，在重建信仰体系、重塑乡风文明和中华道德体系中，以外激内、由表及里，加速乡村文化振兴与铸牢中华民族共同体意识的积极同构。要增强各民族文化交流活动，加深不同民族之间的了解，凝聚村民共建共治共享合力，增进民族团结和睦，保证各族群众支持乡村规划，以整齐、美观的物质文化愉悦心情；共同制定各族群众自愿遵守的村规民约，完善村民自治制度；公正选出为人谦和、处事公道、待人真诚的干部和行家里手、英雄模范，使其行为在潜移默化中引领民风、村风，使各族群众彻底摒弃陈规陋习；刹住天价彩礼、豪华丧葬、炫富攀比、不孝亲不敬老等歪风邪气，弘扬中华民族美德，丰富乡村精神文化，提高全民的文化素质。要挖掘、开发、传承和保护民族民间特色文化和非物质文化遗产，拓展各族群众文化视野，加深中华文化感情，坚定各族群众对中华文化的认同。要深入挖掘乡村特色文化符号，盘活民族特色文化资源，把民族民间文化元素融入乡村建设，科学规划村庄建筑布局，突出本地特色、民族特色，推动各民族文化在空间嵌入基础上的全方位融合。

四是凝聚中华民族共同体力量，促进乡村生态振兴。乡村振兴，良好生态是支撑。良好的生态环境是巨大优势和宝贵财富，是各民族群众记住乡愁、留住乡音、建设家乡的动力源泉。建设美丽家乡，要从群众反映最强烈、最盼望解决的突出问题入手，加大垃圾处理力度，加强饮用水治理和保护，加大推进污水治理、"厕所革命"、居民区绿化、房屋美化、道路硬化等力度，不断改善人居环境。要深刻变革农业发展方式，形成绿色的生产方式和产业结构，推动农业投入品减量、农业废弃物资源化运用和农业资源养护。要深刻变革农民生活方式，形成绿色的生活方式和人居空间，实现农产品绿色、环境绿色。要统筹保护和修复治理山水林田湖草沙，激发当地群众谋求共同发展、共同富裕的动力，为发展乡村特色产业、统筹乡村基础设施和公共服务布局打下良好基础，为宜居宜业和美乡村建设提供有力支撑。

五是凝聚中华民族共同体力量，促进乡村组织振兴。乡村振兴，组织是保证。基层党组织是党联系群众的桥梁和纽带，加强基层党组织建设，对落实党中央决策部署、推进乡村振兴意义重大。凝聚中华民族共同体力量，需要在中国共产党的坚强领导下，让国家机关、社会团体、企业、事业单位、其他组织和公民个人都行动起来，共同为国家强大、民族复兴奋力拼搏。促进乡村组织振兴要树立命运共同体理念，坚决把各族干部群众的思想和行动统一到党中央决策部署上来，推动各民族坚定"五个认同"，坚定走中国特色乡村振兴之路；推动各族群众平等、团结互助、和谐相处，共同谋划村集体经济组织、社会服务组织、经济合作组织健康有序发展，共同走上团结奋斗、繁荣发展的现代化之路。

六是凝聚中华民族共同体力量，提升乡村治理效能。乡村振兴，治理是保障。要着力构建自治、德治、法治相结合、相融合的乡村治理体系。乡村治理要以自治为基础、法治为保障、德治为先导，加强智能化建设，优化基层社会治理体系，提高社会治理社会化、法治化、智能化和专业化水平。乡村自治要弘扬"枫桥经验"，发动和依靠群众，坚持矛盾不上交，就地解决。乡村法治要有底线思维，解决基层突出重点问题。乡村德治要加强村民德育建设，弘扬中华优秀传统文化。建立人人参与共享、共建、共治的乡村治理新局面，有效调动基层群众的积极性，激活乡村治理与发展的活力，全面推进乡村振兴。乡村治理要形成党全面领导、全社会共同参与、发挥农民主体作用的新格局。要坚持党对乡村治理的全面领导，把方向、优环境、促和谐，让基层治理走出民生幸福路。要全面构建新型乡村治理体系，重构乡土社会的结构、功能和价值，积极调动有情怀、有能力的新乡贤主动参加、带头参与乡村振兴全过程，达成国家与农村社会的均衡互动，确保乡村社会充满活力、安定有序。要把家国情怀融入社会治理之中，树立"支农为国、振兴为民"家国情怀，厚植乡村振兴土壤，注重系统治理和源头治理的恰当衔接，加强依法治理同综合治理的高效联合。要进一步完善治理机制，建立健全各项法律法规，提升治理能力，把治理优势转化为振兴攻势，把治理效能转化为振兴效果。突出人才队伍建设，在乡村社会的实践中培养懂农业、爱农村、爱农民的"三农"工作队伍，培育具有时代责任感和国家情怀的新型农民，发挥农民的主体作用。

三 宁洱县乡村社会大调查抽样样本基本情况

按照"中国乡村社会大调查（云南）"的总体部署，宁洱县作为本次大调查的小样本县，需随机抽样 6 个行政村 12 个自然村和村民小组的 156 个村民进行调查，涉及 6 个行政村的村民访谈等内容。然后宁洱调查组再根据调研需要自行开展质性访谈。在宁洱调查组负责人张锦鹏教授的领导下，在陈曦、娜妥、方敏烨、杨云四位带队老师的带领下，宁洱调查组 21 名师生斗志昂扬分赴宁洱县的山乡村寨（见图 0-1），以忘我的精神深入农户家里，进行抽样调查和深度访谈，以较高的工作效率完成繁重的抽样调查和村民访谈任务，以脚踏实地的精神与村民同吃同住同劳动，进行田野工作，高质量地完成了此次大调查任务。

图 0-1　2023 年 1 月 30 日中国乡村社会大调查宁洱调查组部分成员合影

资料来源：调查组成员拍摄。

（一）调查抽样样本情况

由中国乡村社会大调查技术控制部门抽样后提供此次调查的宁洱县行政村及其村民小组样本是：

宁洱县同心镇那柯里行政村，那柯里组和烂泥坝组；

宁洱县宁洱镇新平行政村，横寨组和小河上组；

宁洱县宁洱镇细石头行政村，土锅寨组和下南腊组；

宁洱县磨黑镇把边行政村，上街组和付吗组；

宁洱县磨黑镇星光行政村，官坟箐组和上寨一组；

宁洱县勐先镇谦乐行政村，旧寨一组和安乐寨组。

（二）各行政村样本基本概况

系统随机抽取的 6 个行政村分别隶属于 4 个乡镇，它们有共同的特点，也有独特的发展路径。这些村庄在发展中所呈现的特性，也在一定程度上代表了宁洱县乡村发展的几种类型。下面，就对这 6 个行政村的基本情况做一些介绍。

1. 同心镇那柯里村

同心镇地处宁洱县城南部，东邻勐先镇，西邻德化镇，南邻思茅区，北邻宁洱镇，是连接思茅区和宁洱县的主要交通枢纽，镇境内有两条国道通过（国道 8511 线高速公路和国道 213 线二级公路）。全镇辖同心、那柯里、漫海、锅底塘、石膏井、那勐勐、大凹子、马鞍山、富强、会连 10 个村民委员会，89 个自然村，138 个村民小组。全镇总面积为 345.4 平方公里，有耕地面积 32659 亩，其中水田 8805 亩、旱地 23854 亩，农业、茶产业、咖啡产业、烤烟产业、建材业、旅游业等协同发展。[①]

同心镇此次进入调查抽样的行政村为那柯里村。那柯里村地处宁洱县同心镇西南部，共有 15 个村民小组，分别是：那柯里组、烂泥坝组、大平掌组、老卫寨组、壮山田组、扎别寨组、打磨寨组、纸厂组、抛竹林组、

---

① 宁洱哈尼族彝族自治县人民政府办公室、中共宁洱哈尼族彝族自治县委党史研究室编《宁洱年鉴 2020》，云南人民出版社，2020，第 48 页。

扎六寨组、老普山组、老王寨组、团山组、中良子组、大山组。

全村总面积为 26.5 平方公里，海拔 1280 米，年平均气温 20℃，年均降水量 1460 毫米，适合种植粮食、茶叶等农作物。全村耕地面积为 2858 亩，有林地 31050 亩，粮食总产量为 859 吨，人均产粮 434 千克。[①] 截至 2020 年，那柯里村年末总户数为 543 户，共有 1836 人，其中男性 931 人、女性 905 人、60 岁以下 1482 人、60 岁及以上 354 人。[②] 茶产业、种植、养殖业和旅游业是那柯里村重要的收入来源，2019 年全村实现农村经济总收入 3187.24 万元，农民人均纯收入为 13189 元。[③]

那柯里村的那柯里组曾经是茶马古道上的一个小有名气的驿站，2006 年以来，在党中央的关怀下，在乡村振兴的政策指引下，那柯里组利用"茶马古道"驿站位置优势，集干群合力，挖掘驿站历史，传承茶马文化，讲好民族团结故事，狠抓项目建设，整合各类项目资金改善基础设施，大力发展文化旅游业，打造以茶马古道文化、马帮文化、民族风情文化为特色的乡村生态休闲旅游品牌，已经取得十分显著的成效。截至 2022 年，共开设农家乐 26 家、民俗客栈 9 家、特色小吃 13 家、民族工艺品店 6 家，日均接待游客 800 余人，每年可实现营业收入 1200 余万元，农民人均纯收入达 15568 元。那柯里村先后荣获了"全国文明村""全国民族团结进步创建示范村""全国美丽宜居村庄示范"等称号，形成了人居环境美、自然生态美、文明风尚美的美丽乡村。

2023 年 1 月 30 日下午，宁洱调查组首先抵达那柯里村，并在那柯里村进行了为期四天的调查，对那柯里村的两个村民小组——那柯里组和烂泥坝组的农户进行了抽样和问卷调查，完成了抽样问卷填写任务。在那柯里村，宁静的晨雾、潺潺的流水、幽远的古道让年轻的大学生们体会到了乡愁的味道，村民脸上洋溢的灿烂笑容更让同学们感受到了乡村旅游业的发

---

① 宁洱哈尼族彝族自治县人民政府办公室、中共宁洱哈尼族彝族自治县委党史研究室编《宁洱年鉴 2020》，云南人民出版社，2020，第 51 页。

② 宁洱哈尼族彝族自治县统计局编《宁洱县 2020 年统计年鉴》，2021，第 123 页。

③ 宁洱哈尼族彝族自治县人民政府办公室、中共宁洱哈尼族彝族自治县委党史研究室编《宁洱年鉴 2020》，云南人民出版社，2020，第 51 页。

展带给村民的幸福生活。

2. 宁洱镇新平村和细石头村

宁洱镇地处宁洱县中部,是宁洱县政府所在地。东与磨黑镇、勐先镇相连,南接同心镇,西连德化镇,北与景谷傣族彝族自治县正兴镇相邻,过境公路有昆洛公路、弥宁公路、磨思公路、宁景公路,是一个重要的交通枢纽。全镇辖西城、东城、凤阳3个社区40个居民小组和新民、裕和、新塘、太达、新平、化良、曼连、细石头、温泉、金鸡、民主、民政、般海、政和、硝井、谦岗、西萨、宽宏、民安、昆汤20个村民委员会271个村民小组。辖区面积为538.36平方公里,有耕地面积8.20万亩,其中,水田2.38万亩、旱地5.52万亩,茶叶、咖啡、烤烟和畜牧业为全镇支柱性产业。①

宁洱镇进入此次大调查抽样的行政村有二:新平村和细石头村。

(1)新平村

新平村辖10个自然村,11个村民小组,分别为:太平寨组、砍柴河组、多依箐组、横寨组、望城坡组、水碓河组、八枪树组、小新寨组、小河上组、小河下组、大山头组。

新平村位于宁洱县城南部,距县城2公里,同样是一个城郊村,发展条件较好。新平村的主要有山区、半山区、坝区三种土地类型,适宜种植水稻、玉米、红薯等农作物,有耕地面积3383亩,有林地11146.20亩,粮食总产量为1094吨,人均产粮290千克。② 截至2020年,新平村年末总户数为1328户,共有3897人,其中男性1874人、女性2023人,60岁以下3279人、60岁及以上618人。③ 农民收入以种植、养殖、建筑、外出务工、餐饮(主要为农家乐)为主。2019年,全村实现农村经济总收入6779.02万元,农民人均纯收入为12435元。④

---

① 宁洱哈尼族彝族自治县人民政府办公室、中共宁洱哈尼族彝族自治县委党史研究室编《宁洱年鉴2020》,云南人民出版社,2020,第27页。
② 宁洱哈尼族彝族自治县人民政府办公室、中共宁洱哈尼族彝族自治县委党史研究室编《宁洱年鉴2020》,云南人民出版社,2020,第33页。
③ 宁洱哈尼族彝族自治县统计局编《宁洱县2020年统计年鉴》,2021,第120页。
④ 宁洱哈尼族彝族自治县人民政府办公室、中共宁洱哈尼族彝族自治县委党史研究室编《宁洱年鉴2020》,云南人民出版社,2020,第33页。

（2）细石头村

细石头村地处宁洱镇中心区东南部，两地相距仅 8 公里左右，属于典型的城郊村，经济发展较其他村要好很多。昆曼国际大通道、中老铁路、国道 213 线等交通主干线从细石头村经过，因此细石头村交通条件较好，吸引了不少外来企业到村租地办厂。全村辖 19 个村民小组，11 个自然村，分别是：细石头村、土锅寨村、老者寨村、老罗寨村、落水洞村、小冲子村、罗锅箐村、那么林村、木瓜箐村、上南腊村、下南腊村。

全村总面积为 16.94 平方公里，海拔 1200 米，大部分土地属于坝区和半山区，适宜种植水稻、玉米、红薯等农作物。根据 2019 年的统计数据，全村耕地面积为 3605 亩，有林地 31050 亩，粮食总产量为 896 吨，人均产粮 312 千克。[①] 截至 2020 年，细石头村年末总户数为 1080 户，共有 3006 人，其中男性 1479 人、女性 1527 人、60 岁以下 2525 人、60 岁及以上 481 人。[②] 农民收入来源以种植、养殖为主，目前正在大力发展茶叶特色产业。村民还利用靠近县城的条件进城打工，打工收入在农民收入的占比较大，2019 年，全村实现农村经济总收入 5259.91 万元，农民人均纯收入为 12437 元。[③]

在新平村和细石头村，在村干部的帮助下，调查组顺利地完成了问卷任务，从乡镇到村民小组，能感觉到各级干部真抓实干、求实创新的作风，让调查组体会到农村城镇化快速发展下乡村基层工作的新特色。新平村和细石头村是位于宁洱县城附近的两个"路边"村子，由于位于路边，因此运输业发达，吸引了不少老板前来投资。除此之外，两个村子的餐饮业也很发达，走在公路两侧隔一会儿就能看见一个农家乐。另外，茶产业也是当地的支柱性产业之一，经村领导介绍，虽然不是以合作社的形式，但村委会会负责村民的茶叶收购，这给村民的茶叶销售提供了保障。在新平村

---

① 宁洱哈尼族彝族自治县人民政府办公室、中共宁洱哈尼族彝族自治县委党史研究室编《宁洱年鉴 2020》，云南人民出版社，2020，第 33 页。

② 宁洱哈尼族彝族自治县统计局编《宁洱县 2020 年统计年鉴》，2021，第 120 页。

③ 宁洱哈尼族彝族自治县人民政府办公室、中共宁洱哈尼族彝族自治县委党史研究室编《宁洱年鉴 2020》，云南人民出版社，2020，第 33 页。

和细石头村，餐饮业、运输业、茶产业以及外出务工共同作为两个村子的收入来源，带动了两个村子的经济发展。

3. 磨黑镇把边村、星光村

磨黑镇地处宁洱县东北部，东隔把边江与墨江哈尼族自治县通关镇相望，南接勐先镇、普义乡，西接宁洱镇，北与德安乡毗邻。全镇辖曼见、星光、庆明、团结、把边、上胜、下胜、芭蕉林、江西、秀柏 10 个行政村，磨黑城镇社区 1 个居民委员会，有 148 个村（居）民小组。辖区面积为507.03 平方公里，山区面积占总面积的 98%，茶叶、咖啡、热带水果、坚果、冬季蔬菜、烤烟和旅游业为当地的支柱性产业和农产品。[①]

磨黑镇进入此次大调查抽样的行政村有二：把边村和星光村。团结村为第二次调研走访时调研的特色村寨。

（1）把边村

把边村距离磨黑镇镇政府约 28 公里，全村辖 16 个自然村，19 个村民小组，分别为：岔河组、上街组、下街组、曼整彦组、曼整高组、曼抗一组、曼抗二组、曼抗三组、田心组、河口组、回换组、抗弄组、抗良组、中寨组、付吗组、新寨组、老谢寨组、湾子田组、老孔寨组。

全村总面积为 72.98 平方公里，海拔 880 米，年平均气温 22.30℃，年均降水量 1700 毫米，适宜种植水稻、玉米、辣椒、冬南瓜、黄豆、花生等农作物，根据 2019 年的统计数据，全村耕地面积为 7879 亩，有林地 45262亩，粮食总产量为 1410 吨，人均产粮 544 千克。[②] 截至 2020 年，把边村年末总户数为 1173 户，共有 3244 人，其中男性 1642 人、女性 1602 人，60 岁以下 2682 人、60 岁及以上 562 人。[③] 据村主任介绍，该村的主要产业为种植业、养殖业，农产品主要销往省内，该村目前正在发展辣椒特色产业，计划大力发展种植业、养殖业，其余大部分人选择外出务工。村子不远处

① 宁洱哈尼族彝族自治县人民政府办公室、中共宁洱哈尼族彝族自治县委党史研究室编《宁洱年鉴 2020》，云南人民出版社，2020，第 34 页。

② 宁洱哈尼族彝族自治县人民政府办公室、中共宁洱哈尼族彝族自治县委党史研究室编《宁洱年鉴 2020》，云南人民出版社，2020，第 40 页。

③ 宁洱哈尼族彝族自治县统计局编《宁洱县 2020 年统计年鉴》，2021，第 121 页。

就是高速路口，交通便利，发展产业具有一定优势条件，2019年全村实现农村经济总收入6717.9万元，农民人均纯收入为7979元。①

车子还没开进把边村，热情的司机就告诉调查组把边村以前叫把边乡，后来撤乡为村，隶属于磨黑镇，还说"把边村很有钱"，调查组对这个村子充满了期待。把边村位于高速路口附近，交通便利，车子驶入村子后，在路一侧有一长排白褐色外壳的厂房引起了调查组的注意，后来经过了解才知道那是用来加工雪茄烟的工厂。虽然宁洱县的许多行政村都有种植烤烟，但种植雪茄烟的还是在把边村第一次听说，在村主任的热情带领下，调查组参观了雪茄烟原材料的收集过程。除烟产业之外，把边村的辣椒、咖啡、水果等产业也在共同带动当地的发展。

（2）星光村

星光村地处磨黑镇西边，距镇政府所在地仅0.7公里，且到镇政府的道路为柏油路，交通方便，距宁洱县城有23公里。下辖13个村民小组，分别为：官坟箐组、老胖田组、龙祠组、上寨一组、上寨二组、四光坟组、安乐组、木成箐组、黄家寨组、大营组、牌坊组、大椿树组、大寨组。

全村总面积为23.55平方公里，海拔1200米，年平均气温20℃，年均降水量1900毫米，适合种植水稻、甘蔗、玉米、小麦等农作物，全村耕地面积3915亩，有林地21570亩，粮食总产量为1044吨，人均产粮458.3千克。② 截至2020年，星光村年末总户数为895户，共有2286人，其中男性1101人、女性1185人，60岁以下1941人、60岁及以上345人。③ 农民收入来源以种植业、养殖业为主，靠近城镇的农村借助著名旅游景点磨黑古镇大力发展旅游业、餐饮业，主营业务为当地特色小吃等，总体发展较好，2019年全村实现农村经济总收入5485.4万元，农民人均纯收入为

---

① 宁洱哈尼族彝族自治县人民政府办公室、中共宁洱哈尼族彝族自治县委党史研究室编《宁洱年鉴2020》，云南人民出版社，2020，第40页。
② 宁洱哈尼族彝族自治县人民政府办公室、中共宁洱哈尼族彝族自治县委党史研究室编《宁洱年鉴2020》，云南人民出版社，2020，第40页。
③ 宁洱哈尼族彝族自治县统计局编《宁洱县2020年统计年鉴》，2021，第121页。

11650 元，位列全镇农民人均纯收入榜首。[①]

调查组初到星光村时，大家的感觉是这不是一个行政村而是一个小城镇。经过了解，星光村的确是位于磨黑镇镇政府所在地，磨黑镇自古以来就是一个相对发达的小城镇，有传统民居和街道，而且著名景点磨黑古镇、杨丽坤故居、思普革命纪念馆就处于星光村的辖地。星光村是一个特色旅游行政村，因有较好的旅游资源，星光村的餐饮、住宿业也较为发达，随处可见的酒店、农家乐、烧烤摊、当地特色小吃铺证明了星光村的繁华，旅游业带动了星光村的经济社会发展。

4. 勐先镇谦乐村

勐先镇地处宁洱县东南部，东连普义乡，西与同心镇、宁洱镇接壤，南与黎明乡和江城哈尼族彝族自治县康平镇、思茅区倚象镇相接，北与磨黑镇相接。全镇辖先胜、上寺、边区、和平、谦乐、安宁、黄寨、黑泥箐、宣德、雅鹿、竹山 11 个村委会 167 个村民小组。辖区总面积为 495.43 平方公里，有林地 50 余万亩，耕地面积 20.15 万亩，其中水田 10.51 万亩、旱地 9.64 万亩，烤烟业、茶产业、蚕桑业和畜牧业为全镇支柱性产业。[②]

勐先镇进入此次大调查抽样的行政村为谦乐村。谦乐村是勐先镇下辖的一个行政村，距离镇政府 5 公里，全村辖 11 个自然村，14 个村民小组，分别为：大荒田组、小荒田组、旧寨一组、旧寨二组、安乐寨组、田房组、老胡坟组、麻栗林组、老郭寨组、老陶寨组、老黄寨组、新家村组、百家箐一组、百家箐二组。

谦乐村属于山区，全村面积为 18.40 平方公里，海拔 1450 米，年平均气温 18℃，年均降水量 1450 毫米，适宜种植粮食等农作物，全村有耕地面积 4162.49 亩，有林地 14300 亩，粮食总产量为 410 吨，人均产粮 265 千克。[③] 截

---

① 宁洱哈尼族彝族自治县人民政府办公室、中共宁洱哈尼族彝族自治县委党史研究室编《宁洱年鉴 2020》，云南人民出版社，2020，第 40 页。

② 宁洱哈尼族彝族自治县人民政府办公室、中共宁洱哈尼族彝族自治县委党史研究室编《宁洱年鉴 2022》，云南人民出版社，2022，第 352 页。

③ 宁洱哈尼族彝族自治县人民政府办公室、中共宁洱哈尼族彝族自治县委党史研究室编《宁洱年鉴 2020》，云南人民出版社，2020，第 44 页。

至 2020 年，谦乐村年末总户数 503 户，共有 1515 人，其中男性 806 人、女性 709 人、60 岁以下 1219 人、60 岁及以上 296 人。[①] 农民收入来源以茶叶、烤烟、冬农蔬菜种植、养殖业为主，2019 年全村实现农村经济总收入 2684 万元，农民人均纯收入为 12431 元。[②]

在调研过程中，师生们感受到谦乐村和之前的几个行政村最大的不同，就是谦乐村的乡土气息更为浓郁。车子载着调查组 21 名师生，沿着蜿蜒的公路来到谦乐村，一块块农田像积木一样拼接在一起，远处的山峦下有一堆房子，倾城雾气笼罩下，宛如仙境一般。谦乐村的特色经济组织是安乐寨蔬菜专业合作社，主要从事果蔬生产和销售，主要种植无筋豆、荷兰豆、卷白菜、香椿。据了解，该合作社实行独立核算、自负盈亏，走"合作社+农户"的发展路子及生产经营方式。农户分别建设种植基地，分户管理，合作社负责生产技术的培训和指导。产品由合作社统一加工，统一签订订单，统一组织销售。进行果蔬生产的除了本村村民，还有外地来的投资者，他们和村民一起带动了当地的经济发展。谦乐村是一个令人向往的村庄，没有超市，但有的是充满童年回忆的卖杂货的小卖铺；没有酒店，但有的是农户家漂亮又精致的田园小别墅（见图 0-2）；没有饭店，但有的是美味可口的特色农家菜。

（三）宁洱调查组自行增加的重点调研村寨和企业

（1）磨黑镇团结村

团结村是宁洱县磨黑镇下辖行政村，地处磨黑镇北边，距磨黑镇政府所在地 12 公里，到镇政府道路为柏油路，交通方便，距县城 36 公里，下辖 22 个村民小组，如三道河组、松坡组、酸枣树组、塘防组、田房组、新寨组、丫口寨组、岔河组、臭水组、老桐寨组、路边组、乱石头组、蛮海组、竹棚寨组、中寨组、松丫组、马道子组、大黑树组等。

全村面积为 83.07 平方公里，海拔 1080 米，年平均气温 17℃，年均降

---

① 宁洱哈尼族彝族自治县统计局编《宁洱县 2020 年统计年鉴》，2021，第 124 页。
② 宁洱哈尼族彝族自治县人民政府办公室、中共宁洱哈尼族彝族自治县委党史研究室编《宁洱年鉴 2020》，云南人民出版社，2020，第 44 页。

图 0-2　调查组和村民们一起合影

资料来源：调查组成员拍摄。

水量 1500 毫米，适合种植茶叶、烤烟等农作物。全村耕地面积 2 万余亩，有林地 10 余万亩，粮食总产量为 1655 吨，人均产粮 531.3 千克。① 截至 2020 年，团结村年末总户数为 1040 户，共有 3106 人，其中男性 1613 人、女性 1493 人，60 岁以下 2599 人、60 岁及以上 507 人。② 农民收入来源以种植业为主，农产品主要销往省外，2019 年全村实现农村经济总收入 5866.3 万元，农民人均纯收入为 9210 元。③

　　团结村最大的特色是村级集体经济发展得很好。该村组建了"村社合一"的专业合作社，持续壮大村级集体经济，成为宁洱县两个村级集体经济破百万元的村子之一。在村党支部带领的班子引领下，团结村创新发展

① 宁洱哈尼族彝族自治县人民政府办公室、中共宁洱哈尼族彝族自治县委党史研究室编《宁洱年鉴 2020》，云南人民出版社，2020，第 40 页。
② 宁洱哈尼族彝族自治县统计局编《宁洱县 2020 年统计年鉴》，2021，第 121 页。
③ 宁洱哈尼族彝族自治县人民政府办公室、中共宁洱哈尼族彝族自治县委党史研究室编《宁洱年鉴 2020》，云南人民出版社，2020，第 40 页。

模式引进新兴产业，利用该村处于"热区"和"交通便利"这两个区位优势，把全村的产业分两个层次来进行规划布局，即低河谷沿线以发展冬早蔬菜、芒果、咖啡为主，相对高海拔地带以发展烤烟、茶叶为主。成立了宁洱磨黑镇团结村茂源果蔬种植农民专业合作社，建成了日储量500吨的冷库，进一步稳定了产业链。最近几年，团结村的农业经济发展稳步上升。

（2）黎明乡岔河村

黎明乡位于宁洱县城东部，是宁洱县革命烈士罗有祯、罗承美的故乡，东隔把边江与墨江哈尼族自治县文武乡、江城哈尼族彝族自治县宝藏乡相望，南部和西部接江城哈尼族彝族自治县宝藏乡、康平乡，北邻勐先镇、普义乡。全乡辖汪街、仙人、岔河、团山、窑房、兴乐6个行政村，74个自然村，93个村民小组。辖区面积为468.24平方公里，有林地50余万亩，耕地20余万亩，主要产业有茶叶、咖啡、橡胶、烤烟、生态牛、猪、鸡等。

岔河村是宁洱县黎明乡下辖行政村，位于宁洱县东南部，属于山区。全村辖10个自然村，14个村民小组，自然村分别为挖路河村、老易寨村、田房村、下岔河村、上寨村、大桥村、大树坡村、金竹林村、布毛寨村、南本河村。全村总面积为66.79平方公里，平均海拔1355米，年平均气温18.90℃，年均降水量1864毫米，适宜种植粮食等农作物，全村有耕地面积3万余亩，有林地7万余亩，粮食总产量为963.55吨，人均产粮745千克。[①] 截至2020年，岔河村年末总户数为387户，共有1291人。[②] 农民经济收入来源以种植业、养殖业和外出务工为主，种植业以茶叶、烟叶、小红米、小雀辣、多依、咖啡、芒果为主，养殖业以猪、牛、羊为主，2019年全村实现农村经济总收入1982万元，农民人均纯收入为13272元。[③]

黎明乡的岔河村以"八好四美"为目标，即村"两委"班子好、阵地建设好、服务能力好、群众反映好、群众住上好房子、开上好车子、过上

---

① 宁洱哈尼族彝族自治县人民政府办公室、中共宁洱哈尼族彝族自治县委党史研究室编《宁洱年鉴2020》，云南人民出版社，2020，第65页。

② 宁洱哈尼族彝族自治县统计局编《宁洱县2020年统计年鉴》，2021，第126页。

③ 宁洱哈尼族彝族自治县人民政府办公室、中共宁洱哈尼族彝族自治县委党史研究室编《宁洱年鉴2020》，云南人民出版社，2020，第65页。

好日子、争得好面子，以及生态环境美、村庄建设美、家庭和谐美、群众心灵美，取得了显著的成效，并在 2021 年 9 月被评为"第二批全国乡村治理示范村"。宁洱调查组先后到达岔河村进行调研，的的确确感受到了岔河村的人居环境十分优美，村干部和村民主动发展的干劲特别强，是一个名副其实的先进村、典范村。

（3）宁洱县普洱漫崖咖啡庄园

"漫崖咖啡"这一品牌创立于 1997 年，通过拓展耕种及销售方面的业务，普洱漫崖咖啡实业有限公司于 2010 年 9 月 8 日成立，而普洱漫崖咖啡庄园则是公司旗下集咖啡文化、研学、观光、品鉴、住宿等多个服务项目于一体的综合体。普洱漫崖咖啡庄园位于宁洱县城南 3 公里处，毗邻宁洱镇太达村老风寨村。为深化咖啡庄园的文化内涵，漫崖咖啡文化博物馆于 2016 年正式开放，成为云南省首家咖啡文化博物馆，也是云南小粒咖啡主产区的专业展览馆。在调研中可见庄园集现代化加工车间、田园式别墅、咖啡体验馆及餐馆于一体，为咖啡爱好者提供全方位的学习、品鉴与休闲娱乐服务。定制化的咖啡体验课程成为当前的热门项目，庄园根据游客的需求提供参观咖啡资源圃、咖啡工厂、咖啡文化博物馆，学习咖啡冲泡、咖啡品鉴，认领咖啡树等服务项目，为在国潮背景下，宣传云南本土咖啡文化及生活方式，提供了好的样本。此外，普洱漫崖咖啡庄园还开创了具有较强联动性的民俗活动，即与相邻社区进行联动，将乡村美景、美食与民俗纳入庄园的活动内容，为此还进行了道路、灯光等基础设施建设。如今，附近村民与社区都积极融入普洱漫崖咖啡庄园推出的乡村文化及民俗文化旅游项目，如每年端午举行的百草宴、2022 年联合举办的春龙节等活动，不仅让咖啡爱好者能参与更加多元的深度体验活动，更将云南咖啡产业联动社区发展的能量释放出来，获得了较好的社会影响和经济效益。

（4）普洱茶王茶业集团股份有限公司

普洱茶王茶业集团股份有限公司是宁洱县茶叶企业中的代表性企业，采取企业+农户的经营模式，在促进农民增收致富方面起到了龙头企业的作用。该公司自有及合作茶园面积 4 万余亩，其中有机茶园 1.2 万亩、古树茶园 3.3 万亩，还有 26 个古茶合作社。普洱茶王茶业集团股份有限公司以生态为依托，实施无公害战略，保障了公司普洱茶绿色有机原料的供应，从茶园管理、鲜叶采摘、初制到入厂加工、成品包装、仓储、销售整个过程严格把关，确保产品品质达到高标准要求。普洱茶王茶业集团股份有限公司是集科技研发、茶叶种植、生产加工、市场营销、茶文化传播于一体的综合型集团公司，注册资本 2560 万元，已通过 ISO9001、HACCP、有机食品、绿色食品认证，年生产能力 2000 吨，注册有"老古董""恒瑞翔""云岭阳光"等品牌，常规产品包括普洱茶、红茶、绿茶、白茶四大系列 300 多款产品。截至 2022 年，该公司在全国先后开设了 20 多个运营中心、400 多家专卖店和专柜，签约了 1600 多个庄园主，服务了数万名终端消费者。该公司先后荣获"云南省农业产业化省级重点龙头企业""云南省著名商标""国家高新技术企业""云南省科技型中小企业""最具市场潜力品牌企业"等殊荣。截至 2022 年，普洱茶王茶业集团股份有限公司共荣获国内外 100 多项大奖，成为中国普洱茶行业的知名品牌。2016 年，在"第十一届国际名茶评比"中，该公司相关产品荣获三枚金牌、一枚银牌。

四　宁洱调查组的组成和调研开展情况

云南大学民族学与社会学学院张锦鹏教授是"中国乡村社会大调查（云南）"宁洱调查组的负责人，云南大学民族学与社会学学院的陈曦老师、中共云南省委党校的方敏烨老师、普洱学院娜妥老师、大理大学杨云老师是宁洱调查组的带队老师，云南大学民族学与社会学学院、历史与档案学院博士生、硕士生、本科生共 16 名学生参与了本次的调研，他们是钟行、何安顺、熊松龙、杨万鹏、刘睿宸、冯全镇、张琛、李月华、亏晓兰、黄琪淋、陈新仪、那瑞珂、柳柏志、唐梓然，以及普洱学院政法学院的罗格、李承蔚。21 名师生在 2023 年 1 月～10 月，多次深入宁洱县乡镇村寨，进行抽样调查、村民访谈，在此基础上，对重点乡村和产业进行了深度的田野调查和参与观察，获得了大量的第一手资料，高效率地完成了调查任务。

具体而言，宁洱县的乡村社会大调查分为三个阶段推进。

第一阶段，预调查阶段，时间是 2023 年 1 月 9~18 日。张锦鹏、陈曦、娜妥 3 位老师作为先头部队抵达宁洱县。在宁洱县委县政府、宁洱县乡村振兴局等部门领导的大力支持下，对宁洱县的基本情况进行初步摸底，对进入调查样本的 6 个行政村进行了走访调查，与各村委会进行对接并商讨了调研方案。

第二阶段，抽样调查阶段，时间是 2023 年 1 月 31 日~2 月 14 日。调查组共 21 名师生历时 15 天，共走访 5 个乡镇 8 个行政村，以及 2 家企业、6 个政府职能部门。具体调研对象：宁洱县政府办、乡村振兴局、农业农村和科学技术局、发展和改革局、文化和旅游局、民族宗教事务局；同心镇政府、同心镇那柯里村；宁洱镇政府、宁洱镇新平村、宁洱镇细石头村；磨黑镇政府、磨黑镇把边村、磨黑镇星光村、磨黑镇团结村；勐先镇政府、勐先镇谦乐村；黎明乡政府、黎明乡岔河村；宁洱县普洱漫崖咖啡庄园、普洱茶王茶业集团股份有限公司；等等。本次调研的主要成果，一是完成了"中国乡村社会大调查（云南）"规定的调查内容，包括：①6 个行政村的村居问卷（纸质+电子问卷）、质性访谈（按提纲访谈）；②6 个行政村共 160 份电子化个人抽样问卷；③拍摄村民小组、行政村环境、访谈过程等方面的视频和录像；④对主要职能部门进行质性访谈，并召开座谈会进行综合调研；⑤在相关职能部门收集电子版或纸质资料。二是根据宁洱调查组的需要增加了新的调研对象和调研内容，自主开展了调研工作：①增加了对 2 个有特色的行政村的调研，即磨黑镇团结村、黎明乡岔河村；②增加了对 2 家促进农民增收致富有成效的龙头企业的调研（见图 0-3~0-5）。

第三阶段，深度田野调查和参与观察阶段，时间是 2023 年 7~10 月。为了进一步深化乡村社会大调查，获得更为真实的第一手田野调查资料，宁洱调查组多次组织安排调查小分队，对重点行政村、重点产业、重点职能部门进行调查。本次重点调查的行政村有：同心镇那柯里村、磨黑镇把边村、黎明乡岔河村、勐先镇谦乐村、磨黑镇团结村。重点调查的县级职能部门有：茶特发展中心、林业和草原局、农科局、教育体育局、民政局、

图 0-3　调研座谈会

资料来源：调查组成员拍摄。

县委组织部、人社局、县委党校、县委宣传部、发展和改革局、国家统计局宁洱调查队、普洱市生态环境局宁洱分局、自然资源局、县委统战部、文化和旅游局等。本次调研的对象范围十分广泛，包括县有关职能部门干部、重点调研村所属乡镇干部、村"两委"干部、驻村工作队员、务农村民、打工回乡村民、留守老人、假期在家大学生、乡村教师等。在调研方式上，除了座谈会、质性访谈等方式，团队师生还通过在村民家同吃同住同劳动等方式进行田野工作，以参与式观察更为深刻地了解脱贫攻坚和乡村振兴带给宁洱县乡村社会的巨大变化。

通过"中国乡村社会大调查（云南）"的活动，宁洱调查组师生们收获满满，他们通过对外媒体发表文章、写调研心得、写田野调查日记等多种方式，记录了在宁洱进行乡村社会大调查所得到的收获。2023 年 2 月 16 日，宁洱县融媒体中心"宁洱发布"发布了一篇题目为《云南大学"中国乡村社会大调查"走进宁洱村寨开展调查》的新闻稿，这篇新闻稿从侧面记述了宁洱调查组的工作和收获：

云南大学"中国乡村社会大调查"走进宁洱村寨开展调查

近日，由云南大学张锦鹏教授、陈曦老师带队，来自云南大学、中共云南省委党校、普洱学院等高校的 21 名师生组成的"中国乡村社会大调查（云南）"宁洱调研组，深入宁洱村寨开展乡村大调查工作。

自 1 月 31 日开展调查工作以来，调研组先后深入同心镇那柯里村、宁洱镇细石头村和新平村、磨黑镇星光村、勐先镇谦乐村、黎明乡岔河村等村寨进行调研。

在那柯里村，宁静的晨雾、潺潺的流水、幽远的古道让年轻的大学生们体会到了乡愁的味道，村民脸上洋溢的灿烂笑容更让同学们感受到了乡村旅游带给村民的幸福生活；在细石头村和新平村，从乡镇到村民小组，各级干部真抓实干、求实创新的作风，让师生们体会到农村城镇化快速发展下乡村基层工作的新特色；在星光村、岔河村，呈现出宁洱县在脱贫攻坚、基层治理、民族团结进步等方面取得的成效和经验，各族群众在党的领导下团结拼搏、奋力夺取乡村振兴新胜利的精神面貌一览无余。

在磨黑镇，师生们从镇领导、村干部们投入新一轮乡镇大发展的昂扬斗志中，看到了即将启动的乡村振兴综合开发项目描绘的宏伟蓝图。"这些天的调研，我特别有一种脚踏实地的感觉，无论是贴近生活、贴近土地，还是贴近人，这让（我）对生活有了新的感受和热情。"陈新仪同学对半月以来的调研工作感触颇深。

"这次调研，是一次重要的'抓地力'实践，它让我真正理解了'把科研写在祖国大地上'这句话的深刻内涵。"方敏烨老师介绍，通过对勐先镇谦乐村村级集体经济发展的做法进行了详细的了解，师生们看到了集体的力量是实现共同致富的"根基"。在黎明乡岔河村和村委会干部们一起走村入户，参与 2022 年度"最美庭院"及"最美村寨"评比，"这一工作体验，让我们更加真切地感受到了乡村治理工作是实现乡村振兴的'制度保障'"。那瑞珂同学说。

据介绍，云南大学"中国乡村社会大调查（云南）"已在全省42个县（市、区）全面开展调研。该项目紧紧围绕"乡村振兴"主题，采取学科融合的视角，力图描绘和诠释云南脱贫攻坚的显著成效与乡村振兴的生动实践，为边疆民族地区高质量发展提供智力支撑。①

图0-4 调查组讨论会

资料来源：调查组成员拍摄。

调查组成员云南大学民族学与社会学学院2022级硕士研究生陈新仪同学的田野调查日记，真切地反映了这次大调查给予同学们的特别体验：

田野治愈了我的"悬浮感"

那天下午我在谦乐村村委会二楼访谈村副书记，在等他回忆谦乐村的耕地面积时，突然抬头看到窗外的国旗被晚风吹拂着，肆意摇摆。我呆住了，我看到窗外国旗披着夕阳随着晚风舞动。国旗后是准备开始迎接春耕的农田，农田后是谦乐村唯一的国道，路上有一辆面包车

① 《云南大学"中国乡村社会大调查"走进宁洱村寨开展调查》，"宁洱发布"微信公众号，2023年2月16日，https://mp.weixin.qq.com/s/5qXg_vTJ2ZIqaDV7_XpCKw。

悠悠地开着。马路边是几户人家的房子，房子后就是山了。我呆住了，不仅是因为田园风光在夕阳下，在晚风中散发着无尽的魅力，也是因为在这一刻，我好像又拥有了看山是山、看水是水的能力。当我望着窗外的这一刻，我感受到一种由内到外、由心理到生理的放松和舒展。这种感觉是一种贴近土地的踏实感、是一种人与人之间的信任感、是一种对田野点的归属感。是这些感觉赋予我看山是山的能力，也是这次田野（调查）治愈了疫情这三年困扰我的悬浮感。

2023 年 1 月 31 日，我们中国乡村社会大调查宁洱队从昆明出发到达普洱市宁洱县，历时 15 天，共走访了 8 个行政村 12 个村民小组。谦乐村是我们此次调研的最后一个田野点，也是我们最喜欢的一个村。谦乐村几乎就是我心目中的完美农村，没有工厂，没有商业化的临街铺面也没有大货车穿梭在国道上往返运输，但有大片大片的农田、有鱼塘、有果树、有山。谦乐村很安静，安静到可以听见村里偶尔的狗叫声和风吹树摇的声音。

我们一行人吃住都在村支书的家里。书记一家都非常热情好客，但是又不会过于客气，把主人和客人完全区分开。我们每顿饭都和书记一家坐在屋子的房檐下吃，书记会和我们有一句没一句地聊天，说到高兴时会拿出自家酿的苞谷酒倒给我们喝。当时我对书记一家的待客之道感到惊喜，但是说不出具体是什么感觉。后来我意识到这是一种"回家了"的感觉。书记就像一个家里的亲戚长辈，像伯伯或舅舅。他们平时和晚辈不会有什么交流，当我到他们家里去的时候，他们也不会过于热情。一起吃饭会问起最近在忙什么，偶尔会提起一点时事政治，也会回忆起自己过去的时光。谦乐村村支书给我的感觉就是这样的，他不会笑盈盈地说"多吃点"，但是会让我们不要浪费粮食。他也和我们提起他曾经去北京学习的时候，因为找不到白米饭又不想吃面食而饿肚子的故事，也告诉我们他曾经去过习近平的故乡。和他聊天恍惚间觉得我们已经认识了很久，熟悉到我们不需要互相客气的程度。好像到他家吃住是件正常的事情，因为我们是熟人。

在书记家睡觉也是一件趣事，虽然书记家有很多房间和床，但是我们却选择挤在一起。我们房间最多的时候睡了六个女孩，三个人睡一张床，最少的时候也有四个。如果没有这次田野调查，我和我的同学们可能到毕业都没有机会睡在一张床上。我们一起经历了十几天配合默契的田野（调查），彼此之间早已相互信任。在访谈的时候我们相互配合，在讨论的时候互相补充和建议。在谦乐村休息的时候我们一起唱歌、捉鱼、穿着拖鞋在田间奔跑。在这次田野（调查）中我感受到了每位同学和老师身上独特的个性和生命力。有的沉稳睿智，有的洒脱可爱，也有的温柔从容。

这次田野（调查）之所以会如此触动我，我想是因为一种状态的反差——从悬浮感转向了踏实感。在过去的三年里我几乎没有长时间离开家和学校的经历，外出旅行最多不超过三天。在家和学校的时间一般也都是待在同样的地方，房间或者图书馆，重复着前一天的生活。由于大家都戴着口罩，陌生人之间的交流也变成了存在风险的事情，我现在也想不起过去三年我和哪个陌生人在机缘巧合下有过愉快的交流。过去三年，我日常生活中的信息输入大部分来自网络，包括自上而下的宏大叙事、社交平台的热门话题、短视频平台中的潮流等。这些信息将作为人的我们丢进了一个巨大的评价体系，再贴上各种各样的标签。我只能任由它剥夺了我的注意力，给我贴上标签使我焦虑。当我意识到事情不对劲的时候，我能做的只是选择无视。为了缓解焦虑，我开始回避思考，而后我变得麻木。对周围的一切缺少联系和了解，所以不感兴趣；由于对"内卷"的恐惧，对周围的同学也没办法敞开心扉；对于宏大叙事更是直接回避思考。我好像悬浮在半空中，和现实生活的联系越来越少，没有信仰也没有前方的理想和希望。我想这不是我一个人的状态，我在和同龄人的交流中也发现有很多同学朋友深有同感。这可能是在精力旺盛的时期被迫把自己圈起来的压抑，是在短时期内看到太多变故、断裂和无奈带来的无所适从造成的，是一种疫情时代下年轻人的心理创伤。

悬浮是一个物理学概念，清华大学社会学系严飞老师将这一概念引入社会学研究领域，主要用来描述在城市务工的异乡人，他们游离在城市的边缘，回不去故乡又融不进庞杂的都市生态的生活状态。但在我看来悬浮的不仅是空间概念中的异乡人，也是每一个与现实生活失去联系又在精神上无所归依的人，这些人对现实生活不满意又看不见未来的希望，都悬浮着，无法落地。面对这个问题人类学家项飙提出重建"最初 500 米"，关注周围真实的生活，认识周围最熟悉的陌生人。也有很多年轻人努力摆脱城市竞争带来的虚无和焦虑，选择"去有风的地方"。

这次田野（调查）我走进了很多人的家里，听了很多故事，才知道"乡村振兴"四个字对乡村意味着什么。走进村民的日常生活，和他们一起穿着拖鞋去散步、去鱼塘抓鱼、去路边吃米线才真正感受到他们说的"我们的土地很好，种什么得什么"。这次田野（调查）让我重新贴近土地，贴近人心，也贴近真实的世界。

自从我读民族学以来总有人问我："读民族学有什么用？"一开始我还会一本正经地讲民族学在政策制定、民族团结、国家治理中的作用。后来我也不想去说一些大话，只是回答："我不知道，可能有点用吧。"但是这次田野（调查）结束我觉得作为一个民族学学生最直接的作用是帮助每个田野工作者的个人成长。一次田野（调查）不一定能让田野工作者在理论或者方法论上有质的飞跃，但是田野（调查）可以明显提高我们对真实世界复杂性的认知水平，矫正我们由于过度依赖网络虚拟世界带来的消极和悲观。在田野（调查）中遇到的每个人和走过的每一段路，都让我们变得更沉稳、更耐心也更包容。不是因为田野是世外桃源而是因为田野是一种连接通道，田野（调查）让我们更加贴近地面、贴近人心、贴近真实世界。①

---

① 云南大学民族学与社会学学院硕士研究生陈新仪田野调查日记，2023 年 3 月 1 日。

图 0-5　调查组在企业调研座谈

资料来源：调查组成员拍摄。

五　资料来源

本书主要依靠"中国乡村社会大调查（云南）"宁洱调查组在多次实地调查中收集到的资料来完成。这些调查资料包括但不限于以下内容。

一是宁洱县随机抽样的 6 个行政村的村居问卷调查、12 个村民小组的村民个人问卷抽样调查。宁洱调查组成员进行额外田野调查中获得的田野资料。

二是宁洱县政府、各乡镇政府、所调研的各职能部门提供的相关资料，包括但不限于县政府和各乡镇政府工作报告、各职能部门工作总结、各专项工作的工作汇报材料，以及在与相关政府职能部门召开座谈会中获得的信息和资料。

三是宁洱县融媒体中心、普洱市融媒体中心、云南省融媒体中心等媒体机构以报纸、公众号等多种媒介对外发布的相关资讯，以及统计部门和政府部门对外公布的相关统计资料。

四是通过宁洱县图书馆、云南省图书馆、中国知网等机构获得的公开
发表的有关宁洱自然环境、人文历史、民族文化、社会经济发展等方面的
资料。

以上资料在本书都得到了充分的利用。但因资料收集时间周期长、资
料来源渠道广且十分丰富，无法完全做到一一标注，在此对资料来源进行
说明。

第一章 历史与现实：团结实干发展
进步的宁洱

宁洱位于西南边疆地区，是一个哈尼族彝族自治县。自古以来，勤劳勇敢的各族人民在这里生活，创造了辉煌的文明。雍正年间，清政府在云南推行改土归流政策，雍正七年（1729 年）在宁洱设普洱府，曾属车里宣慰司所辖的这块"羁縻之地""江内"区，正式以普洱府为行政中心进入中央王朝管辖之地。新中国成立初期，在西南边疆地区的国民党残余势力利用民族关系复杂、少数民族不了解共产党政策的现实，制造民族矛盾，企图以此抵抗共产党的清剿，反抗新成立的中华人民共和国政权。面对复杂局势，在共产党的领导下，在民族政策的感召下，1951 年 1 月 1 日，普洱县举行了一场特殊的剽牛仪式，26 个少数民族以他们特殊的方式举行剽牛、喝咒水宣誓"从此我们一心一德，团结到底，在中国共产党的领导下，誓为建设平等自由幸福的大家庭而奋斗！"，并将铮铮誓言刻在石碑上，这就是今天伫立在宁洱县民族团结园的民族团结誓词碑。自这块被称为"新中国民族团结第一碑"的誓词碑树立以来，宁洱各族人民信守诺言，听党话、跟党走，同心同德，一心一意，团结实干，创造了一个又一个的辉煌成就。如今，宁洱县成功获得"全国民族团结进步创建示范县""国家卫生县城""省级文明城市""省级园林县城"等荣誉称号，宁洱县各族人民和睦相处，互相学习，形成了唇齿相依、休戚与共的民族关系，开创了共同团结奋斗、共同繁荣发展的美好未来。

第一节 宁洱县历史人文特色

宁洱县位于云南省南部，普洱市中部，紧邻普洱市政府所在地思茅区，处滇南乃至中国连接东南亚的交通要道。宁洱县历史悠久，文化灿烂。历史上宁洱县名多次变更，2007年1月21日，经国务院批准，云南省思茅市更名为云南省普洱市，同时批准普洱哈尼族彝族自治县更名为宁洱哈尼族彝族自治县。2007年4月8日，普洱哈尼族彝族自治县正式更名为宁洱哈尼族彝族自治县，沿用至今。

宁洱县属于典型的山区地貌，山区面积占比达96.8%。气候属于亚热带山地季风气候，兼有热带、中亚热带、南温带等气候类型，冬无严寒、夏无酷暑、四季如春。全县有耕地面积30.06万亩，热区土地面积240万亩，林地面积469万亩。森林覆盖率达77.86%，活立木蓄积量为2464万立方米，具有开发绿色经济的巨大潜力。宁洱县境内旅游资源丰富，拥有"名茶、名道、名碑、名人"四大文化品牌，先后荣获"中国天然氧吧""全国十大魅力茶乡""中国避暑休闲百佳县""云南十大宜居县"等称号。

宁洱县拥有悠久的历史文化，在历史上，因普洱府治所设于今宁洱县城，宁洱县获得了相对良好的发展条件，成为滇南地区重要的城镇，经济基础、社会事业和文化教育均较其他普洱府辖地更为发展。由于是"普洱茶"产地和集散地，宁洱县被认为是茶马古道起源之地。如今，普洱茶为当地特色产品，成为广大农民增收致富的渠道之一，茶马古道遗址亦成为当地具有代表性的历史文化遗产。

一 宁洱：不断变更的地名

宁洱县是普洱市下辖的一个县，普洱市是一个地级市，是高于宁洱县的县级行政区的一个地市级行政区名称，二者具有包含与被包含的关系。但是有时人们会把"宁洱"叫作"普洱"，在很多正式出版的书籍，如果不注意它的出版时间，上面所说的"普洱"，也可能不是今天的"普洱"而是"宁洱"。

为什么"普洱""宁洱"不断被人混叫？这是因为宁洱从历史到现在不断更名。下面是1990年出版的《普洱哈尼族彝族自治县概况》中对宁洱历

史沿革的介绍①:

> 早在新石器时代,宁洱就有人类生存活动的遗迹。西汉在西南夷设益州,宁洱属益州;东汉设永昌郡,普洱属永昌郡;唐南诏时于景东设银生节度,普洱属银生节度辖;宋大理国时期,普洱属蒙舍镇,名为"步日部";元设云南行中书省,下设各路,宁洱为元江路所辖的十二部之一的"步日部";明改云南行中书省为布政使司,"步日部"改名"普日",后更名为"普耳",隶属车里军民宣慰使司;清朝雍正七年(1729年)设普洱府,府驻地位今宁洱县城,雍正十三年增设宁洱县为普洱附廓,宁洱意为"安宁的普洱"。民国二年(1913年),更名为普洱县。民国六年(1917年),复称宁洱县。

综合几部新中国成立以来编纂的宁洱地方志,可以看到新中国成立以来,宁洱的地名也在不断变化:

1949年5月10日,宁洱县人民政府成立,上属宁洱专区;

1951年4月,宁洱专区改为普洱专区,宁洱县改为普洱县;

1953年3月,普洱专区改为思茅专区;

1958年11月,国务院撤销思茅区,并归普洱县;

1970年,思茅专区改为思茅地区,普洱县属思茅地区;

1981年5月,国务院批复设立思茅县;

1985年6月,国务院批复撤销普洱县,设立普洱哈尼族彝族自治县;

2003年,国务院批准撤销思茅地区,设立地级思茅市,普洱县属于地级思茅市;

2007年,国务院批复思茅市更名为普洱市,普洱哈尼族彝族自治县更名为宁洱哈尼族彝族自治县。

从以上对宁洱历史的梳理,可以看到,宁洱县的历史发展悠久,在明

---

① 普洱哈尼族彝族自治县概况编写组:《普洱哈尼族彝族自治县概况》,云南民族出版社,1990,第16~17页。

清时期是滇南地区重要的行政治所。宁洱的县名作为行政名称曾经多次变化，特别是清雍正年间设普洱府之后，曾多次在"普洱""宁洱"之间更名。最近的一次更名是在 2007 年，因普洱茶在市场的知名度不断上升，当地政府把茶叶作为地方特色产业来发展，为了进一步提升"普洱"的品牌效应和社会知名度，思茅地区政府向国务院申请将地级市"思茅"改名为"普洱"，原"普洱"县名改为"宁洱"。

二　宁洱：清代普洱府治所所在地

在清改土归流前，今宁洱辖地属于车里宣慰司，为土司管辖属地。光绪年间《普洱府志稿》载："普郡于商周为产里地，始贡方物。两汉唐宋以来，道路不通，至元明，内附设土司，亦第羁縻之而已。"① 因地理位置的边缘性和管辖的困难性，今普洱、西双版纳等地区在很长的历史时期中都处于"化外之地"，直到清改土归流之后才变"羁縻之地"为王朝直接治理。

雍正年间，清政府对西南边疆土司土官治理区域实施大规模改土归流，普洱府的设置是清政府对滇西南地区进行改土归流的成果。雍正七年（1729 年），清政府正式设普洱府，为清朝云南省所辖十四府之一（见图 1-1）。光绪《普洱府志稿》载："我朝改土设流，一郡三厅而又统辖车里十四土司，并威远三土司，他郎一土司，重以镇兵卫焉，自古版图之盛未有过于此时者也。"② 文中"一郡三厅"指宁洱县、威远厅、思茅厅、他郎厅，"车里十四土司"指车里宣慰司及其所辖的其他诸土司，这一地区亦称十二版纳。

普洱府治所设在今宁洱县城。《道光云南通志稿》卷三十九载，普洱府治所城内外，设有：分巡迤南兵备道署、知府署、经历司署、知县署、教

---

① 陈宗海等纂修光绪《普洱府志稿》卷 9《建置志一》，1897 年（光绪二十三年）刻本，第 1 页。

② 陈宗海等纂修光绪《普洱府志稿》卷 9《建置志一》，1897 年（光绪二十三年）刻本，第 1 页。

图1-1 复原的清朝普洱府城门

资料来源：苏祺涵拍摄。

谕署、典史署、常平仓、普济院、掩骼所、普洱镇总兵官署、中营游击署、中军守备署、存城千总署、汛防把总署、汛防外委署、演武场等行政机构。① 与此同时，清政府设同知、通判、经历司、盐课大使等流官，对普洱府进行行政和经济事务管理，并在流官管辖区安防设营或设关哨汛塘把守要塞，在各地建庙学等。普洱府辖区形成文以化之、武以守之的治理格局。

三 宁洱："普洱茶"产地及茶名源出地

清代普洱府所辖之地，是云南大叶茶的主要产地。

檀萃《滇海虞衡志》载："普茶名重于天下，此滇之所以为产而资利赖者也。出普洱所属六茶山：一曰攸乐，二曰革登，三曰倚邦，四曰莽枝，

---

① 阮元、王崧、李诚等纂修《道光云南通志稿》卷39《建置志》，梁初阳点校，云南美术出版社，2021，第183页。

五曰蛮专，六曰慢撒。周八百里，入山作茶者数十万人，茶客收买运于各处。"①

又有《普洱府志稿》引《思茅厅采访》载："茶有六山：倚邦、架布、嶍崆、蛮砖、革登、易武。气味随土性而异，生于赤土或土中杂石者最佳，消食、散寒、解毒。二月间开采，蕊极细而白，谓之毛尖，采而蒸之，揉为茶饼。其叶少放而犹嫩者，名芽茶。采于三、四月者，名小满茶。采于六、七月者，名谷花茶。大而圆者，名紧团茶。小而圆者名女儿茶……其入商贩之手而外细内粗者，名改造茶。将揉时预择其内之劲黄而不卷者，名金月天。其固结而不解者，名挖搭茶，味极厚难得。种茶之家芟锄备至，旁生草木则味劣难售，或以他物同器，即染其气，而不堪饮矣。树似紫薇无皮，曲拳而高，叶尖而长，花白色，结实圆匀如枅桐子，蒂似丁香，根如胡桃，土人以茶果种之，数年新株长成，叶极茂密。老树则叶稀多瘤，如云物状，大者制为瓶，甚古雅，细者如栲栳，可为杖，甚坚。"②

从以上记载可以看到，普洱府所辖的六大茶山是云南主要产茶区，每年有大量的茶向外运销，这些外运的茶因为是从普洱府地向外运销，且普洱府治所为茶叶的重要集散地，故通称为"普洱茶"。因为长途运输的需要，外运的普洱茶多以饼茶、沱茶等紧压茶形式运销，且在长途运输过程中，因气候湿热等因素呈现自然发酵的特殊风味，"普洱茶"如今已经成为以云南大叶种晒青茶为原料，采用特定工艺，经发酵后加工形成的散茶和紧压茶的特定名称。

雍正七年（1729年）置普洱府后，清政府令普洱府上贡的方物即为普洱茶。普洱茶被选为上贡方物，体现了历史上普洱茶的品质地位。而成为贡品的普洱茶，也因沾染了皇室的身份而身价倍增。今宁洱县城茶源广场上坐落的金瓜茶雕塑，是以清朝普洱府上贡的金瓜茶为原型的雕塑作品。

---

① 檀萃：《滇海虞衡志》卷11《志草木》，宋文熙、李东平校注，云南人民出版社，1990，第269页。

② 陈宗海等纂修光绪《普洱府志稿》卷19《食货志六·物产》，1897年（光绪二十三年）刻本，第2~4页。

如今在故宫还保存当时上贡的普洱茶若干，宁洱县政府为了弘扬茶文化，于 2010 年 4 月 6 日从故宫迎回部分金瓜茶、七子饼茶等文物，特制作贡茶金瓜茶的雕塑以示纪念。

四 宁洱：茶马古道的起始之地

清代普洱府管辖范围广阔，滇西南产茶之处几乎都在普洱府辖控范围之内，故有以地名命名的"普洱茶"。历史上普洱茶的主要销售地是藏区，大多从滇西北进入藏区销售，也作为贡品和名贵茶品流向中原地区，近代以来，随着早期全球化的开启，普洱茶也通过东南亚地区流向海外，甚至通过南亚通道转销西藏。普洱茶因以普洱府命名，宁洱县借此历史机缘，提出了"宁洱是茶马古道的起点"的观点。为了弘扬茶文化，宁洱县修建了一个主题广场"茶源广场"，在广场立了一个"茶马古道源头地理标识"石碑（见图 1-2），石碑上以宁洱为中心，绘制了运茶通道。宁洱本土学者研究茶马古道，也多以宁洱为中心来描述运茶通道。茶马古道以宁洱为起点显然是带有地方主义色彩的，这种地方主义情结并非宁洱所独有，在云南不少地区，如西双版纳、丽江等地，调查组看到过诸多绘在墙壁上、印在旅游手册上的茶马古道地图，其道路的绘制都有以本地为中心通向外地的特点，意强调本地在茶马古道中的重要性。

以宁洱为中心的普洱茶运输贸易道路，主要有五条。

第一条道路：茶马大道。这条道路即为木霁弘等学者命名的茶马古道两条道路之一。茶马古道是指存在于中国西南地区，以茶叶运输为主、以马帮为主要交通工具的民间商贸通道。茶马古道的最初命名者木霁弘在《滇藏川"大三角"文化探秘》中指出："在横断山脉的高山峡谷，川、滇、藏'大三角'地带的丛林莽草之中，延绵盘旋着一条神秘古道……这，就是世界上地势最高的文明文化传播古道之一——茶马古道。它是中国对外交流的第五条通道，同海上之道、南方丝绸之路、唐蕃'麝香丝绸之路'有着同样的历史交织和地位。其路线基本有两条：一是从云南的普洱出发经大理、丽江、中甸、察隅、拉萨、日喀则、江孜、亚东、柏林山口分别

图 1-2　茶马古道源头地理标识

资料来源：苏祺涵拍摄。

到缅甸、尼泊尔、印度；一条从四川的雅安出发，经康定、昌都到尼泊尔、印度。"① 这条以普洱为起点，经大理、丽江通往藏区的茶马古道，是普洱茶主要的外运之路和贸易之路。明清时期，普洱茶产销日盛，大量茶叶从车里（今西双版纳）、佛海（今勐海）等各处茶山运至宁洱、思茅等市镇进行集中贸易，然后通过马帮北上，经景东到大理再次集散交易，从大理向北经丽江、香格里拉转运至各藏区。

　　第二条道路：官马大道北段。茶叶运输的另一条重要道路被称为"官

---

① 木霁弘、陈保亚等：《滇藏川"大三角"文化探秘》，云南大学出版社，1992，第11页。

马大道"。之所以叫作"官马大道"是因为它是明清时期云南行政中心昆明通往西迤地区的主要官方交通道路，有较为完备的驿站、道路等交通设施，并在沿途设置若干"营""哨""汛""塘"，保障交通畅通。其道路走向为：由普洱（今宁洱）北上，经磨黑—通关—墨江—元江—青龙厂—扬武—峨山—玉溪—呈贡—昆明。明朝后期，普洱茶成为云南省向朝廷进贡方物中的一部分，这条道路也因此成为普洱茶的北上进贡之路，同时也是普洱茶流向中原各地的主要道路。

第三条道路：官马大道南段跨境通道。官马大道向南延伸，至西双版纳打洛出境，是云南滇西南地区主要通道。道路具体走向为：由普洱（今宁洱）南下，经思茅（今普洱）—普藤坝（今普文）—官坪—勐养—车里（今西双版纳）—佛海（今勐海）—打洛。昆洛公路南段与这条茶马古道一致。缅甸公路从打洛出境后，沿缅甸景栋、大其力向南，可达泰国清莱、曼谷等地。从景栋向西，可经仰光转入印度加尔各答等地。

第四条道路：普洱至澜沧旱季茶马跨境通道。这也是一条跨境通道。从普洱（今宁洱）运茶、盐、土布等，经思茅（今普洱）—澜沧江糯扎渡—澜沧—孟连—缅甸。这条道路的回货多是鸦片和土特产。雨季，澜沧江涨水，道路泥泞，马道不通，因此这条道路也称为旱季茶马跨境通道。在民国时期，由于缅甸、印度的新式交通运输发展较快，官马大道南段跨境通道和普洱至澜沧旱季茶马跨境通道一度成为普洱茶运往藏区的新通道。《续云南通志长编》载："凡佛海、五福、车里等地所产（茶跨境通），自阿墩子一途阻塞后，初由澜沧之孟连土司地出缅甸，西北至缅属北掸部中心之锡箔上火车，西南经瓦城、沙什而达仰光，换船至印度之加尔各答，由火车至西哩古里，换牛车或汽车至加邻旁，又改用骡马入藏。嗣以缅甸公路通至公信（亦作贵兴），遂舍西北一线，改由佛海驮运出打洛（属佛海）至缅甸之景栋跨境通，换汽车至公信达瑞仰，换火车至沙什达仰光，转加尔各答入藏。"①同样，这条新通道也成为西方洋纱、洋锭等工业品输入云南

---

① 云南省志编纂委员会办公室：《续云南通志长编》（下册）卷75《商业二》，玉溪地区印刷厂，1986，第608~609页。

的又一重要通道。

第五条道路：普洱经江城至越南莱州的跨境通道。今普洱市江城哈尼族彝族自治县，即旧时之勐烈，与越南、老挝接壤，有陆路通道和水路通道（李仙江）可抵达越南莱州。因此这条道路也一度成为普洱茶运往越南、转销香港和欧洲等地的跨境通道。光绪二十二年（1896年），曾在这里设思茅海关勐烈分关。1936年，法国殖民当局禁止中国茶叶在勐莱销售，此条通道逐渐衰落。

宁洱县境内，现有3处较完整的茶马古道遗址：位于宁洱镇民主村茶庵塘的茶马古道遗址、位于磨黑镇孔雀屏的茶马古道遗址、位于同心镇那柯里的茶马古道遗址（见图1-3）。

图 1-3　目前遗存的茶马古道

资料来源：苏祺涵拍摄。

这就是今天宁洱县被称为"茶源道始"的原因。普洱茶，如今已经成为今天宁洱县的重要经济资源，成为宁洱县各族群众增收致富的重要经济作物。茶马古道的源头之名及遗址，也成为宁洱县最为亮丽的一张历史文化名片，为宁洱县经济社会发展发挥着独特的作用。

第二节　宁洱民族团结进步的历史与现实

云南是少数民族众多的省份，有 26 个民族生活在云南大地上，各民族居住空间具有典型的大杂居、小聚居特点。宁洱县是以哈尼族彝族为主体的少数民族自治县。《2010 年宁洱哈尼族彝族自治县第六次全国人口普查主要数据公报》显示，宁洱哈尼族彝族自治县 9 个乡镇的人口中，汉族人口为 88101 人，占总人口的 47.44%；各少数民族人口为 97618 人，占总人口的 52.56%。其中，哈尼族人口为 45998 人，占总人口的 24.77%；彝族人口为 35726 人，占总人口的 19.24%；拉祜族人口为 1911 人，占总人口的1.03%；佤族人口为 361 人，占总人口的 0.19%；傣族人口为 6442 人，占总人口的 3.47%；布朗族人口为 223 人，占总人口的 0.12%。

《宁洱县第七次全国人口普查主要数据公报》则显示，宁洱哈尼族彝族自治县常住人口为 16.27 万人，居住着汉、哈尼、彝等 14 种世居民族。全县人口中，汉族人口为 74990 人，占总人口的 46.09%；各少数民族人口为87721 人，占总人口的 53.91%。各少数民族人口占总人口的比重与 2010 年第六次全国人口普查相比增加 1.35 个百分点。

作为一个边疆民族自治县，民族团结、边疆稳定问题是各项工作的重中之重。宁洱县最大的亮点和特色，就是在于有非常好的民族团结历史基础，有非常融洽的各民族交往交流交融的现实状况。

一　"新中国民族团结第一碑"民族团结誓词碑的诞生

民族平等、民族团结是中国共产党始终坚持的政策。1949 年 10 月 1 日新中国成立之时，云南尚未解放。1949 年 12 月 9 日，国民党云南省主席卢

汉将军在昆明通电宣布起义，后云南和平解放。但是，云南不少民族聚居
地区还盘踞着国民党残余，他们利用各民族长期以来存在的隔阂与矛盾，
挑拨民族关系，制造少数民族对共产党和新中国政府的不信任。普洱专区
地处祖国西南边陲，民族关系复杂，民族工作繁重。在肃清国民党残余势
力的斗争中，面临着艰巨的任务。

　　1950 年，当时的普洱专区辖今天的普洱市、西双版纳州和临沧市的沧
源佤族自治县，人口约 120 万人，面积 7 万多平方公里，边境线长达 1400
公里。其中，有 8 个县与越南、老挝和缅甸三国相连，是祖国西南边疆国防
前沿，具有重要的国防战略地位。当时在中缅边境缅甸地带盘踞着国民党
李弥残部，经常骚扰和破坏中国境内边民生活，对敌斗争任务十分艰巨。
全区居住着哈尼族、彝族、傣族、佤族、拉祜族、布朗族、基诺族、傈僳
族、回族、苗族、壮族、瑶族、白族、景颇族、汉等 26 个民族，其中哈
尼族、壮族、景颇族、傈僳族、拉祜族、佤族、傣族等多个民族跨境居住。
各民族之间经济社会发展极不平衡，社会形态各异，历史上遗留下来的民
族隔阂根深蒂固，民族问题和民族内部的矛盾错综复杂。这些问题与边防、
外交和宗教等问题相互交织，形势十分复杂。

　　为了提升边疆民族对党的民族平等团结政策的认知，对新中国、新政
权的了解，增强各民族共同团结奋斗、建设新中国的信心，党中央组织全
国少数民族代表参加国庆周年庆典观礼。邀请普洱专区各民族代表到北京
观礼成为当时民族工作的重要任务。经过反复动员和耐心细致工作，1950
年 8 月，由普洱专区傣族、佤族、拉祜族、哈尼族、布朗族、傈僳族等民族
的 35 名带头人及代表组成的西南民族代表团前往北京参加国庆观礼，代表
团受到了毛泽东主席、周恩来总理等国家领导人的亲切接见。毛泽东主席
亲笔题写了"中华人民共和国各民族团结起来"的题词。观礼之后，代表
团还先后到天津、上海、南京、重庆等大城市进行参观访问，感受到了民
族大家庭的温暖，见证了祖国的壮丽景色，增强了对伟大祖国的了解、热
爱和认同。

　　1950 年 12 月 26 日，普洱专区参加国庆观礼的少数民族代表回到了普

洱县（今宁洱县），召开了一个具有重要历史意义的"普洱专区第一届兄弟民族代表会议"，国庆观礼回来的少数民族代表与参会的各族代表、专区党政领导人齐聚一堂，分享到北京参加国庆盛典的幸福经历和所见所闻所感，大家群情激昂，各民族群众纷纷表达了要永远听共产党的话、跟共产党走的决心，有代表提出来在红场立一块碑，大家盟誓签名，表达各族人民愿意听共产党的话、跟共产党走的决心。

但是，少数民族有自己的决策机制，有代表提出，要用少数民族剽牛的方式来决定是否签字立碑。剽牛，是佤族的一种神判仪式。在面临重大决策之时，佤族往往要举行盛大的剽牛仪式，剽牛者将锋利的剽枪投向在场地上活动的牛，看牛被剽倒后的剽口和牛倒向的方向，若牛倒向南方、剽口朝上是大吉大利，表明所做的决策是天意所向。若牛倒的方向不朝南、剽口方向不对，说明这个决策不符合天意，不能实施。使用这样的剽牛仪式，到底结局如何，是一个未知数。而剽牛的结果，则会对各民族群众心理产生重大影响。经过会议充分酝酿，大会主席团一致决定遵循少数民族兄弟的意愿，以剽牛的方式来决定这次盟誓的成功与否。

1951年1月1日，普洱红场，彩旗飘扬、歌声嘹亮，一个激动人心的时刻到来了。参加普洱专区民族代表大会的各民族代表、普洱专区党政领导人、部队官兵、当地群众，上千人齐聚普洱红场，举行了一场具有特殊意义的剽牛仪式。在万众瞩目之中，在紧张激动的气氛之中，手持剽枪的佤族头人拉勐把剽枪刺向了场地上的水牛，水牛最终挣扎着倒向大地，剽口朝上、牛倒向南方。

全场欢呼应声而起，会场上人们激情万分。接着，代表们将鸡血酒一饮而尽，举起拳头宣誓："我们二十六种民族的代表，代表全普洱区各族同胞，慎重地于此举行了剽牛，喝了咒水，从此我们一心一德，团结到底，在中国共产党的领导下，誓为建设平等自由幸福的大家庭而奋斗！此誓。"之后，26名民族兄弟代表和党政军代表分别用傣文、拉祜文、汉文签下了自己庄严的名字。各民族的盟誓和签名被雕刻在一块花岗岩石上永久保存，这就是今天保存在宁洱县民族团结园中的民族团结誓词碑（见图1-4），它被作为国家一级保护文物进行保护。

图 1-4　民族团结誓词碑

资料来源：苏祺涵拍摄。

　　民族团结誓词碑被誉为"新中国民族团结第一碑"，它的建立对整个云南，乃至整个中国的民族团结都具有标志性的重大意义，体现了各民族自愿接受中国共产党的领导，深入贯彻党的民族政策和方针的决心。这为全国范围内的民族工作提供了重要的示范和借鉴。首先，它起到了民族团结的积极示范，说明了边疆各族人民自觉服从中国共产党的领导，共同推动民族关系的和谐与发展。其次，有助于消解历史上残留的民族隔阂和仇恨，促进不同民族之间的团结与合作。历史上由于各种原因，不同民族之间存在矛盾和隔阂，但在中国共产党的正确领导下，通过共同的奋斗和努力，各民族摒弃过去的纷争和矛盾，相互理解和增进友谊，实现团结协作、共同发展的目标。最后，它对云南乃至整个中国在巩固民族团结和促进边疆稳定方面具有重要作用。云南地处边疆，多民族聚居，民族关系复杂，通过民族团结誓词碑的倡导，加强了各民族之间的沟通与交流，增进了对党的认同感和归属感，为促进边疆稳定创造了良好的社会氛围。

民族团结誓词碑碑体高 142 厘米，宽 65 厘米，厚 12 厘米，白色花岗岩石碑身。这块碑镌刻着 48 位代表铿锵有力的誓言，记录了普洱地区各族人民坚定追随中国共产党的领导的誓言和决心。这块碑的存在，见证了普洱地区各族人民在艰苦的历史条件下，始终坚持民族团结的精神。

为了更好地保护民族团结誓词碑，更好地传承发扬民族团结誓词碑的精神，2000 年宁洱县建成民族团结园，园内建亭子以妥善放置保存民族团结誓词碑，并建民族团结博物馆，在博物馆内以图片和文字的形式，展示民族团结誓词碑的历史及今天宁洱县民族团结进步取得的成就。2003 年，民族团结园被云南省委、省人民政府列为云南省第二批社会主义教育基地、爱国主义教育基地；2006 年 5 月，民族团结誓词碑被国务院批准列为第六批全国重点文物保护单位；2006 年 8 月，民族团结园被国家民委授予"全国民族团结进步教育基地"称号；2010 年 8 月，民族团结园被列为"全国红色旅游经典景区"。

二 宁洱哈尼族彝族自治县的建立

实施民族区域自治制度是中华人民共和国的民族政策的重要内容，是贯彻民族平等的重要制度。1949 年，《中国人民政治协商会议共同纲领》确定实行"民族的区域自治"，"中华人民共和国地内各民族一律平等，实行团结互助"。1954 年通过的《中华人民共和国宪法》规定，各少数民族聚居的地方实行区域自治。1984 年，《中华人民共和国民族区域自治法》正式颁布实施。

普洱哈尼族彝族自治县（今宁洱哈尼族彝族自治县）的成立是中国共产党贯彻落实民族政策的成果，也是哈尼族和彝族聚居地区实行民族区域自治的重要里程碑。《中华人民共和国民族区域自治法》颁布之后，通过广泛征求意见和深入讨论，普洱县民族事务委员会形成了成立自治县的议案，并成功将此议案提交云南省人民代表大会，后上报全国人民代表大会和国务院。1985年6月11日，国务院批复撤销普洱县，设立普洱哈尼族彝族自治县，以原普洱县的行政区域为普洱哈尼族彝族自治县的行政区域。

自治县的成立标志着少数民族在管理本民族内部事务方面拥有更多的自主决策权，进一步保障了少数民族的平等地位。同时，它也为促进各族人民参与社会主义建设提供了更多的机会和更大的平台。自治县成立以来，哈尼族和彝族等少数民族纷纷走上各级领导岗位，推动了少数民族的政治参与。普洱哈尼族彝族自治县设立之后，先后制定了具有地方性法规性质的决议和规划，对促进宁洱县社会经济发展起到了积极推进作用。例如1994年普洱县人民代表大会通过了《普洱哈尼族彝族自治县九年义务教育实施规划》，为解决"普九"工作中的资金困难问题提供了法律保障，每年提供的教育经费规模不断扩大，为基础教育发展提供了有力的支持。自治县成立以来，宁洱县各族人民会在火把节等民族节日和自治县成立的县庆之日，举行隆重的节日庆典和丰富多彩的民族文艺表演和民俗体育活动，展示各民族的独特风情和文化传统，增强各族人民的凝聚力和自豪感。

三 "全国民族团结进步创建示范县"的创建

民族团结誓词碑的精神激励着各族人民团结进步，建设社会主义新边疆。在党和政府的帮助和支持下，宁洱县各族人民自力更生，艰苦奋斗，不断推进中国特色社会主义建设。国家对边疆民族地区给予特殊的财政和税收政策优惠，设立了民族地区补助费和民族地区机动资金。宁洱县根据当地的特点和需求，制定了地方经济社会发展规划，积极调整产业结构，改革了经济管理体制，管理、保护和开发了自然资源，开展了对外经济贸易。在党中央对民族自治县一系列优惠政策的支持帮助下，各族人民的经济生活水平不断提高，各民族之间的经济社会交往不断加强，进一步形成相互依赖、团结互助的共同体。

团结聚力促进民族地区乡村振兴
——云南省宁洱县乡村振兴调研报告

　　党的十八大以来，宁洱县高度重视民族团结进步创建工作，成立了由县委书记和县人民政府县长任双组长，相关部门主要领导为成员的民族团结进步示范区建设领导小组，建立完善了民族团结进步示范创建常态化机制，坚持以铸牢中华民族共同体意识为主题，持续展开一系列活动，在促进民族团结进步方面取得了显著成就。

　　一是积极讲好宁洱民族团结誓词碑的精神和背后的故事。宁洱县组建铸牢中华民族共同体意识宣讲团，深入各个乡镇、社区、学校进行宣传教育活动，通过与文旅局合作，在"文化送下乡"等活动中进一步深化宣讲，取得了显著成果。每年在全县举办主题教育活动，唱响主旋律，调动大家参与到创建活动中，营造出浓厚的共同创建氛围。着力提升扩建民族团结各类有形"会所"，建设完善"碑、馆、基地、园"，打造全国民族团结进步教育干部基地，优化提升民族团结纪念馆的场馆建设和软环境建设，打造更好的民族团结教育环境。

　　二是以基层党建为引领着力打造示范点，建设民族团结进步示范站和民族团结进步示范村。县委县政府以基层党建引领民族团结为指引，多举措推进民族团结工作开展，积极推动民族团结工作向纵深发展。通过开展形式多样的主题宣传教育系列活动，让创建工作更加走心走实，注重发挥基层党建在民族团结进步中的引领作用。通过民族团结实践活动，营造讲文明、树新风的良好氛围，拉近不同民族间的距离，促进民族团结，巩固提升宁洱全国民族团结进步创建示范县的建设。

　　一系列深入细致的工作，使得民族团结意识深入人心，融入各民族日常生活工作之中。宁洱县呈现"共同团结奋斗、共同繁荣发展"的民族团结良好局面，2018年被国家民委命名为"全国民族团结进步创建示范县"。截至2022年，宁洱县已有2家单位成为全国民族团结进步创建示范单位，21家单位成为省级示范单位，44家单位成为市级示范单位，107家单位成为县级示范单位。

　　宁洱创建民族团结进步示范县的实践证明，民族团结是国家稳定和发展的重要基石，它需要全社会的共同努力来实现。只有保护和传承各民族的文化，促进民族之间的相互理解和包容，才能真正实现民族团结的目标。政府和社会各界应加强对民族团结工作的关注和支持，为少数民族提供更多的发展机会，促进共同繁荣和进步。在中华民族大家庭中，各民族只有"像石榴籽一样紧紧抱在一起"，手足相亲、守望相助，民族复兴伟大梦想才能顺利实现，民族团结进步之花才能长盛不衰。

第三节　团结实干的成效：宁洱经济社会发展的崭新图景

很多到过宁洱县的人会有一个感觉，与云南省其他民族自治县相比，宁洱县是一个民族特色不太浓郁的自治县。宁洱县城的建筑几乎都是钢架结构的现代建筑，看不到民族特色的建筑或者装饰图案，多数村寨民居也为小洋楼式建筑或砖木结构的普通平房，仅有很少的村寨保留着少数民族特色的传统建筑。无论是在县城大街上还是乡村村寨里，很少能看到穿着少数民族服装的群众。在宁洱，虽然生活着多个民族，但是在广大群众的心目中，从来就没有"你是什么民族""我是什么民族"的区分，只有大家都是宁洱人、都是中国人的感想。正是民族团结一家亲、民族交融为一体的民族关系，为宁洱各族人民团结实干提供了良好的社会环境；正是各民族团结一致、戮力前行的努力，为宁洱县开创了一个社会经济不断走向发展的崭新图景。

一　经济总量不断增长，产业结构调整因地制宜

改革开放以来，宁洱县历届县委、县政府乘着改革开放的东风，带领全县各族人民团结奋斗，在经济建设等各项事业中取得了令人瞩目的成就。党的十八大以来，宁洱县一方面积极主动融入"一带一路"，抢抓"思宁一体化"发展机遇，形成小县域大市场的内外联动；另一方面以脱贫攻坚统揽经济社会全局，全力打造"茶源道始·盟誓之城"品牌，努力建设为昆曼国际大通道上的绿色工业重镇、现代物流中心、养生宜居宝地，全县经

济社会呈现平稳发展态势。

（一）经济发展的总体情况

历史上，西南边疆少数民族聚居区受历史、地理等因素的影响，经济社会一直处于低层次发展水平。改革开放以后，西南边疆少数民族地区发展大大加快，尤其是党的十八大以来，宁洱县迎来全新的历史机遇，取得显著的发展成就。宁洱县依托良好的区位条件和优越的自然环境，牢牢牵住产业发展增收的"牛鼻子"，各项经济指标均保持较快增长，综合经济实力显著提升。对贫困人口采取精准识别、精准帮扶等措施，在脱贫攻坚战中成为全省首批实现摘帽的贫困县之一。

从经济总量上来看，2012 年宁洱县地区生产总值为 318700 万元，2021 年已经增长到 732771 万元，增长了 1.30 倍。其中，2012 年、2015 年、2016 年、2020 年，宁洱县 GDP 增速同时高于普洱市和云南省 GDP 增速；2017 年和 2021 年，高于普洱市 GDP 增速，但低于云南省 GDP 增速；2014 年，低于普洱市 GDP 增速，但高于云南省 GDP 增速（见表1-1）。

表1-1　2012~2021 年宁洱县地区生产总值及增速变化

单位：万元，%

年份	地区生产总值	宁洱县 GDP 增速	普洱市 GDP 增速	云南省 GDP 增速
2012	318700	23.05	21.80	16.53
2013	357050	12.03	15.96	15.57
2014	394112	10.38	12.12	9.48
2015	426663	8.26	7.77	6.54
2016	472357	10.71	10.41	9.42
2017	528042	11.79	10.05	12.93
2018	554547	5.02	6.07	12.95
2019	612801	10.56	32.12	11.22
2020	672363	9.72	8.01	5.74
2021	732771	8.98	8.86	10.55

资料来源：2013~2022 年《云南统计年鉴》。

人均 GDP 是反映地区综合经济实力和国民富裕程度的重要经济指标。从国际经验来看，人均 GDP 水平越高的地区，人民享受发展的成果越多，特别是在医疗资源、教育资源、社会福利等方面的获得越多。2012 年，宁洱县人均 GDP 为 16861 元，2021 年增长至 45553 元，增长了 1.70 倍（见图 1-5）。

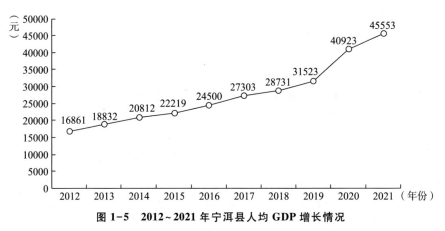

图 1-5 2012~2021 年宁洱县人均 GDP 增长情况

资料来源：2013~2022 年《云南统计年鉴》。

党的十八大以来，宁洱县的自主发展能力和区域创新能力不断加强，财政收入的大幅增长充分反映了宁洱县区域经济实力增强过程。宁洱县公共财政收入从 2012 年的 23626 万元增长至 2021 年的 49176 万元，增长了约 1.08 倍。其中 2017 年和 2020 年分别达到 55273 万元和 51403 万元（见图 1-6）。这些成就，是宁洱县紧抓发展契机，扶持重点产业，因地制宜地发展特色经济的结果，促进了经济主体的纳税能力，推动了国民经济进入新的发展赛道。

（二）人民生活水平稳步提高

经济的稳步发展，带动城乡居民收入和储蓄余额的增长。收入的增长意味着宁洱县各族群众潜在消费能力的提高，可以充分享受发展带来的高质量生活和新的生活方式。根据 2013~2022 年《云南统计年鉴》数据，此种表现有二：一是城乡差距逐步缩小，2012 年城镇居民人均年纯收入是农

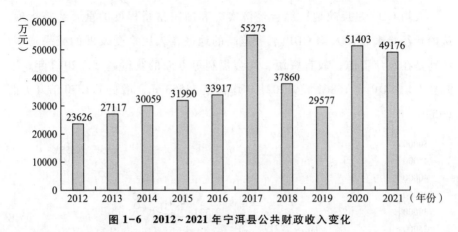

图1-6　2012~2021年宁洱县公共财政收入变化

资料来源：2013~2022年《云南统计年鉴》。

村居民的3.76倍，2021年缩小至2.63倍，差距缩小了1.13倍；二是农村居民人均年纯收入增长，2012年宁洱县农村居民人均年纯收入仅为5013元，2021年增长至14324元，增长了1.86倍。其中，2018年农村居民人均年纯收入首次突破万元大关，达到10908元，这与脱贫攻坚以来国家扶持农村地区经济发展的政策息息相关。

2017年以来，宁洱县围绕乡村产业重点发展工程，推动大数据、人工智能、物联网等技术和农业生产、服务、管理、经营等产业链各环节的融合发展，推广茶叶、咖啡、蔬菜等产业应用技术。引进和鼓励农业龙头企业、种植（养殖）家庭农场、农民合作社开展环境感知调节、自动化苗床、水肥一体化灌溉、饲料精准投放等物联网精准化应用，提升农业精准化作业和智能化决策能力，这些都推动了农民收入的增长。

（三）因地制宜调整三次产业结构

现代经济发展的一个重要特征是三次产业结构不断优化，产业结构变化的趋势是以传统农业为主的第一产业比重逐年下降，以工业经济为主的第二产业和以服务业为主的第三产业比重快速增长。这是工业化进程加快的结果，也是社会分工不断细化、人的需求不断增长和提升对服务业提出的要求。

从历史上看，宁洱县是一个以农业经济为主、工业经济有一定发展的县，在 20 世纪八九十年代，宁洱县的工业经济相较于普洱市其他县有较快的发展。进入 21 世纪，随着国家产业布局的新规划，云南省普洱市成为国家生态环境保护的主要地域，重点发展绿色经济，不鼓励甚至禁止对环境有较大影响的工业企业发展。因此在实施这一战略的过程中，宁洱县产业结构的发展趋势似乎与现代经济增长规律相违背，即人均 GDP 逐年提高，但产业结构并未走向以工业为主模式，而是形成第一、第二产业比重略有下降，第三产业比重显著上升的发展格局，三次产业结构由 2012 年的 26：37：37 调整为 2021 年的 26：26：48（见图 1-7）。

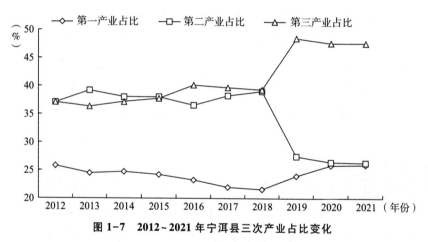

图 1-7　2012~2021 年宁洱县三次产业占比变化

资料来源：2013~2022 年《云南统计年鉴》。

其中，2018 年是宁洱县三次产业结构发展的转折时期，这一年三次产业结构为 22：39：39。这也是除 2013 年外第二产业产值占比最高的一年，此后第二产业产值占比在不断下降，而第三产业和第一产业的产值占比总体在增加。也就是说 2012~2021 年，宁洱县存在两种发展思路：2018 年以前，走的仍是传统发展思路，坚持发展工业经济，但是因市场拓展能力有限，产值占比和增长幅度有限；2018 年及以后，则转变为以第三产业为主的发展模式，其中强调第一产业与第三产业融合发展，即以发展绿色经济和文旅结合的旅游经济为驱动力，带动县域经济发展。

目前，宁洱县紧紧依托区域和禀赋优势，坚持"两型三化"产业发展方向，围绕打造世界一流"三张牌"，加快形成具有宁洱特色的"4+4+4"绿色产业体系。

一是绿色农业稳步发展。2022年，宁洱县实现农业总产值33.2亿元，同比增长6.2%。除传统粮食作物外，经济作物的种植是宁洱县推动绿色农业的重要增长极，重点经济作物中蔬菜、咖啡、烟草的产值分别达到2.97亿元、7.37亿元、1.77亿元。传统畜牧业也转向现代模式，其中，全县大力打造肉牛全产业链，推动肉牛产业规模化、标准化、产业化发展步伐进一步加快，高位推进宁洱现代肉牛产业园和肉牛良种繁育基地建设。

二是绿色工业聚能发展。普洱市金山宁洱产业园项目逐步启动，宁洱工业园区纳入普洱工业园区总体规划，园区承载能力进一步增强。宁洱县形成了由以林板、林化为主的林产工业，以水泥为主的建材产业，以咖啡、茶叶、肉制品加工为主的农特产品加工业，以石斛、茯苓、白及等中药材加工为主的生物药业，以水电为主的能源工业等构成的绿色工业体系。

三是现代服务业提质增效。持续推进电子商务在农村的应用和推广，组建县域农村电子商务产品供应链公司，统筹整合县域工业品下乡、农产品进城产品供应链建设，打造中国宝武·宁洱县特色农产品数字展销中心，推动第一产业与第三产业融合发展。积极开展网络推荐宣传活动，持续打造中国农民丰收节宁洱系列特色节庆品牌，开展乡村旅游节庆活动。2022年，宁洱县接待游客235.62万人，旅游收入达24.78亿元。其中，乡村旅游是宁洱县文旅产业的一大特色。2022年，全县有民宿客栈58家，各类住宿服务店铺供给66家，共接待游客165.64万人，乡村旅游收入达16.35亿元，与上年相比增长4.47%。

二 传统农业稳步发展，工业产业总体增长

产业发展是县域经济的重要表现。党的十八大以来，随着脱贫攻坚的稳步推进，宁洱县积极发挥自然禀赋和区域优势，结合自身实际，逐步建立起适宜县域发展的产业体系，统筹优化产业布局和资源要素配置，精准延链补

链强链，打造具有比较优势的特色产业，发展有市场潜力的新兴产业。

（一）农林渔牧业产业的发展

随着时代的发展，农业在经济结构中的重要性已远不如从前，但农业仍是现代经济发展的基础性产业。一方面，众多人口需要足够稳定的粮食和重要农产品供给，工业经济的发展也需要农业提供基本的原材料；另一方面，农业的经济社会功能具有可扩展性，如农业具有生态涵养、休闲观光、文化传承的功能，可以通过发展农业生态旅游经济充分发挥其作用，而发展农业旅游又可以给各族群众提供更多就业机会，营造宜居家园。因此，稳定的农产品供给，可以推进城乡融合发展，是推动国内经济大循环、增强县域经济韧性和战略纵深的重要方面。

宁洱县有着得天独厚的自然资源优势。宁洱县年平均气温18.2℃，年均降水量1398毫米，日照1920小时，气候温暖，四季温差小，冬无严寒、夏无酷暑、四季如春。有耕地面积30.06万亩，有林地面积469万亩，森林覆盖率达77.86%。全县有茶、林、畜牧、现代烟草四大支柱产业，还有"一县一业"的咖啡产业。此外还有核桃、澳洲坚果、重楼、滇黄精、白及、石斛、茯苓等特色产业，土鸡、甜糯玉米、蜂蜜、野生菌、黄心山药、薄壳山核桃、碧根果等农特产品。在产业总值方面，宁洱县农林渔牧业产值（按现行价格计算）从2012年的14.10亿元增长到2021年的31.18亿元，增长了1.21倍，年均增速达到9.22%。从增长速度来看，2012年、2019年和2020年是2012~2021年宁洱县农林渔牧业产值增长最快的年份，分别达到35.58%、23.05%和19.11%（见图1-8），但其增速总体呈现下降态势。

从粮食作物和经济作物的产量来看，宁洱县的粮食产量长期稳定在8万~9万吨，播种面积保持在2.7万~2.8万公顷，大致分为：稻谷播种面积0.5万公顷；小麦播种面积0.35万~0.38万公顷；玉米播种面积1.39万~1.40万公顷；豆类播种面积0.2万公顷。可见，在粮食作物方面，宁洱县以玉米种植为主，占全县粮食播种面积的50%~51.48%。

在经济作物种植方面，主要作物类型有油料、甘蔗、烤烟、茶叶和园

图1-8 2012~2021年宁洱县农林渔牧业发展综合变化

资料来源：2013~2022年《云南统计年鉴》。

林水果等。其中，茶叶和烤烟是宁洱县主要经济作物。烤烟产量2012年为0.71万吨，2021年下降至0.51万吨。烤烟占主要经济作物总产量的比重也在逐年下降，从2012年的36.04%下降至2021年的16.94%。烤烟产量的下降，主要是由于农业生产结构调整，其他经济作物的种植挤占了烤烟生产。茶叶是宁洱县重要的经济作物，几乎家家户户都种茶叶或者从事采茶工作。2012~2021年，宁洱县茶叶产量总体呈现增长趋势，从2012年的0.76万吨增长至2021年的1.28万吨，但占比则从2012年的38.58%先上升至2019年的57.21%，而后下降至2021年的42.52%。这与茶叶收购价格疲软有很大关系。其他经济作物也在较快增长，如园林水果产量占比从2012年的8.63%上升至2021年的32.89%，产量从2012年的0.17万吨上升至2021年的0.99万吨（见表1-2）。

表1-2 2012~2021年宁洱县主要经济作物产量

单位：万吨，%

年份	油料产量	甘蔗产量	烤烟产量	茶叶产量	园林水果产量	烤烟产量占比	茶叶产量占比	园林水果产量占比
2012	0.25	0.08	0.71	0.76	0.17	36.04	38.58	8.63
2013	0.27	0.07	0.71	0.84	0.12	35.32	41.79	5.97

续表

年份	油料产量	甘蔗产量	烤烟产量	茶叶产量	园林水果产量	烤烟产量占比	茶叶产量占比	园林水果产量占比
2014	0.27	0.08	0.59	0.91	0.15	29.50	45.50	7.50
2015	0.25	0.08	0.49	0.92	0.13	26.20	49.20	6.95
2016	0.25	0.05	0.53	1.07	0.18	25.48	51.44	8.65
2017	0.22	0.06	0.52	1.10	0.21	24.64	52.13	9.95
2018	0.19	0.07	0.51	1.07	0.27	24.17	50.71	12.80
2019	0.21	0.05	0.49	1.23	0.17	22.79	57.21	7.91
2020	0.19	0.05	0.50	1.24	0.60	19.38	48.06	23.26
2021	0.16	0.07	0.51	1.28	0.99	16.94	42.52	32.89

资料来源：2013~2022 年《云南统计年鉴》。

除上述主要经济作物外，咖啡也是近年来宁洱县主要种植的经济作物。近年来，宁洱县对 3 万亩中低产咖啡园进行改造，有 21 个咖啡鲜果集中处理中心投入使用，还注册了"宁小豆"咖啡区域公共品牌投入运行，市场拓展有明显成效。2022 年，咖啡种植面积达 10.35 万亩，总产量 1.02 万吨，产值达 7.37 亿元，综合产值为 8.23 亿元，综合产值增速达 98.31%。

在畜牧业和水产品生产方面，宁洱县也取得了可喜的成绩，其中肉牛业和生猪业是畜牧业支柱性产业。宁洱县建成宁洱现代肉牛产业园和肉牛良种繁育基地，提供抵押贷款，推动肉牛产业的发展，建立国家级生猪产能调控基地。2012~2021 年，宁洱县生猪产量基本在 2 万吨以上，肉牛产量基本在 0.1 万~0.2 万吨（见图 1-9）。

（二）工业产业的发展

在工业产业方面，近年来，宁洱县着力提升产业基础高端化、产业链现代化水平，主动融入"一带一路"建设，建设思宁发展核心区，推动高质量发展。深入实施工业项目攻坚活动，突出"一链一策、梯度培育、分类推进"，打造一批重点企业，加快推进新材料产业园建设，加大新能源、新材料及装备制造业项目招商引资工作力度，盯紧新能源、新材料及装备制造业、绿色食品加工，积极推动园区建设发展，推动产业向精深加工发

图1-9 2012~2021年宁洱县生猪和肉牛产量状况

资料来源：2013~2022年《云南统计年鉴》。

展，强化科技创新，引进科技型企业、高新技术企业支持县域产业转型升级。规模以上工业总产值从2012年的12.77亿元增加到2021年的36.53亿元，增长了1.86倍（见图1-10）。

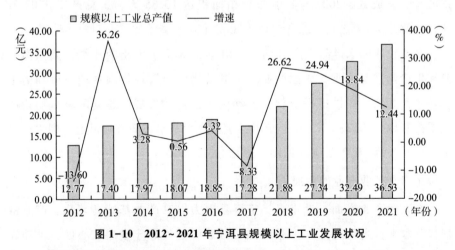

图1-10 2012~2021年宁洱县规模以上工业发展状况

资料来源：2013~2022年《云南统计年鉴》。

在"思宁一体化"建设战略中，宁洱县以抓产业促转型、夯实高质量发展根基为目标，大力推进工业园区建设。近年来在宁洱建设的工业园区有两个：普洱绿色工业园区宁洱片区、普洱现代物流产业园。实施产业园区主导产业培育提升行动，围绕园区创新平台聚焦主导产业，实现特色优势产业集群发展，提高园区综合产值。推进云景飞林年产 40 万立方米轻质超强刨花板、粮食产业园、1 号路等项目建设。落实各级各类稳增长政策和助企纾困措施，推动创新要素向企业集聚，增强企业创新活力。深入开展"大众创业"活动，建立"个转企、小升规"培育机制，培育盛利煤业、丰用食品、旺发木业等工业企业达规入统。2022 年，围绕中央、省、市政策支持导向，谋划中央预算内投资项目 56 个，总投资 19.06 亿元；储备省预算内投资项目 60 个，总投资 133 亿元；地方政府专项债项目 13 个，政策性、开发性金融工具（基金）项目 14 个，总投资 38.9 亿元。实施东西部协作项目 8 个，合计资金 3160 万元，项目全部开工建设。实施中国宝武钢铁集团有限公司（以下简称"中国宝武"）援建项目 9 个，合计资金 1215 万元。

三　脱贫攻坚取得伟大胜利，乡村振兴全面启动

宁洱县曾是国家扶贫开发工作重点县，扶贫工作任重道远。党的十八大以来，宁洱县认真贯彻落实习近平新时代中国特色社会主义思想，全县各族人民拧成一股绳，心往一处想、劲往一处使，全力、全面打响脱贫攻坚战。

全县累计投入脱贫攻坚资金 31.23 亿元。在轰轰烈烈的脱贫攻坚战中，宁洱县围绕贫困人口实现"两不愁三保障"① 目标，投入大量扶贫资金精准扶贫，全方位实施产业发展、民房建设、基础设施建设、健康扶贫、教育扶贫、金融扶贫、电商扶贫、产业扶贫、旅游扶贫、党建扶贫等工程，大力提升农村基本公共服务水平、村级集体经济发展水平、人居环境，率先达到脱贫攻坚目标要求。2018 年 2 月 23 日，云南省人民政府扶贫开发领导小组办公室发布《关于祥云县等 15 个县（市）贫困退出的公示》，有 15 个县（市）提出贫困县退出申请，经州（市）初审，省扶贫开发领导小组组

---

① "两不愁"指稳定实现农村贫困人口不愁吃、不愁穿；"三保障"指保障其义务教育、基本医疗和住房安全，"两不愁三保障"是农村贫困人口脱贫的基本要求和核心指标。

织有关部门审查和第三方实地评估，这 15 个县（市）已达到贫困县退出的标准，拟退出贫困县序列。宁洱县位列其中，全县贫困发生率由 2013 年末的 8.22% 降到 2017 年末的 1.26%，达到了脱贫摘帽标准，成为云南省第一批、普洱市第一个脱贫摘帽的贫困县。宁洱县的脱贫攻坚取得了全面胜利，站到了新的发展起点上。

在打赢脱贫攻坚战、全面建成小康社会后，党的十九大及时作出了"实施乡村振兴战略"的战略决策，指明了新时代乡村发展的方向，成为中国式现代化征程中解决"三农"问题的总抓手。当前，宁洱县各族人民群众，正满怀豪情地站在新的发展起点上，阔步走上乡村振兴的新征程，把巩固拓展脱贫攻坚成果同乡村振兴有效衔接，按照产业兴旺、生态宜居、乡风文明、治理有效、生活富裕的总要求，努力促进乡村振兴。与此同时，按照"领导力量不变、挂包责任不变、帮扶机制不变、到村到户扶持政策不变"的原则，密切关注低收入脱贫户，防止脱贫户因病返贫。

从脱贫攻坚到乡村振兴，宁洱县各族人民团结奋斗，不断用自己的双手绘出边疆民族地区山乡大地的美好图景，不断用自己的努力创造出幸福美好的新生活。图 1-11 显示了 2012～2021 年农村居民人均年纯收入变化，这是广大农民群众在脱贫攻坚向乡村振兴的不断超越迈进中经济收入日益增长、生活质量不断改善的呈现。2012 年，宁洱县农村居民人均年纯收入仅为 5013 元，2021 年这一数据上升到了 14324 元，增长了 1.86 倍，年均增速达到了 12.37%。

四　文旅融合产业快速兴起，"名茶、名道、名碑、名人"四名品牌厚植文旅根基

第三产业的发展，是宁洱县近年来的一大亮点，其中文旅融合打造出的"名茶、名道、名碑、名人"四名品牌，彰显出鲜明的宁洱特色，具有很强的文化价值和旅游价值。

（1）名茶——普洱茶

普洱茶闻名天下，是云南的一大优势特色品牌。宁洱作为普洱茶的故

图1-11 2012～2021年宁洱县农村居民人均年纯收入变化

资料来源：2013～2022年《云南统计年鉴》。

乡、普洱茶这一品名的源起之地，具有深厚的普洱茶文化底蕴，普洱茶当仁不让成为宁洱优势特色产业。长期以来，宁洱县着力打造有机茶产业，坚持有机化方向，推进茶园有机标准化建设，巩固增加有机茶园和有机产品认证数量，促进茶园高质量发展，打造"全国十大魅力茶乡""普洱山普洱茶"两块金字招牌。加大招商引资力度，引进与茶产业融合度高的企业，推动茶产业精深加工，提升精深加工能力和水平，打造有机茶产业。以茶为媒促进文旅融合，把茶打造成为具有文旅融合潜力的产业链。

（2）名道——茶马古道

宁洱作为普洱茶的核心原产地和集散中心的历史产地，孕育了内涵丰富的普洱茶文化和茶马古道文化。茶马古道是西南地区各族人民的经济生命线，也是各民族经济文化交流的走廊。在历史上，多维度的商品、知识、思想和价值观持续不断地交往交流与互惠滋养，形成了茶马古道沿线丰富的文化遗产。这些文化遗产，成为宁洱县发展文旅融合的宝贵文化资源。

（3）名碑——民族团结誓词碑

宁洱县被誉为"盟誓之城"，民族团结誓词碑是中国民族团结进步事业发展的历史见证，它象征着新中国成立后，边疆各民族在中国共产党的领导下，缔结的新型社会主义民族关系。它折射出的民族团结精神，不仅是云南边疆各民族团结进步的象征，也是全国各民族大团结的缩影。进入新时代，民族团结誓词碑所承载的一心向党的民族团结精神薪火相传，不断焕发出新的光彩。民族团结誓词碑作为宁洱县最有历史意义和文化价值的文旅资源，也必将在文旅融合发展中焕发出它独特的价值。

（4）名人——知名彝族演员杨丽坤和全国英模张培英

说到宁洱县的名人，首数宁洱县知名彝族演员杨丽坤。出生于云南省宁洱县磨黑镇的杨丽坤是知名电影演员，她一生只演过两部电影——《五朵金花》和《阿诗玛》，却在中国乃至世界都产生过广泛的影响。在"文革"时期，杨丽坤遭受沉重的打击，一度精神失常，之后在周恩来总理的关怀下，恢复了平静的生活。她跌宕起伏的人生也是历史的缩影。目前宁洱县磨黑镇复原杨丽坤故居，并打出"丽人故里"的招牌，成为省内外游客前来参观的旅游景点。

宁洱县还是全国英模张培英的故乡。张培英 1922 年出生于宁洱县磨黑镇。在党的培养下，张培英参加中国人民解放军，先后在云南军区后勤部卫生学校、第四军医学校、第三军医学校和第七军大学任教，为部队培养了一批医疗卫生人员。之后在北京军事医学科学院做研究工作，突发实验室爆炸事故，为了抢救仪器设备，张培英全身重度烧伤，被定为"一等残废军人"。但她不愿躺着安享荣誉，伤病好转之后，她主动承担青少年校外辅导任务，帮助了大量青少年健康成长。1991 年 6 月 29 日，张培英应邀在军事医学科学院召开的庆祝中国共产党成立 70 周年大会上作报告时，重病突发，送医院抢救无效逝世。她逝世后，时任中共中央总书记江泽民同志题词："向张培英同志学习，把一切献给党。"聂荣臻元帅题词："向优秀共产党员张培英同志学习。"中共中央组织部、宣传部、国家教委、国家科委、人事部、中国人民解放军总政治部、共青团中央委员会、全国妇联、全国老龄工作委员会、中国残疾人联合会和中国关心下一代工作委员会联合发出通知，号召全国人民和全军指战员广泛开展向张培英学习的活动。宁洱县磨黑镇建立思普革命纪念馆等，展出张培英等革命者为党的事业献身的事迹，作为宁洱县的红色教育基地，发挥着文旅融合的功能。

在新时代文旅深度融合的背景下，各地让传统文化焕发新的生机，凝聚并扩散出更丰富的德育价值，满足人民群众日益增长的精神文化需求，提升人们的文化自信，培育以爱国主义为核心的民族精神成为文化旅游中具有特殊价值的部分，更是现代文化消费市场当中越来越具有竞争力的消费内容。近年来，宁洱县始终坚持以绿色生态为底，以红色文化为魂，全县文旅产业蓬勃发展，将"名茶、名道、名碑、名人"四大文化品牌打造成为宁洱名片，同时不断开发普洱山云海、那柯里特色小镇、困鹿山古茶园等"网红打卡景点"，结合普洱山、温泉、茶园等资源条件，做大做强生物制药及康养旅游、生态茶、咖啡等特色产业，提升"国家绿色示范基地""国家森林康养基地"等建设水平，推动文化旅游转型升级，打造国际性旅游休闲康体养生基地，将宁洱建设成为具有较高声誉的养生宜居之地。

宁洱县按照全区域统筹、全要素利用、全产业对接、全过程管理的要求，将全域旅游发展观念贯穿于基础设施、城乡建设、土地利用、环境保护等各类规划，引领多规合一。一方面，从县域视角进一步整合和发掘旅游资源特色，建设具有地域特色、民族特色的旅游产品，精品化、差异化发展。另一方面，加强主要景区、景点之间的联动发展，以"一轴三环一廊一带"为核心推进全域旅游线路的建设。发挥"旅游+"的整合带动功能，促进旅游业与三次产业深度融合，形成特色化、多样化、全域化的旅游产业体系。整合传统旅游业之外的其他要素，开展以农业、工业等为主的休闲体验旅游。全县接待游客总人数从 2012 年的 66.23 万人增长至 2021 年的 410.72 万人，增长了 5.20 倍（见图 1-12）；2012 年旅游总收入为 3.31 亿元，2021 年增长到 34.58 亿元，增长了 9.44 倍（见图 1-13）。

五 乡村基础设施改善明显，教育卫生文化等公共事业发展显著

基础设施建设是经济社会发展的基础性条件，教育卫生等公共事业的发展是经济发展的保障性条件。这两个条件对一个地区经济社会可持续发展有重要的支撑作用。党的十八大以来，宁洱县以保障民生、增进福祉为追求目标，投入大量资金，一批道路、学校、医院等重点项目建成，对推

图1-12 2012～2021年宁洱县接待游客总人数及增速

资料来源：2012～2021年《宁洱哈尼族彝族自治县国民经济和社会发展统计公报》。

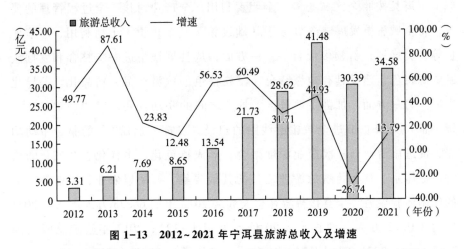

图1-13 2012～2021年宁洱县旅游总收入及增速

资料来源：2012～2021年《宁洱哈尼族彝族自治县国民经济和社会发展统计公报》。

动宁洱县发展产生积极影响。

（一）交通设施发展情况

道路交通是支撑社会经济发展的基础性物质条件，是改善少数民族地区生活条件的重要因素。交通是连接内外市场的重要桥梁，发达的交通条件是推动产业发展的前提，它起到促进人员流、信息流、商品流和技术流交汇互通的作用，也是扩大产品销售市场和要素供给市场的重要条件。可以说，加快交通设施建设已经成为推进脱贫攻坚和乡村振兴战略的共识。其中，农村道路建设是全面打赢脱贫攻坚战的基础性、先导性工程，为了打通交通扶贫的"最后一公里"，宁洱县将"四好农村路"建设作为一项重要的民生工程和决战决胜脱贫攻坚的重要举措，不断加大资金扶持力度，综合施策、精准发力，重点实施脱贫补短板、村组道路、产业路建设项目。四通八达的农村公路，托起了百姓的致富梦，也为全县脱贫攻坚注入了新活力。

2014~2020 年，宁洱县投入近 20 亿元资金，实施村组公路硬化 151 条723 公里，组内道路硬化 588 条 955 公里。境内公路通车里程达 4370.5 公里，公路密度达 119.09 公里/百公里^2，每万人拥有公路 224.23 公里，9 个乡镇和 85 个建制村 100% 通硬化路，村组道路硬化率达 90%。基础设施投资的扩大，对于提升宁洱县交通道路建设和运力有着明显促进作用。2021年，全县通车公路总里程达到 4315.28 公里，是 2012 年 1508.00 公里的2.86 倍（见图 1-14）。

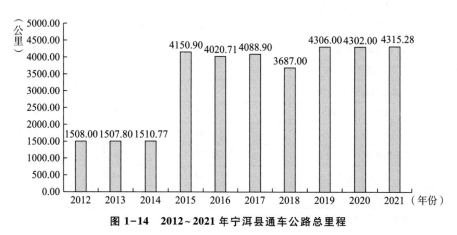

图 1-14 2012~2021 年宁洱县通车公路总里程

资料来源：2012~2021 年《宁洱哈尼族彝族自治县国民经济和社会发展统计公报》。

十多年里，宁洱县经过多方努力争取项目支持、筹集建设资金，实施了一批事关发展全局的基础设施建设项目。铁路公路建设有了历史性突破：玉磨铁路（宁洱段）建成通车；景谷至宁洱高速公路启动建设，文团公路、竹山至会连公路建成通车，宁江公路等建设项目顺利推进；农村公路森林防护工程和"四好"农村公路建设稳步实施,硬化农村道路 1678 公里。宁洱县基本形成了以高速公路、国省道为骨架,农村公路、水路站场港口为节点的交通运输网络体系,以交通一体化为先导,着力提升思茅和宁洱之间的互联互通能力,形成更加完善的"半小时经济圈"。2012~2020 年,宁洱县交通运输情况有着明显改善(见表 1-3)。

表 1-3　2012 年末与 2020 年末宁洱县主要交通设施指标对比

主要指标		2012 年末	2020 年末	变化情况
公路里程(公里)	国道	173.9	165	-8.9
	省道	49.9	152.8	102.9
	县道	276.9	340.5	63.6
	乡道	592.5	438.5	-154
	专用公路	79.6	6.8	-72.8
	村道	334.9	3198.6	2863.7
	总里程	1507.7	4302.2	2794.5
全县公共汽车(辆)		—	11	—
行政村客运班车通达率		94.1%(2015 年)	100%	5.9 个百分点
营业性运输汽车(辆)		3196	1271	-1925
中小型载客汽车(辆)		245	128	-117
大型载客汽车(辆)		13	27	14
载货汽车(辆)		2938	971	-1967
客运量(万人)		504	143.5	-360.5
旅客周转量(万人/公里)		33779	12822	-20957
货运量(万吨)		209	440	231
货物周转量(万吨/公里)		34501	74146	39645

资料来源:《宁洱年鉴 2012》《宁洱年鉴 2020》。

根据表 1-3 可知,2012 年以来宁洱县在交通设施等方面有着明显改进,其主要特点可归纳为如下几点。其一,公路总里程有明显增加,且主要集中于村道的改善,乡道的改造在 2012 年前就已经完成大部分,2012 年后少数没有通柏油路的乡镇也已经实现了全部通车。自 2012 年以来,变化最大的是村道，也就是说由乡到行政村、行政村到自然村的道路是这一时期建设的重点。到2020年末，村道由2012年末的334.9公里增长到3198.6公里，增长了2863.7公里，实现了村村通硬化道路。其二，2012~2020年，全县的客运量和旅客周转量发生了较大的负增长。这说明，全县交通条件有明显改善，私家车数量增长较快，人均汽车保有量在增加，一部分村民的出行主要靠摩托车和家庭轿车。另外，目前宁洱县各乡镇都开通了乡村客运交通，每天都有多班运营，方便了村民的出行。县运输公司提供的便宜便捷的公共交通，淘汰了过去很多从事运营的个体运输户。这就是从表1-3反映出来的中小型载客汽车数量减少、大型载客汽车数量增加的原因，以及旅客周转量下降的原因。

总而言之，2012~2021年，宁洱县紧紧抓住面向南亚东南亚辐射中心建设等重大机遇，依托泛亚铁路中线及"思宁一体化"建设，充分发挥国际通道和交通枢纽优势，拓展对内合作和对外开放空间。宁洱县大力建设交通基础，向重点农村地区推进，着力改善农村地区交通落后面貌。根据宁洱县的发展规划，未来宁洱县还将继续着力推进农村落后地区基础设施建设，突出水、电、路、通信、网络等基础设施建设，补齐基础设施发展短板。充分整合扶贫涉农资金和政策性金融资金，采取民办公助、以奖代补的方式，按照政府引导、技术支撑、群众主体的原则，成立自建委员会和监督委员会，集中实施通水通路交通设施改善工程，加快解决群众出行难问题，展现脱贫攻坚带来的新面貌。

（二）教育发展状况

长期以来，西南边疆少数民族聚居区教育水平远远落后于东部发达地区，教育的落后严重阻碍了经济发展。改革开放以来，随着西部大开发战略、脱贫攻坚等政策的推进，西南边疆少数民族聚居区的教育面貌有了明显的改善，教育事业获得了很大的发展，为西南边疆地区社会经济发展奠定了坚实的人才基础。

宁洱县在教育发展中，牢固树立人才为先的理念，不断改善教育落后局面，深化教育改革，提升教育教学质量。实施城乡教育补短板工程，加快宁洱县幼儿园、民族团结实验小学建设，推进职业中学职教园区建设，建成更多更好的人才培养基地，不断为企业输送人才、扩大就业；办好各族群众满意的教育，发挥优质学校的辐射带动作用，推进义务教育优质均衡发展。宁洱县每年投入大量财政资金用于建设学校、引进教师、改善教学条件。2021 年，公共财政支出中教育支出达 37125 万元，是 2012 年 17915 万元的 2.07 倍（见图 1-15）。教育支出占公共财政支出的比重也从 2012 年的 16.72%增加至 2021 年的 18.69%（见图 1-16）。

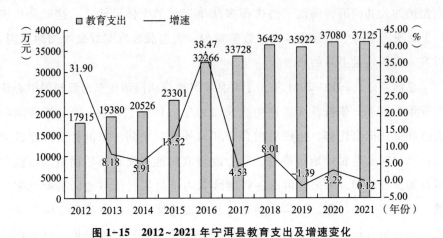

图 1-15　2012~2021 年宁洱县教育支出及增速变化

资料来源：2012~2021 年《宁洱哈尼族彝族自治县国民经济和社会发展统计公报》。

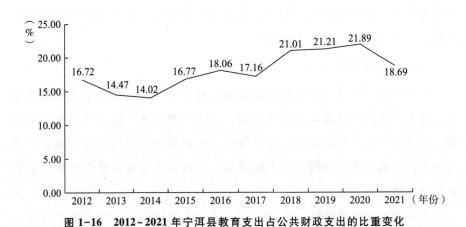

图 1-16　2012~2021 年宁洱县教育支出占公共财政支出的比重变化

资料来源：2012~2021 年《宁洱哈尼族彝族自治县国民经济和社会发展统计公报》。

2012~2021 年，宁洱县教育支出累计达 293672 万元，极大地改善了教育落后问题，很大程度上拓宽了人才培养渠道。这种教育投入对于少数民族聚居区的群众而言，是促进知识增长和技能提升的必要条件。获得教学教育和终身教育既是一种社会福利，也是促进社会平等和人的自由发展的基础。2012 年以来，全县在校学生数总体在增加，教职工数量也在增加，生师比趋向均衡。在校学生数长期稳定在 25000 人左右；专任教师维持在 2200 人左右，生师比保持在 11 左右，逐渐趋于合理化（见表 1-4）。

表 1-4 2012~2021 年宁洱县教育情况主要指标

年份	学校数量（个）	在校学生数（A，人）	专任教师（B，人）	生师比（A：B）
2012	63	24932	2183	11.42
2013	63	23234	2168	10.72
2014	57	22847	2088	10.94
2015	56	22759	2041	11.15
2016	56	22847	2225	10.27
2017	56	23622	2192	10.78
2018	57	23890	2248	10.63
2019	58	24157	2303	10.49
2020	59	25539	2267	11.27
2021	108	25437	2252	11.30

资料来源：2012~2021 年《宁洱哈尼族彝族自治县国民经济和社会发展统计公报》。

教育事业的发展直接体现为人口质量的提高。根据宁洱县第七次全国人口普查数据分析，2020 年，全县人口受教育水平明显提高，人口的素质不断提升。宁洱县 15 岁及以上人口平均受教育年限从 2010 年第六次全国人口普查的 8.17 年提高至 8.59 年，比全国 9.91 年低 1.32 年，比全省 8.82 年低 0.23 年，比全市 8.13 年高 0.46 年。15 岁及以上人口中，文盲人口（15 岁及以上不识字的人）为 5408 人，文盲率为 3.32%，比全国 2.67% 高 0.65 个百分点，比全省 4.65% 低 1.33 个百分点，比全市 5.96% 低 2.64 个百分点。全县常住人口中，每 10 万人中拥有大学文化程度的人数明显增加，由 2010 年的 4057 人上升为 2020 年的 8253 人；拥有高中文化程度的人数由

2010 年的 9099 人上升为 2020 年的 9942 人；拥有初中文化程度的人数由 2010 年的 34109 人上升为 2020 年的 34122 人；拥有小学文化程度的人数由 2010 年的 42831 人下降为 2020 年的 37559 人。

（三）卫生事业发展状况

医疗和公共卫生是保障各族群众身体健康和幸福生活的基础，是社会经济发展的重要指标，也是民生领域不可忽略的部分。没有健全的医疗和公共卫生体系，社会经济发展就难以平稳运行。

2012~2021 年，宁洱县医疗和公共卫生事业不断发展，积极推进基本公共卫生服务均等化、疾病防控、妇幼保健等工作。启动中医院综合楼建设项目，推进 2 个乡镇中心卫生院创建国家推荐标准医院、4 个乡镇医院创建省级甲等卫生院，创建磨黑镇为国家卫生乡镇。截至 2022 年，宁洱县人民医院被国家卫健委列入"千县工程"建设名单，宁洱县中医医院针灸科、妇科申报省级特色优势专科建设，县妇幼保健院通过省二级妇幼保健院能力评审。基层医疗卫生机构综合服务能力显著提升，2022 年通过国家推荐标准评审 1 家、通过省级甲等乡镇卫生院评审 2 家、通过国家基本标准评审 4 家，建成慢性病管理中心及心脑血管救治站各 1 个、老年友善医疗机构 13 家。

在公共支出领域，宁洱县大力投入，切实保障各族群众享受医疗和公共卫生服务，不断补齐医疗和公共卫生事业发展短板，满足群众需求。持续推进健康宁洱建设，提升各级医疗机构综合服务能力，不断加大医疗软硬件投入和医共体内涵建设力度。公共卫生支出从 2012 年的 11632 万元增长到 2021 年的 20463 万元，增长了 0.76 倍（见图 1-17），占公共财政支出的比例维持在 8%~15%（见图 1-18）。

财政资金的投入，进一步优化了医疗和公共卫生业务流程，提升了队伍专业化水平。2012~2022 年，宁洱县医疗和公共卫生体系结构逐渐趋于合理化，每张床位和每位卫生技术人员服务的人口数量都有所下降，就医效率得以提高，医疗和公共卫生领域负担与压力随着社会经济发展不断减小。2021 年，每张床位服务的人口数量为 169.19 人，比 2012 年下降 36.71%；每位卫生技术人员服务的人口数量为 137.64 人，比 2012 年下降 46.40%

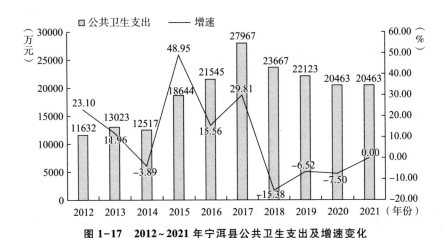

图 1-17　2012~2021 年宁洱县公共卫生支出及增速变化

资料来源：2012~2021 年《宁洱哈尼族彝族自治县国民经济和社会发展统计公报》。

图 1-18　2012~2021 年宁洱县公共卫生支出占公共财政支出的比例变化

资料来源：2012~2021 年《宁洱哈尼族彝族自治县国民经济和社会发展统计公报》。

（见表 1-5）。

表 1-5　2012~2021 年宁洱县医疗和公共卫生事业发展状况

单位：张，人

年份	床位数	每张床位服务的人口数量	卫生技术人员	每位卫生技术人员服务的人口数量	总人口
2012	707	267.33	736	256.79	189000
2013	720	264.17	846	224.82	190200

续表

年份	床位数	每张床位服务的人口数量	卫生技术人员	每位卫生技术人员服务的人口数量	总人口
2014	750	254.93	912	209.65	191200
2015	800	221.13	950	186.21	176900
2016	827	211.25	946	184.67	174700
2017	878	194.08	1139	149.60	170400
2018	964	175.31	1246	135.63	169000
2019	1050	157.71	1352	122.49	165600
2020	1064	153.20	1160	140.52	163000
2021	938	169.19	1153	137.64	158700

资料来源：2012～2021 年《宁洱哈尼族彝族自治县国民经济和社会发展统计公报》。

（四）文化事业发展状况

近年来，宁洱县依托那柯里茶马古道小镇、普洱民族团结小镇、普洱茶小镇、磨黑红色文化小镇和普洱山风景名胜区、困鹿山古茶园景区等，以民族特色突出、民族文化浓郁、人居环境优美、民族关系和谐、分布范围广泛的特色村寨为支点，充分挖掘当地旅游资源潜力，发展文化旅游、康体养生、农业生态旅游等特色旅游项目，突出普洱茶文化、普洱府文化、马帮文化、民族文化、红色文化。这些文化资源的开发与利用不仅有助于推动宁洱县第三产业的发展，还有助于提高当地文化体育事业软实力，丰富民众文化生活。

在具体领域，宁洱县积极加强各类文化馆（站）、博物馆、图书馆、美术馆、综合文化站与广播电视台（站）、智慧化的公共文化信息服务平台和公共文化设施建设。将公共文化服务设施规划和乡村振兴规划相衔接，对各村文化综合楼、文艺舞台等公共文化设施统一规划建设，打造区域文化节庆活动、区域文化品牌。其中，广播综合覆盖率从 2012 年的 97.10% 上升至 2021 年的 100%，电视综合覆盖率从 2012 年的 98.10% 上升至 2021 年的 100%；有线电视用户由 2012 年的 14500 户下降至 2021 年的 9600 户，公共图书馆馆藏图书从 2012 年的 46000 册增加至 2021 年的 64145 册，增加了

39.44%（见表1-6）。

表 1-6　宁洱县文化事业主要指标

年份	广播综合覆盖率（%）	电视综合覆盖率（%）	有线电视用户（含数字电视）（户）	公共图书馆馆藏图书（册）
2012	97.10	98.10	14500	46000
2013	97.80	98.80	18923	48600
2014	97.80	98.80	20877	49972
2015	98	99	18600	51344
2016	97.82	99.06	18028	54087
2017	98.03	99.22	17400	55962
2018	99.02	99.61	15200	57998
2019	100	100	13000	60033
2020	100	100	11000	60905
2021	100	100	9600	64145

资料来源：2012~2021年《宁洱哈尼族彝族自治县国民经济和社会发展统计公报》。

六　农村劳动力转移与就业明显好转，城乡社会
保障水平逐步提高

（一）农村劳动力转移情况

劳动力是现代经济中不可或缺的生产要素之一，它的结构与供需关系既是影响宏观经济运行的重要因素，也是反映经济发展情况的"晴雨表"。一方面，1992年以来，随着社会主义市场经济体制的确立，中国农村地区居民开始自发离开土地，走向城市寻求新的生存方式。另一方面，随着经济发展，农村城镇化进程加快，一些农民开始离土离农，从事非农经济活动。这些变化反映在人口结构上，就是农业人口的比例不断下降。

宁洱县人口结构也呈现了上述变化。2012年，全县人口的83.44%为农业人口，共有15.77万人，16.56%为非农业人口，共有3.13万人；2021年，农业人口占比下降至55.26%，共8.77万人，非农业人口占比为44.74%，共7.10万人。这一变化主要是农村城镇化快速发展引起来的。

　　不仅如此，宁洱县有不少农村劳动力也在积极谋求外出打工，特别是二三十岁的男女青年，有相当大的比例进城打工。本次抽样调查中包括农村劳动力转移情况的调查，从宁洱调查组抽样调查的情况来看，大部分农村劳动力务工目的地选择在本县区域（包括本行政村、本乡/镇及本县）范围之内。其中，70.6%的农户首份工作地点是在宁洱县内，而本省范围内则占 18.8%，省外占比只有 1.9%（见表 1-7）。抽样农户的数据表明，宁洱县农村劳动力首份工作转移半径（即工作地点与常住地或户籍地距离）相对较小。在抽取的 160 人中，有出省务工经历的只有 43 人，约占总样本的26.9%。这种情况的原因在于大部分农村劳动力就业方式是靠亲友帮忙，中介机构或政府介绍在促进农村劳动力转移中的努力显然不够。其中，农村劳动力转移就业方式中靠亲友帮忙的占有效样本的 68.43%，而中介机构或政府介绍的占比只有 5.26%（见表 1-8）。

表 1-7　宁洱县抽样农户首份工作地点

单位：人，%

地区	人数	占比
本行政村	64	40.0
本乡/镇	21	13.1
本县	28	17.5
本省	30	18.8
外省	2	1.3
外国	1	0.6
未知	14	8.8
总计	160	100

资料来源："中国乡村社会大调查（云南）"宁洱调查组抽样数据。

表 1-8　宁洱县抽样户农村劳动力转移就业方式

单位：人，%

就业方式	人数	占比
完全靠自己	17	22.37
靠亲友帮忙	52	68.43

续表

就业方式	人数	占比
中介机构或政府介绍	4	5.26
其他方式	3	3.94
总计	76	100

资料来源："中国乡村社会大调查（云南）"宁洱调查组抽样数据。

宁洱调查组调查发现，宁洱县农村劳动力转移仍然存在不足，主要表现在：外出半径狭窄和外出方式单一。原因在于，理性的经济决策需要充分的信息支撑和足够的知识与经验判断，对于文化程度偏低、交通闭塞、信息封闭的山区少数民族村民来说，做出外出打工决策并非理性而是盲目的。从村寨到城市的交通费用也是农村劳动力转移的阻碍之一。村民依靠亲友既可以一种较低成本的方式了解工作内容和性质，还可以在寻找工作的过渡期间，接受亲友或多或少的帮助（如借宿）等，因此通过亲友在本县范围寻找工作，无疑是最为妥帖的外出方式。

近年来，宁洱县推出"春风行动"，政府有关部门积极搭建农村劳动力求职平台，鼓励村民外出就业，也取得了一定效果。截至2022年，全县农村劳动力转移就业共57934人，是2013年1458人的39.74倍，其中，农村劳动力省外就业1511人，占比为2.61%，脱贫劳动力转移就业7041人（其中省外就业240人，占比为3.41%）。

（二）城乡社会保障情况

社会保障是全社会共享发展红利的重要表现，也是调节社会收入差距的重要方式。近年来，宁洱县不断完善社会保障事业，增强群众获得感和幸福感。其中，2021年全县公共财政支出中有29844万元用于社会保障，是2012年19658万元的1.52倍（见图1-19）。

在重点领域，宁洱县持续深化城乡居民养老并轨运行改革，基本医疗保障制度不断完善，养老、低保、特困供养等标准逐年提高，建立县乡村退役军人服务体系，健全社会保障体系，实现社会保障网络基本覆盖，确保民生兜底任务的顺利完成，持续加大就业创业、社会保障、医疗保障、

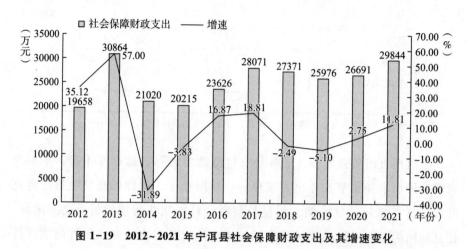

图 1-19　2012~2021 年宁洱县社会保障财政支出及其增速变化

资料来源：2012~2021 年《宁洱哈尼族彝族自治县国民经济和社会发展统计公报》。

兜底保障等工作力度，支持社会组织、人道救助、志愿服务、慈善事业等健康发展。其中，医疗保险和养老保险是社会保障重点完善领域，尤其推动医疗保险向农村地区深入，推进城镇居民和新农合改革，统筹完善城乡居民医疗保险改革。

2021 年，各类医保参保人数达到 364249 人，是 2012 年的 9.81 倍；各类养老保险参保人数达到 122178 人，是 2012 年的 1.18 倍（见图 1-20）。在最低社会保障领域，随着脱贫攻坚的深入，全县低保对象在逐年减少，2021 年，全县城乡低保对象 7477 人，发放低保金 2366.7 万元，其中城市低保对象 677 人，发放低保金 362.3 万元；农村低保对象 6800 人，发放低保金 2004.4 万元。但低保对象人均低保金发放额总体在上升，2021 年低保对象人均低保金发放额为 3165 元，是 2012 年的 2.06 倍（见图 1-21）。

除此之外，宁洱县还积极落实稳岗就业政策，2022 年兑付各类稳就业补贴 279 万元，提供创业担保贷款 9230 万元，新增城镇就业 2552 人，实现转移就业 5.9 万人。大力实施社会保险扩面增效行动，基本医疗保险参保率达 98%，基本养老、失业、工伤和生育保险参保人数稳步增长，累计发放各类社会保障、救助资金 4.84 亿元。不断健全分层分类、城乡统筹的社会救助体系，落实最低生活保障、社会福利、慈善事业、退役军人及其他优

图1-20 2012~2021年宁洱县各类医保和养老保险参保人数

资料来源：2012~2021年《宁洱哈尼族彝族自治县国民经济和社会发展统计公报》。

图1-21 2012~2021年宁洱县低保对象人均低保金发放额

资料来源：2012~2021年《宁洱哈尼族彝族自治县国民经济和社会发展统计公报》。

抚优待政策。社会保险覆盖面得以进一步扩大，实现基本养老、医疗、失业、工伤保险应保尽保。深入推进空巢老人、留守儿童、残障人士、妇女关爱行动。

第二章　合作共赢推动宁洱乡村产业振兴

中国传统乡村社会是以血缘关系和文化传统为纽带而形成的社会关系，这种社会关系在费孝通的《乡土中国》中有深刻的阐述。费孝通指出，中国传统社会是乡土性的，是熟人社会，人与人之间的关系就像"把一块石头丢在水面上所发生的一圈圈推出去的波纹。每个人都是他社会影响所推出去的圈子的中心。被圈子的波纹所推及的就发生联系"。① 差序格局构建起来的乡土性社会关系遵从于礼俗秩序，并且是不易改变的。

随着乡村社会的现代化，传统乡村社会的乡土性发生了明显的变化，乡村社会关系逐步从差序格局中脱嵌出来，形成了新的社会关系。这种新型社会关系事实上以经济合作为基础。在市场机制的作用下，进入乡村经济中的各类经济主体在追求自身利益的过程中形成了相互合作或者有机团结，创造了共赢经济模式。这既为参与乡村经济活动的经济主体提供了可持续发展的经济收益，也为乡村产业现代化转型提供了基础性条件。宁洱县在实现巩固拓展脱贫攻坚成果同乡村振兴有效衔接过程中就呈现了这一积极的变化。

第一节　经济理性与农民的选择

理性一词源起于希腊语词语"逻各斯"，在罗马时代译成拉丁语"ratio"，成为哲学上广泛使用的术语。西方启蒙运动以后，理性作为一个哲学词语被引入其他学科，演化为各学科的学术概念。经济学之父亚当·斯密提出

---

① 费孝通：《乡土中国》，上海人民出版社，2019，第33页。

了"理性经济人"的假说，认为人类与动物最大的区别是人有理性，也就是说，人类能够谨慎地审视个人的利益得失，并且根据自身利益最大化来进行决策。经济人假设作为经济学的基本假设，构筑起现代经济学的学科体系。

因此，从经济学的角度来看，在经济活动中，个体的行为以追求个人利益最大化为目标，其决策基于理性分析和成本收益的比较。换句话说，个体在做出经济决策时，总是从自己的利益出发，追求个人利益的最大化，不考虑或较少考虑他人的利益。根据利益最大化目标权衡不同方案的利弊得失，选择最有利于自己的方案。按照经济学的理论，农民的生产行为也是按照利益最大化原理进行决策的，也就是说，对于生产什么、如何生产、为谁生产等问题，都是以利益最大化为目的来进行决策的。

但是，在20世纪二三十年代，苏联学者恰亚诺夫提出了与主流经济学不同的观点。恰亚诺夫认为农户的经济行为并非完全理性的，而是受到家庭劳动力、消费需要以及社会历史和文化传统等多重因素的影响。[1] 农户在劳动的辛苦程度和家庭消费需要之间进行权衡，追求的是劳动与消费的均衡，而非简单的利益最大化。这一理论为理解农户的经济行为提供了独特的视角，指出了主流经济学在解释农户经济行为时可能存在的局限性。

20世纪60年代，经济人类学家卡尔·波兰尼主张从社会、自然环境与人类之间的交换、代谢关系的角度来考察经济，而不是简单地将经济视为市场、货币和商业的集合。[2] 他提出了三种不同制度环境下的经济活动形式：互惠、再分配和交换。其中，互惠和再分配形式在前资本主义时期占据主导地位，这与小农经济中的许多特征相吻合。在波兰尼看来，小农经济不仅是简单的经济活动，而且是嵌入与之相适应的社会和文化结构之中，包括宗教、礼仪、神话等内容。基于这一理论，波兰尼也因此成为实体主义的代表人物。

---

① A. 恰亚诺夫：《农民经济组织》，萧正洪译，中央编译出版社，1996。
② 卡尔·波兰尼：《大转型：我们时代的政治与经济起源》，冯钢、刘阳译，当代世界出版社，2020。

詹姆斯·C. 斯科特在其著作《农民的道义经济学：东南亚的反叛与生存》中通过对东南亚地区农民的深入研究，特别是对农民在殖民化过程中的经济行为和心理状态的分析，提出了"道义农民"的理论。斯科特认为，农民的经济行为不仅受物质利益的驱动，还受到道义原则和社会规范的约束。[①]"安全第一"是农民经济行为的主要动机，他们倾向于选择风险最小、生存保障最大的经济方案。农民与地主之间存在一种不成文的权利义务交换关系。地主为农民提供基本生活保障，而农民则通过上交粮食或租金等方式回馈地主。这种关系体现了农民社会的互惠性和道义性，即使存在剥削，只要双方履行义务，剥削关系就不会引起反抗。

由此可见，以恰亚诺夫、波兰尼、斯科特为代表的实体小农或道义小农派，认为传统小农并非遵循利益最大化的理性原则，而是遵循安全第一的原则，其经济行为还深受文化的影响，嵌入文化结构之中。这些理论回应了人们对传统小农的经验理解，以至于从理论上强化了小农是落后的、非理性的和非现代性的刻板印象。

但是，这种理论受到了弗士、库克、斯内德尔、普莱特纳等形式主义学派学者的驳斥，他们坚持认为经济理性在任何时候都存在，市场经济理论同样适用于对传统小农的分析，如 Tax 的 *Penny Capitalism: A Guatamalan Indian Economy*。[②] 诺贝尔经济学奖获得者舒尔茨在其所著《改造传统农业》中的研究也进一步推动了人们对小农的经济理性的认识。在舒尔茨看来，传统农业由于技术和生产方式的落后，投资的收益率很低，这导致农民缺乏投资的动力，进一步加剧了传统农业的落后。[③] 引进新的生产要素、建立合适的制度和进行人力资源投资，可以将低效的传统农业改造成为高生产率的现代农业，从而推动经济增长和社会发展。

以黄宗智等学者为代表的综合学派（综合小农），则认为小农的经济行为兼具生存理性和经济理性，传统小农会在不同的条件下按照不同的理性

---

① 詹姆斯·C. 斯科特：《农民的道义经济学：东南亚的反叛与生存》，程立显、刘建等译，译林出版社，2013。

② Sol Tax, *Penny Capitalism: A Guatamalan Indian Economy* (Chicago: Octagon Books, 1972).

③ 西奥多·W. 舒尔茨：《改造传统农业》，梁小民译，商务印书馆，2006。

原则行事，毕竟传统社会中农民的理性的最大利益就是保证生存与安全。①
黄宗智的理论旨在在两种对立的假说之间寻求妥协，建立一个扩展的、能够同时解释小农经济理性和生存理性行为的模型。

那么，从中国的现代化发展历程来看，中国以一家一户为基本生产单位的农民，是否具有经济理性？是否与现代性兼容？

中国传统社会的小农，从来就是与商品经济保持联系的农民。传统社会里，农民是国家的编户齐民，农业生产以家户为基本生产单位，无论是自耕农还是佃农，农户都需要与市场保持一定的联系，诸如购买铁制农具、食盐等生产生活资料。随着经济社会的发展，农民向国家缴纳税金逐渐货币化，更进一步促进了农户与市场发生关系，农民的农产品和家庭手工业产品的商品化特征不断凸显，农民的经济理性在与市场联系不断增强的过程中得到强化。但是，在短缺经济时代，满足家庭消费需要自始至终是农户家庭追求的第一目标。

具有决定意义的转变，是 20 世纪七八十年代的改革开放。改革开放首先启动的制度改革是农村经济体制改革。1984 年，全国 99% 以上的农村实施了包干到户，极大地调动了农民的生产积极性，短短几年，使中国农业经济在未出现资本、技术、土地等要素明显变化的情况下获得了快速发展，粮食产量的大丰收彻底解决了农民温饱问题。紧接着开启的城市体系的改革开放，大量吸收农村剩余劳动力进城打工，农民的经济活动，已经不再局限于土地经营而是有了更多经营机会和更多就业可能。随着社会主义市场经济体制的建立，特别是 2006 年中国全面取消农业税，中国农村改革进入了一个新阶段。之后一系列扶持乡村经济社会的政策不断出台，如社会主义新农村建设、美丽乡村建设、针对贫困地区和贫困人口的脱贫攻坚，以及巩固拓展脱贫攻坚成果同乡村振兴有效衔接等，均旨在解决"三农"问题。促进乡村社会现代化发展的政策落实，使中国农村发生了翻天覆地的变化，中国的传统小农已经逐渐蜕变为适应市场经济、走向现代化的现

---

① 黄宗智：《华北的小农经济与社会变迁》，中华书局，2000。

代农民。农民的经济理性，也日益在他们的生产决策和生活选择中体现出来，主要有以下方面。

（一）选择

现今，农民发展空间已经不局限于乡土之间，他们有了更广阔的地域选择，为了摆脱地少人多的限制，20 世纪 80 年代我国农民创造出了乡镇企业这一经济形式，形成了"离土不离乡"农村劳动力转移模式。进入 90 年代，随着城市产业发展的需要和对农村人口迁移政策的放松，农村剩余劳动力大量进入城市务工，成为离家外出的打工者。在生产和消费选择上，农民根据市场需求和自身生产能力进行生产决策，同时根据市场价格和自身消费需求进行消费决策，更加注重经济效益和消费效益最大化。在农业生产中，农民更加注重投入与产出的比例，通过提高科技投入、优化生产要素配置等方式提高产出效益，实现收益最大化。在农村土地制度改革中，农民对于土地的利用更加注重经济效益和土地资源的优化配置，同时也更加关注土地权益的保障。在农村金融和保险的发展中，农民更加注重金融和保险产品的风险收益比较，更加注重金融和保险服务的实用性和可持续性。

（二）意识

几千年来的传统小农经济社会中，劳动工具、耕种方式以及组织方式几乎不变，体现了中国传统农民具有一定的保守性。但是，改革开放以来，中国农村家庭联产承包责任制改革和社会主义市场经济体制的建立，让中国农民的创新精神得到了彻底激发。当致富变成经济目标之后，农民最关心的问题就是如何致富。很显然，传统的、古老的经济方式是无法实现致富目标的。要致富，首先必须改变传统的经济方式，创造能够满足市场需求的新经济生活。在这个过程中，中国农民爆发出了巨大的创新精神，习近平总书记称此为"创造伟力"。改革开放之后，中国农民仅用四五十年的时间就改变了过去两千多年的经济方式，许多农民通过生产技术创新、经营模式创新，不断探索农村经济的新发展方向，不断开拓新市场。这些变化，不仅使农民的经济收入大幅度提高，也改变了农民的生产生活方式和价值观念。

（三）人际交往

随着市场经济向乡村社会发展，中国农民的经济生活中加入了诸多陌生人因素，如开始与不熟悉的人一起共事，与陌生人进行交易，尤其是"离土又离乡"的外出务工人员，直接进入了由各种理性规则支配的城市体系。在熟人社会的基础上不断增加陌生人社会的因素，意味着在当前的乡村共同体中，血缘性和地缘性的影响力在农民的人际关系中不断下降，而业缘性的影响力却在不断上升。不断扩大的人际交往范围，将农业产业发展的辐射范围不断拓宽，使农业生产经营对接市场逐步扩大，从区域市场到国内一体化市场，从国内市场走向国际化大市场。

（四）需求

农民的生产经营方式由生存需求主导走向了市场需求主导。生产关系的解放释放了农民长期受压抑的致富欲望，与面向生存需求的产品种植模式相比，面向市场需求的商品种植模式具有强大的经济优势，这就使得农民逐步转向了市场需求主导型的商品种植模式，其经济选择的考量因素变成了种什么东西最能挣钱、什么东西来钱最快。农民面对土地的分析、权衡、考量和选择，不亚于商人面对市场的分析、权衡、考量和选择。正是通过一次次连续不断的经济决策活动，农民的现代经济理性才迅速地激发和成长起来。

千百年来，中国农民的"重利"本性并没有发生根本性的改变，只不过这种本性在自然经济中受到了一定程度的抑制，又在改革开放以来建立的市场经济中得到了彻底的解放。在生存需求导向的自然经济中，从事生产活动的根本目的是满足家庭的生存需要，"利"体现为由各种生活资料构成的"物"，对"物"的追求，极限就是所有生存需要的全部满足。但在市场需求导向的商品经济中，从事生产活动的根本目的是满足市场的消费需求，"利"体现为可以转化成一切财富的金钱，对金钱的追求则随着人们的欲望不断扩大而被放大。

在调查中，调查组深刻感受到，边疆民族地区的乡村社会，如今在市场经济大潮的影响下，已经深深卷入其中。广大村民的经济决策，已经实现了从自我生产自我供给型向商品生产市场销售型的转型。村民的土地主要是用来种经济作物，如辣椒、卷心菜、无茎豆，或是咖啡、坚果、芒果，或是蚕桑、茶叶，田地里种的粮食作物经济作物经常更换，更换的品种主要是看市场畅销什么、别人种什么赚了钱。政府推广项目也受到村民的欢迎，并非因为"按政府要求去做"，而是他们从多年的实践中得到一条经验：政府推广的项目，一般都会有政府的资金支持，有较好的市场前景，有政府牵线的销售平台，能够取得较好的经济收益。因此，经济理性在今天的边疆民族地区山乡村寨，体现得明确而清晰。

本次"中国乡村社会大调查（云南）"，以统一的抽样问卷，在云南省42个县（市、区）根据统一的抽样方式进行抽样调查，42个调查组在42个县（市、区）共获得9159份问卷，宁洱调查组获得160份有效问卷。将本次宁洱问卷调查获得的资料与本次调查获得的全省数据进行比较，能够十分鲜明地反映宁洱县广大农户的经济理性，发现他们积极主动地融入市场，会根据市场调整自己的农业经营活动。

表2-1是对160户宁洱县农户抽样户家庭入户访谈收集的数据进行从事行业统计分析的结果。

表2-1　2024年1~3月宁洱县农户抽样户家庭从事行业统计

单位：人，%

行业	人数	占抽样户家庭的比重
家庭种植业	139	86.88
家庭养殖业	74	46.25
个体经营或私人企业	108	67.50
帮别人从事农业挣钱	72	45.00
总计	393	—

资料来源："中国乡村社会大调查（云南）"宁洱调查组抽样数据。

在这里，农户抽样户家庭中从事各行业总人数为393人，是样本数160户的2.46倍，很显然其中有大量家庭从事多种产业经营模式。这种现象从云南省42个县（市、区）农户抽样户家庭从事行业统计分析中也有明显呈现（见表2-2）。

表2-2　2024年1~3月云南省42个县（市、区）农户抽样户家庭从事行业统计

单位：人，%

行业	人数	占比
家庭种植业	7366	80.4
家庭养殖业	5054	55.2
个体经营或私人企业	3739	40.8
帮别人从事农业挣钱	2144	23.4
总计	18303	—

资料来源："中国乡村社会大调查（云南）"宁洱调查组抽样数据。

通过宁洱县农户抽样数据与全省农户抽样数据对比，可以看出2024年1~3月，云南全省农户抽样户家庭中从事各行业总人数为18303人，是总抽样数的1.99倍，远低于宁洱县的2.46倍，这反映出宁洱县在产业多元化方面走在全省的前列，也就是说在经营模式方面，宁洱县乡村发展与全省其他县级地区相比，多样融合的程度更高。从表2-1和表2-2的对比，还可以看到，宁洱县农户"个体经营或私人企业"的占比是67.5%，此项指标比全省水平40.8%高26.7个百分点，"帮别人从事农业挣钱"的占比也高于全省水平21.6个百分点，说明宁洱县的农户市场融入程度大大高于全省水平。

在消费中，宁洱县广大村民生活的市场依存度也非常高。大多数生存必需品如粮食、食用油、调味品等多从市场购买。村民已经十分普遍地拥有电视、冰箱、摩托车、轿车等家庭耐用消费品，手机无论男女老少人手一个。青年男女十分重视时尚消费，化妆品消费等已经成为农村女性消费的主要部分，成为村民不可缺少的日常消费品。

今天的农村，正在向现代化的美丽乡村发展，今天的农民，正向现代化的新型农民转变，这是调查组在宁洱村寨调研中最深刻的感受。

第二节　多方合作机制推动宁洱乡村产业现代化转型

"产业兴旺、生态宜居、乡风文明、治理有效、生活富裕"是乡村振兴的二十字方针。乡村要振兴，必须产业先兴旺。农村产业发展模式决定了美丽乡村建设程度，要实现农民的"致富"目标，必须推动乡村产业的发展，促进生产结构市场化转型，提高农村产业的科技含量，增强农村经济实力和发展后劲。这既有利于巩固脱贫攻坚胜利果实，也有助于进一步增加农民收入，实现共同富裕。

宁洱县在实施乡村振兴战略过程中，注重立足当地资源禀赋、发展基础、发展环境等实际情况，找准各族群众共同奋斗的发力点，全县各族群众心往一处想、劲向一处使，建立多方合作机制，共同发展本地特色优势产业，一起努力构建绿色安全、优质高效的产业体系，加快乡村产业现代化步伐。

一　发挥龙头企业作用，带动农户调整生产结构

前文分析了今天的广大农户，在市场需求导向的商品经济中，追求利益最大化的经济理性已经被激发起来，面向市场发展经济的意识日益强烈。但是，在现实生产生活中，广大农户仍然困惑于市场的变幻莫测。农产品生产的周期性，使市场价格的导向具有事后调节且时滞的特点。个体农户在市场经济的大海中，经常"被海水淹"，生产什么、如何生产、为谁生产的问题，对于广大农户而言，都是难以回答的问题。生产决策存在盲目性，导致市场风险对于个体农户而言，是巨大甚至是灾难性的。

对此，中国农业现代化发展几十年来的探索，已经取得了一些有益的经验，比如以龙头企业带动分散的农户聚合为产业供应链中的前端农产品供给者，通过龙头企业对农产品的深加工，延长产业链，增加农产品附加值，同时解决农产品进入市场的问题。对于这一产业发展模式，宁洱县并不陌生，关键的问题是引进或者培育什么样的龙头企业，来带动乡村产业

的发展。

这需要从宁洱的资源优势和市场需求的变化出发，如此才能真正起到带动农户发展产业的作用，实现产业振兴的目的。

茶产业是宁洱的特色优势产业。在调查中，发现很多村寨的农户都有茶园，特别是以经营其他非农产业为主的村寨，如以乡村旅游为主的那柯里村、以打工经济为主的细石头村，村民的主要经济活动都是非农产业，但是几乎每户村民都保留了几亩茶园，采茶成为他们日常生活中与农业经济保持联系的纽带。一些山区村寨，如岔河村，村民种植茶叶的面积更大，不少村民家庭以茶叶经济为主要收入来源。问及村民们为什么都要种茶，村民们说，种茶的管理成本较低，可以利用闲暇时间采摘，且收入比较稳定，可作为基本生活来源的保障。在这样一种生产决策和社会心理的影响下，宁洱县的茶叶种植面积，一直保持着相对稳定的规模。

然而，村民采摘的鲜茶收入，同样受制于全国性的茶叶市场价格波动，直接与全国市场价格关联的，是当地收购鲜茶的茶叶加工企业的市场拓展能力。面对这样的困境，农民特别需要有强大的龙头企业带动。宁洱调查组实地调查了普洱茶王茶业集团股份有限公司，该公司年生产能力 2000 吨，公司自有及合作茶园面积 4.3 万亩，分别位于宁洱、景谷、镇沅，景东、思茅、江城、孟连、澜沧、西双版纳和临沧等地。该公司的生产基地有多种与农户的合作方式，有的基地采取雇用农民的方式，有的基地采用农户以茶园和劳动入股合作的方式。无论是什么方式，基地都以茶农为核心形成了紧密的生产合作关系和经济利益共享模式，不仅稳定了茶产业的发展，而且促进了农民增收致富。

一些新产业在推广之初，因技术门槛较高和市场前景不确定，往往不被农户轻易接受，农户不愿意进行生产结构的转变。宁洱县推广咖啡种植之初，就存在这样的困难。宁洱县委、县政府制定了咖啡产业发展规划，确定了咖啡种植片区，扶持了几个大的咖啡加工销售企业，并在中国宝武的支持下，创立了咖啡区域公共品牌"宁小豆"，加强了宁洱咖啡产品的市场推广，使改种咖啡的咖农尝到了市场的甜头，稳定了咖啡生产的前端，为发展新产业促进乡村产业振兴提供了坚实的基础。

二 发挥集体经济的作用，联合小农共同应对市场风险

集体经济是农村经济的重要组成部分，集体经济将分散的、单个的农户组织起来，形成集体合力，共同发展乡村产业，共同面对市场，是以团结促发展的重要内容。

近年来，宁洱县大力发展多种形式的集体经济，如农村合作社、乡村集体企业等，无论是农村合作社还是乡村集体企业，其中起到核心作用的是村委会这个乡村基层组织。调查组的调查表明，村委会在带领群众发展产业、开拓市场方面，起到了重要作用。

例如，宁洱县把边村有丰富的热区资源，农业产业发展潜力大。把边村利用交通优势，建有辐射全国乃至东南亚地区的果蔬交易中心——中泰果蔬磨黑农副产品交易集散中心（见图2-1）。在发展集体经济的政策下，村委会以集体企业的名义，向村民流转了土地以种植雪茄烟。采取雇工的方式优先雇用流转土地的农民种植雪茄烟，在把边村形成了"企业+集体经济+农户"的经济合作模式。把边村村级集体经济基础较好，目前已经靠集体资产建成了雪茄烟晾干厂房。进入把边村便会看见新建成的雪茄烟晾干厂房整齐地排列在公路一侧，敞开的厂房里流动着浓郁的烟叶香味，雪茄烟晾干厂房为农户发展雪茄烟产业提供了基础设施保障。新发展起来的雪茄烟产业为把边村的村民提供了结构性就业机会，因为除了需要烟农在土地上种植雪茄烟以外，在晾干厂房里，还需要相当多的劳动力对雪茄烟进行晾晒、筛捡等初加工处理，在晾烟季节有将近一个半月的密集劳动时期，在此期间当地村民可优先在此工作，一般平均每人可获得将近5000元收入。在调查组的调研中，村支书特别强调土地流转户会优先进入这些岗位当中，这是为流转户实现在地就业的一种积极措施。2022年，雪茄烟为把边村带来了大约24万元的毛收入。

图 2-1 把边村的中泰果蔬磨黑农副产品交易集散中心

资料来源：调查组成员拍摄。

三 引进现代电商平台，支持农户主动对接大市场

随着电子商务的发展，电商经济也在西南边疆民族地区悄然兴起，"互联网+"模式为广大农民搭建了便捷的沟通桥梁，促进了农业生产和农村消费。在政策支持下，宁洱县电子商务进入了快速发展期，已然成为精准扶贫、乡村振兴的新动能。

宁洱县以脱贫增收、促进乡村振兴为目标，以全国电子商务进农村综合示范项目为突破口，通过"一模式+三拉动+六精准"的电商扶贫方式，努力扶出乡村产业发展的"新活力"。

一模式："大数据+追溯"精准扶贫模式。该模式实现了对贫困群体精准分析，为因地制宜、因事制宜开展电商扶贫和农产品质量管控提供了有力抓手。宁洱县《"大数据+追溯"，让电商精准扶贫更精准》案例成功入选国务院扶贫办社会扶贫司 2019 年全国电商精准扶贫典型案例 50 佳名单。

三拉动：电商政策拉动、电商培训拉动、电商创业拉动。电商政策拉动。宁洱县出台了《宁洱哈尼族彝族自治县促进农村电子商务发展实施意见》《宁洱哈尼族彝族自治县电商扶贫工作实施方案》等文件，支持做好农村电商扶贫。电商培训拉动。宁洱县努力挖掘潜力，创造性地做好电商培训工作，培养具备理论水平和实践操作能力的电商人才。2016 年至 2020 年 6 月底累计完成 7786 人次电商创业引导及培训，其中建档立卡户 1037 人次。电商创业拉动。宁洱县通过电商创业促进电商扶贫，带动和促进新兴产业，为电商扶贫注入新动力。2019 年至 2020 年 6 月底累计开展精准实操培训 8 期共 352 人次，其中建档立卡户 31 人次。

六精准：电商扶贫培训对象精准、电商扶贫培训内容精准、电商扶贫产品规范精准、电商扶贫产品上行精准、电商扶贫服务载体精准、电商扶贫脱贫成效精准。通过产、学、用结合的方式提高传统企业和普通农户的自运营水平，建立本地自我造血的长效机制，以"公共服务中心+乡村服务站点""电商+订单+传统企业+农户"的方式，达到产业发展、精准扶贫的目的。

电子商务，对于地处边疆地区的宁洱广大干部群众，是一个全新的经营模式，存在较高的技术门槛。为搭建宁洱农村电子商务平台，县委县政府充分发挥定点帮扶干部和青年大学生村官知识、资源优势，成立了党组织引领农村电商发展助推精准扶贫工作领导小组，聘请中国宝武定点帮扶干部王玉春担任顾问，并选拔了 3 名优秀大学生村官负责宁洱县农村电商孵化运营中心工作。在王玉春的带领下，积极组织有创业意愿的乡村干部和大学生村官三赴江苏省宿迁市考察学习、拜师学艺，克服了一个又一个难题，并通过政府购买服务的方式，聘请位于江苏省宿迁市的南京七一零网络科技有限公司宿迁分公司进行人才培训、企业孵化指导，成功打造出功能齐全，集专业化、便利化和信息化于一体的创新创业孵化、交流和服务平台——宁洱县农村电商孵化运营中心，实现了零的突破。

为了让广大农户更好地了解电子商务，突破技术门槛，用好电子商务平台，让农产品的销售直接对接广阔的国内国际市场，宁洱县工信局十分重视电子商务创业引导和培训，下面摘录一段发布于普洱市电子商务公共服务信息化平台上的有关宁洱县电子商务公共服务中心组织的培训活动情况的新闻：

宁洱县电商技能实操培训（第三期）成功举办

为加快我县农村电子商务发展，激发电子商务创业风潮，加强我县电商人才实践操作技能，宁洱县电子商务公共服务中心于 2020 年 1 月 10 日开展宁洱县电子商务进农村第三期技能培训，此次培训受到广大电商爱好者、创业青年的踊跃报名。

上午周老师的课题是：产品拍摄。从产品拍摄特点、产品拍摄五大要求、常见构图形式以及产品拍摄布光方法，结合实际案例讲解，现场指导学员拍摄、手把手教学，现场学员热情高涨，拍照后周老师对学员产品一一点评。

下午刘老师带领学员了解微商运营的五大技巧以及微店开店方法，详细地为大家讲解了微店的下载、注册、店铺管理、商品上传、店铺装修等内容，还将店铺小程序二维码分享到朋友圈，教授学员如何下单产品、查看订单、发货等。

课堂中，老师热情教导解惑，学员积极提问，氛围融洽。此次培训结合了宁洱县农村电商实际情况，提升了宁洱农村电商发展水平，不仅是提升自身素质的需要，更是促进宁洱县农村电子商务发展的需要。不仅给学员们提供了学习机会和交流平台，也为宁洱县农村电商实践型人才的培育打下基础，助推农村电商发展。[1]

从这则新闻报道中可以看到，宁洱县电子商务培训具有很强的针对性，通过实操培训，让对电商感兴趣的群众能够真正学会电商的实务。

宁洱县电子商务发展从一开始就瞄准乡村，为广大农户发展特色产业、推销农产品提供服务。宁洱县电子商务公共服务中心多次组织电商企业和

---

[1] 《宁洱县电商技能实操培训（第三期）成功举办》，普洱市电子商务公共服务信息化平台，2020 年 2 月 19 日，http://www.pedzsw.com/rcpxInfo/449/62。

电商技术人员到乡镇，为村民手把手进行电子商务培训，并现场利用电商平台为农户销售农产品，为广大农户打开了更为广阔的农产品销售市场。随着广大农户对电子商务的进一步了解，农户自己开微商、自己上网直播销售商品的意愿被激发出来，宁洱县电子商务公共服务中心及时开展电商技能实操培训，为农户提供更为具体细致的实践指导。

宁洱县的电子商务就是这样从无到有地进入城镇乡村，本地商户和广大农民积极试水电子商务，利用这一新平台创业，把宁洱县的特色产品卖出去。2017年，宁洱县企业及合作社中从事电商人员已达300余人，云南普洱磨黑八千方食品有限公司、普洱茗上品茶业有限公司已成功开设天猫旗舰店，全县建成乡镇电子商务公共服务站9个，村级电子商务公共服务点3个，从事电子商务的经营主体有百余户，年交易额超过1000万元的企业1户——云南普洱茶（集团）有限公司，年交易额超过300万元的企业2户，年交易额超过50万元的企业2户，年交易额超过10万元的企业10余户，全县各经营主体依托电商平台年销售总额突破2000万元。

如今，电商已经深入较为偏远的乡村，成为村民们突破大山障碍，与城市消费群体联结的重要平台。调查组在黎明乡岔河村调查时，听到村民们讲，他们村里的特色野生水果——多依果——每年为村民创收30多万元。调查组非常震惊这样一个远离县城的村寨，这样一个没有太多人知晓的野生水果，竟然有如此高的销售收入，问及销售渠道，村民们十分得意地告诉调查组，是通过电商平台销售的。调查组在县农办调研时，也得知不少村寨都通过电商平台，把当地的特色产品销售出去。如，原来没销路只能喂猪的佛手瓜，通过电商平台每斤卖到了2.2元；2000余吨的香橼，通过电商平台能在短短3天时间内被抢购一空。

在调查组的田野调查日记和拍摄资料中也记录了他们听到和看到的乡村电商经济（见图2-2）：

今天访谈的是那柯里村的村主任和副主任。一开始，我们就讨论那柯里村的产业发展的问题。副主任介绍，村上的产业发展以旅游业为主，也有电商通过网络渠道销售茶叶、瓷器、葫芦等手工艺品……那柯里村现在基本上家家户户都有拍抖音视频、百度视频等。通过视频宣传或销售产品的企业目前也有十多家，其中"长亭外"和"心园"两家客栈（兼餐厅）的粉丝量最大。当然，也有很多外地游客拍视频发抖音、小红书等，这对宣传那柯里村也很有帮助。这些是今天的访谈印象最为深刻的部分。①

图 2-2　那柯里村的电子商务公共服务点

资料来源：调查组成员拍摄。

---

① 云南大学历史与档案学院博士研究生何安顺田野调查日记，2024 年 2 月 2 日。

宁洱县还充分运用大数据和农产品溯源追踪体系，来促进当地优质农产品销售。运用大数据对贫困群体精准分析，建立了农产品追溯体系，实现了农产品种养、生产、销售、流通、公共服务、物流等环节和信息流的连接。通过农产品质量安全追溯及农产品经营企业"优质优价"的激励机制，倒逼农业生产者自觉开展标准化生产，从而整体提升了农业生产水平。宁洱县根据当地实际，以脱贫工作目标为导向，通过大数据精准扶贫，有效管理，巧妙地解决了电商扶贫工作中数据统计的难点。宁洱县电商产品质量管理与追溯服务系统为18家企业进行了内部追溯，规范采集了企业信息、产品信息、关联建档立卡贫困户信息。截至2020年底，全县主要的农特产品如茶叶、咖啡、核桃、澳洲坚果、香橼、甜糯玉米等实现了产品质量追溯，印制了80万枚追溯标签为产品附码，利益联结农户3200余户（其中建档立卡贫困户238户）。18家企业营业收入得到了较快增长，2019年以来，这些企业实现营业收入3600余万元，带动关联建档立卡贫困户年人均增收1760元。

第三节　专家科技赋能支持乡村产业发展

科技是第一生产力，科技赋能农业是落后地区实现弯道超车的路径。长期以来，国家高度关注农业科技创新的相关问题，在历年的"中央一号文件"中，常把提高农业科技水平作为重要内容加以强调。科技下乡是促进农业科技进步的重要政策之一，其内涵主要有三方面。首先，政策倡导加快新技术、新成果在农业生产中的应用，以提高整体科技水平。这体现了国家对农业现代化的追求，通过引进和应用新技术，实现提升农业产能和质量的目的，推动农业向规模化、智能化方向发展。这也有助于解决农业面临的诸多问题，如劳动力短缺、资源浪费、生态危机等。其次，政策鼓励科研机构在广大农村建立研究基地，并从田间地头选定方向和项目。这一措施有利于科研机构更好地了解实际需求，将科研成果与农业实际紧密结合起来。通过在农村设立研究基地，科研人员可以更深入地了解农民的需求和问题，并提供相应的解决方案，促进科研成果的转化与推广。最后，政策要求在农村建设科技推广基地，鼓励科技人员参与地方的科技活动。这一举措有助于建立农村科技服务体系，将科技专家和农民有机结合起来。通过科技推广基地，科技人员可以与农民面对面交流，为农民提供专业的技术指导和培训，帮助他们解决实际问题，推动科技成果在田间地头的广泛应用。

宁洱县作为西南边疆民族地区，教育相对落后，人才相对匮乏，这些客观情况限制了宁洱县农业科技的进步。在调研中，调查组看到，为了克服地域劣势，宁洱县在科技赋能乡村产业发展中，以团结聚力的理念，努力从外部引进专家，帮扶指导，促进技术创新；积极利用本地"土专家"，发挥优势，推动技术落地。在专家的科技赋能之下，宁洱县乡村产业的科技含量不断提高，经济效益不断增长。

一　专家科技下乡

具有专业职称、掌握专业技术的高级人才缺乏，是宁洱县经济社会发展的短板。如何补齐短板？宁洱县在这一方面探索出一套积极利用外来专家，对接高科技项目需要的经验。

绿色森林是宁洱县的巨大宝藏。如何把绿色资源转化为发展资金？发展碳汇产业不失为一个可行路径。宁洱县针对自身拥有丰富的林业资源、具备发展碳汇产业的巨大潜力、缺乏人才的实际，积极引进外来专家智力支持，凝聚多方力量共同推动碳汇产业发展，将碳汇产业作为推动经济发展和生态保护的重要途径，取得了显著成就。具体做法包括以下方面。

一是积极邀请省级及以上科研部门、省级和外省相关行政部门的专家和领导到宁洱县调研，为宁洱县碳汇产业发展出谋划策。2023 年 5 月 24 日，云南省林业和草原局生态处领导率领省林业调查规划院、省林检局、云南大学专家组一行到宁洱县调研指导林业碳汇试点工作。调研组到宁洱县勐先镇、磨黑镇实地察看了碳汇造林、森林抚育和退化林修复实施情况，重点针对天然林抚育和遭受蠹虫病害的退化林修复与治理提出了指导性意见，为宁洱县下一步开展森林增汇示范工程指明了方向。2023 年 6 月，中国乡村发展基金会到宁洱县调研林业碳汇工作并召开座谈会议。中国乡村发展基金会重点围绕乡村慈善公益"碳中和+乡村振兴"机制的建设与实现、乡村碳汇生态公益项目资金的募集与使用、打通碳汇"最后一公里"等方面展开介绍和交流，探讨了宁洱县在实现"双碳"振兴与乡村发展方面可推进的具体方案。

二是以中国宝武为代表的沪滇企业协作，也为碳汇经济发展提供了重要的智力支持和资金支持。由中国宝武牵头组成的宁碳青年团队，积极参与碳汇管理和碳市场建设等工作，于 2022 年 8 月获得联合国可持续发展目标（Sustainable Development Goals，SDG）创新解决方案大奖。秉持着"授人以鱼，不如授人以渔"的理念，上海环境能源交易所协助宁洱县于 2022 年 11 月举办了专题培训班。该培训班邀请了国家应对气候变化战略研究和国际合作中心战略规划部、上海市生态环境局应对气候变化处、中国浦东干部学院等单位的多名资深碳汇专家，为宁洱县"双碳"成员单位的 70 多名工作人员进行授课。宁洱县还召开了推进国家林业碳汇试点市（县）建设工作的会议，并举办了"双碳"政策与低碳经济专题培训会。会议邀请了上海环境能源交易所副总经理李瑾，就"双碳"政策、全国碳市场进展、自愿减排机制和碳普惠机制、生态产品价值实现机制以及战略合作等内容进行了专题培训。通过以上活动和培训，宁碳青年团队成员以及宁洱县"双碳"成员单位的工作人员得到了一系列有关碳汇管理和"双碳"战略的知识和技能培养。

二　本地科技人才成为农业科技推广的主体力量

现代农业科技的引进和应用在农业发展中发挥着重要作用。然而，仅仅将科技引进并不足以产生实质性的影响，必须将其有效地落地实施，让科学技术真真切切地掌握在老百姓手中，才能真正有效地帮助老百姓生产生活，帮助其增产增收，实现科学技术真正造福于人民。因此，落地实施是科技引进过程中不可或缺的一步，关注老百姓的需求是关键。科技发展应当以人为本，关注解决人们在生活和工作中遇到的实际问题。只有真正满足人们的需求，让他们能够亲身参与到培训活动中并熟练掌握农业技术，才能实现科技成果的最大化效益。因此，加强农户的科技意识，改变他们对科技的认知，并引导他们积极主动学习新的农业科技，将先进科学技术投入生产环节发挥其应有的作用，这在整个农业发展中显得尤为重要。

通过对宁洱县农业技术培训的调研，调查组了解到农业技术的推广和应用在该县成效显著。在农业技术培训中，政府、公司、本地职业学校扮演了不同的角色，形成了多元化的培训方式。

首先，从技术培训活动的主体来看，主要分为政府、公司、本地职业学校。一是政府在农业技术培训中起到了协调和搭建平台的作用。通过组织资源，为公司和农户们提供合适的交流平台，促进技术的传播与分享，这种政府的参与加强了企业和农户之间的联系，推动了农业技术的广泛应用。例如，在调研过程中，调查组发现村委会在农业技术培训中起到了有效的协调作用。通过电话、微信群等方式，村委会将农户集中到一起，方便公司技术人员对其进行实地培训。这种集中培训不仅提高了培训效率，还能够确保农户的参与度。二是公司在农业技术培训中扮演了重要的角色。通过引进先进设备，提供种子和对农户进行在地化技术指导，公司为农户提供了全方位的支持。以某外地老板在团结村引进芒果种植为例，他不仅提供了种子，还向村民们传授了种植技术，帮助他们开启了芒果的产业化种植。目前团结村的芒果挂果多，单果大，品相好，产品直销北京、上海等大城市水果批发市场。外地公司的参与促进了宁洱县农业的转型升级，对农民的收入增加和农业的可持续发展起到了积极的推动作用。三是本地职业学校在农业技术培训中发挥着重要的作用。本地职业学校拥有专业教师，面向本地特色优势产业培养人才，通过开展技术培训和实践项目，为农户和企业提供专业的指导和支持。从 2006 年开始，宁洱县职业高级中学就与扶贫办合作成立了宁洱职业培训学校，负责本县农村劳动力转移培训工作。在过去的农村劳动力转移培训工作中发挥了重要的支撑作用。随着时代的变迁和市场需求的变化，该职业培训学校根据市场需求对培训内容进行更新和调整，面向本地特色产业发展需要提供定制化培训内容，使其教学活动更加适应农户们的生产生活。

其次，从培训的内容和辐射范围来看，宁洱县农业技术培训的教学内容丰富。主要培训内容涉及水果、烤烟、咖啡、茶叶、牲畜养殖等多个领域，为农民提供了多样化的技能和知识。宁洱县农业技术培训所覆盖的人群范围十分广泛，涵盖了各个村、村民小组，甚至包括了边缘群体，如懒汉等，努力确保每一个农户都能够获得必要的培训和支持。以黎明乡岔河村为例，岔河村村委会成员通过入户指导和身教示范的方式，帮助边缘群体转变思想，摆脱懒散，更好地参与到农业生产中。

最后，从培训的形式来看，宁洱县农业技术培训形式呈现多样化的特征。课堂理论和实践操作两种形式相辅相成，使农民既能够学习到理论知识，又能够通过实际操作掌握实用技能。其中，实践操作的实地教学形式是深受广大农民群众欢迎的培训方式，培训组织单位多选择有技术专长、有实践经验、能较好地与农户沟通的本地科技人员作为培训教师，深入田间地头，手把手指导农民实操，为村民提供了面对面交流和学习机会。总的来说，宁洱县农业技术培训形式的多样化为农民提供了更广泛的学习途径和机会，提高了农民掌握新技术的能力。

宁洱县的农业技术培训实践表明，农户接受农业技术培训是必要的。第一，技术培训能够提高农业生产效率。通过农业技术培训，各培训主体向农户们传授现代化的农业技术和科学管理方法，可以帮助他们提高农作物的产量和质量。通过学习最新的种植、养殖、灌溉等技术，农户能够更有效地利用土地、水资源和其他生产条件，提高农业生产效率，增加农产品的产量。第二，技术培训能够促进农民增收。技术培训可以帮助农户利用科学方法和先进技术改进农业生产方式，降低生产成本，提高产品质量和附加值，从而增加农产品的市场竞争力和销售收入。农户通过技术培训掌握更多的农业知识和技能，能够获得更好的经营管理能力，提升自家农业产业的发展水平，实现增收。第三，技术培训能够保护环境，促进可持续发展。农业技术培训不仅教授农户如何增加产量和利润，还能够传授环境友好型农业技术。例如，有效利用有机肥料、节水灌溉等技术可以减少农业对环境的负面影响。通过培训，农户了解并应用可持续农业实践，可以保护土壤质量、水源和生态系统，促进农业的可持续发展。第四，技术培训能够增强农民自信心和专业能力。农民通过接受农业技术培训，了解到最新的农业科学知识和技术，可以提升自己的专业能力和决策能力。这不仅使他们更有信心面对农业生产中的各种挑战，还能够更好地与农业专家、企业合作，参与农业技术推广和科研活动，增强自身在农业领域的影响力。

不过，在农业技术培训的实践过程中值得注意的是，农业技术培训应该与实际需求相结合，关注农民的真正痛点和困难，并提供解决问题的具体方法和技术支持。培训内容要多样化和全面化，包括传统农作物和新兴领域的知识，帮助农民拓宽收入来源。同时还要注重实践操作和案例分享，让农民能够直接应用所学知识并取得实际效益。农业技术培训的辐射范围要广泛到达每一个农户，特别是边缘群体，要让所有人都能够从中受益。

三　自我探索成才的"土专家"引导示范

农业"土专家"是指那些长期从事农业生产实践，通过自身的观察、探索和试验等途径获得农业生产技术的农民。他们不仅具有农民的本质属性，还是非正规农业生产技术的掌握者。农业"土专家"的技术创新活动更具针对性，其技术成果更符合当地农业生产的实际需求。这些"土专家"的出现告诉我们，农业技术创新并不是必须有学历背景和理论知识才能做到的。农业"土专家"通过长期的实践，摸索出适合自己的经验和实用型技术，这些技术对于当地农业生产的发展起到了重要的推动作用。此外，农业"土专家"也具有一定的可持续性和重要影响力。由于他们本身就是从事农业生产的农户，"土专家"对所从事的农业生产具有强烈的积极性和责任感，能够不断地进行技术创新。他们的技术创新活动更加贴近实际需求，能为当地农业生产提供更多有效的解决方案。

通过对宁洱县几个村的调研，调查组发现在每个村中都存在一些掌握关键农业技术的"土专家"。这些"土专家"通过不同的渠道习得了农业技术，并在长期的实践中积累了丰富的经验，成为村中备受尊敬的专家人物。他们不仅自己掌握着先进的农业技术，还主动地将这些技术传授给村里的其他农户，起到了一定的带动作用。根据不同的技术习得方式和其技能的传授方式，调查组将这些"土专家"分为以下几种类型。

第一种类型为自我探索类的"土专家"。这一类的"土专家"相比其他村民，受教育程度较高，一般通过书籍及其自我经验来习得农业技术，同时敢于尝试，具有一定的创新意识和实干精神。通过自身的勤劳和丰富的经验成为村中具有重要影响力的种植大户，其种植行为经常引起村里人的效仿。以团结村芒果种植大户李忠山为例，为了种好芒果，他自行购买书籍，一边学习理论知识一边在山野田间进行实践，来检验理论成果，最终成为种植芒果的"土专家"。除了芒果种植，李忠山还种茶叶。他凭借自己的实践发现，种在低处的茶叶口感没有种在高处的好，于是他把茶园开辟在海拔较高的山上，最终实现了茶叶价格的翻倍增长。同村农户看到以后，也纷纷跟着效仿。自我探索类的"土专家"展现了他们在农业领域中的探索精神和实践能力。通过自学和实践，他们积极寻求创新和改进，不断提升自己的技术水平和经验。他们的勤劳和努力带来了显著的成果，成为村中的种植大户，并且在当地有重要的影响力。这种类型的"土专家"的实践证明，首先，教育在农业技术创新的过程中发挥着巨大的重要性。相较于外来专家，这类"土专家"的受教育程度不高，但他们仍然通过持续的学习和自我提升，不断拓宽自己的知识面和技能，从而在农业领域取得了成功。因此，教育只是获取知识的起点，持续地学习和自我探索才能真正提高技能和创新能力。其次，创新和实践相辅相成。这些"土专家"并没有满足于传统的农业生产方式，而是敢于尝试新的方法和理论。通过实践和实验，他们发现了一些有效的技术和种植方式，取得了良好的收益和效果。最后，"土专家"的影响力和示范作用也不能被忽视。通过他们的种植实践和成功经验，其他农户看到了成效，被深深启发，纷纷效仿并获得了积极的结果。这体现了农村社会中"土专家"的积极带动和辐射作用能够促进整个村庄的农业发展和进步。

第二种类型为互联网探索类的"新农人"。"新农人"群体包括本土农民、返乡农民和流动农民。他们虽然具有不同的背景和经历，但都在农村发展中发挥着重要作用。他们不仅具备一定的专业技能，还能够运用互联网新技术，为农村农业发展提供新的思路和动力。他们以自愿返乡的方式参与到农村建设中，而非受经济压力或城市推动的影响。通过新媒体平台，他们利用自身的技术身份，重构传统乡村社会景观，并带动了乡村经济的发展。杨春作为团结村的芒果种植大户，展示了"新农人"的典型特征。他使用短视频平台，通过自主学习和实践掌握了新的种植技术，取得了令人惊喜的收成，其一级果率高达95%，这是其他农户难以匹敌的。对他而言，短视频学习方式带给他更大的便利和针对性。相比传统的集中授课形式，杨春认为通过短视频学习可以更方便地解决自己在芒果种植中遇到的问题。这种学习方式不受时间和空间的限制，让"新农人"能够随时随地获取所需的知识和技术，提高了学习的效率和效果。

第三种类型为短期培训类的"土专家"。这一类"土专家"一般是通过作为村里的代表外出经过系统的培训和学习，回村后加以不断实践并得出了比较丰富的经验而成为村中的专家。他们不仅自身种植技术好，是村中的种植大户，还能够将自己习得的知识传授给其他人，帮助村中其他人发展该产业，甚至实现脱贫致富。谦乐村的养蚕大户苏培清就是这类"土专家"的典型，2003年苏培清跟着村内的几个人一起去县里参加蚕桑养殖技术的培训，回来以后自己边实践边钻研，成为村中养蚕大户，以及整个村的养蚕技术指导员，平日里会在微信群传授关于养蚕的基本知识和经验。如果村内有人需要，她就会立刻前往家中帮忙指导。

岔河村的李冉夫妇也是这类"土专家"的代表之一，当村委会提出到外地学习新的茶叶嫁接技术时，他们积极报名，回村后经过三年的不断实验，终于成功掌握嫁接技术，成为村中重要的茶叶嫁接专家，因为嫁接技术过关，还不断被邻村邀请过去帮忙嫁接、传授嫁接知识。谦乐村苏培清和岔河村李冉夫妇的实践证明，首先，这一类"土专家"愿意外出学习，积极掌握新技术和知识，并且在回到村里后不断实践和创新，取得较好的成果。他们既是产业发展的推动者，也是村民自我提升的榜样。其次，这类"土专家"的传授方式具有很大的优势。相比于集中培训或者自我学习，这类"土专家"的实践经验可以更直接地解决村民的问题，以最简单的语言传授所掌握的知识和技术，使得知识更加易于被传递和吸收。同时，他们的技术和经验具有一定的辐射作用，带动了整个村庄的产业发展，起到了良好的促进作用（见图2-3）。

图 2-3　谦乐村村民在院内养蚕

资料来源：调查组成员拍摄。

第四节　沪滇协作助力宁洱乡村特色产业发展

我国东西部发展不平衡是一个历史问题，改革开放以来，在效率优先的市场经济的影响下东西部地区的差距有所扩大。为了解决东西部发展不平衡，实现全体人民共同富裕，早在20世纪90年代，党中央就确立了东部省份对口支援西部省份的"东西部扶贫协作"项目。自1996年起，中央确定上海对口帮扶云南以来，两地持续推进沪滇协作向更高水平、更高质量迈进，产业合作、资源互补、劳务对接、人才交流全面加强，形成了双向互动、双向赋能、优势互补、共同发展的协作新格局。沪滇协作是中国特色社会主义制度优越性的体现，是"共同团结奋斗、共同繁荣发展"的具体实践。

早在 1986 年，原上海市金山县就与宁洱县结为友好县，1996 年正式确立了对口帮扶关系。从 2005 年开始，上海市金山区持续支援宁洱县扶贫工作。总部位于上海的中央直属国有企业中国宝武也是沪滇协作中上海援助云南的重要力量。2012 年以来，上海市金山区和中国宝武加大了对宁洱县的扶持力度，选派驻村工作人员，在资金、项目、技术、人才等方面立体化帮助宁洱县脱贫攻坚和促进乡村振兴，团结合力共同谋划宁洱县发展新篇章。

一 多方位提供支持，着力打造宁洱特色经济

长期以来，宁洱县在发展农业产业过程中具有自然优势、资源优势，但同时由于自身地形条件的限制和产业结构的限制，城市发展空间受限，经济发展受到约束。农业方面，传统农业比重仍然偏高，农业现代化、产业化发展缓慢，尚未实现全面集约化、集团化发展，绿色农业发展。工业方面，高新企业和规模企业不多，产业链短，结构趋同现象严重，产业层次较低，仍然以传统的劳动密集型、资源型为主，技术含量不高、附加值偏低。服务业方面，规模较小，批发和零售业等传统服务业比重较大，现代和新兴服务业发展较慢，产业整体竞争力较弱。

将资源优势转化为经济优势，是宁洱县面临的巨大挑战。沪滇协作过程中，上海援助方认真把脉诊断宁洱县发展的潜力和问题，除资金帮扶外，不断通过丰富和深化技术、人才、项目等帮扶手段，帮助宁洱县优化产业配置，助力提高农产品附加值，并且在仓储、物流等方面做文章，不断拓宽宁洱县农特产品销售渠道。

首先，立足于宁洱县现有资源，科学安排援建项目，且援建项目注重

农特产品的提质增效。2022 年，上海援建宁洱县产业发展项目共五项，安排项目资金 3160 万元。具体援建项目包括，一是宁洱镇温泉村民主村现代农业肉牛产业科技园项目。内容涉及在宁洱镇温泉村建设标准化牛圈，在宁洱镇民主村佛台山实施肉牛良种繁育示范场项目。二是同心镇同心村片区文旅融合示范项目。内容涵盖实施农户闲置住房装修工程，建设民宿客栈、药膳饮食等服务设施，打造民族风情街心公园、硬化道路等配套设施；实施同心村田园综合体项目，新建道路，改扩建道路，建设配套木栈道、水电设施、安全环卫设施等；实施咖啡田园综合体建设，建设标准化生态咖啡采摘体验示范园，建设综合功能馆及其他场地、道路、观光台等附属设施。三是黎明乡窑房村精品咖啡提质增效项目。内容包括改建标准化厂房及附属设施，建设咖啡加工设备流水线 1 条，建设新品种精品咖啡种植示范推广基地等。四是宁洱镇曼连村中药材初加工项目。内容包括建设钢结构标准化厂房，新建中药材加工设备流水线 1 条，建设冷库及配套水电 1 套、场地硬化等附属设施。五是宁洱镇新塘村易地搬迁点产业配套项目。内容包括实施农产品加工项目，新建生产车间并配置水果蔬菜选品生产线 1 条，开展高原特色水果蔬菜选品、包装、仓储、物流业务等。

其次，沪滇两地共同出资建设产业园区，市场化招引企业入园。2019 年 8 月，上海市金山区与宁洱县签订了产业园建设战略合作协议，建设金山宁洱产业园区，选址 80 亩土地，总投资 3000 万元（上海出资 1200 万元）。该园区以绿色农产品精深加工为主攻方向，围绕茶叶、咖啡、蔬菜、食用菌、薄壳山核桃、中药材等产业，打造集生态农产品种植、农特产品生产及精深加工、展示销售、高原特色农业体验于一体的农村三产融合示范区，充分发挥产业集聚和要素集聚效应，促进宁洱县绿色农业、绿色农产品加工和绿色体验产业的快速发展。此园区项目由金山区人民政府组织引导上海市金山区及其他城市龙头企业，结合宁洱县高原特色农业种植、养殖及产业发展规划，到宁洱县生物特色园区投资创建农特产品精深加工厂区，并将产品销往上海。目前，已有普洱至简农业生物科技有限公司、云南普洱丰用食品有限公司等多家企业注册并入驻园区。

　　上海市金山区和宁洱县在长期携手合作中，不断优化和创新合作方式，通过政策共享、园区共建、平台共用，探索出了"上海企业＋云南资源""上海研发＋云南制造""上海市场＋云南产品""上海总部＋云南基地"等四种协作模式，推动优势互补、产销对接、产业链延伸，逐步构建全方位、多领域、深层次的沪滇产业协作新格局。

　　第一，"上海企业＋云南资源"协作模式正在全力推动"东企西引"。两地在签署共建普洱工业园合作协议后，围绕沪滇产业协作项目，紧盯目标企业，对接企业需求和承接条件，采用线上线下同频共振的方式开展精准招商活动，促成一批上海市金山区重点企业落地宁洱。比如，云南普洱培娜农业科技有限公司的母公司就是一家上海企业，在沪滇协作机制牵引下，企业充分挖掘宁洱水土光照资源优势，共投入资金 2060 余万元，建成了面积 300 亩、涵盖 6 个品种的奇异莓基地。如今，该基地与磨黑镇星光村红色美丽村庄、磨黑古镇景区、磨黑中学等串联成线，形成了"红色教育＋自然休闲＋亲子采摘"的三产融合发展体系。

　　第二，"上海研发＋云南制造"协作模式正在助力"东才西用"。两地以产业需求为导向，开展"人才赋能产业"行动，加强与上海市科研机构、智库、高等院校的对接，促进政企校多边交流和资源共享。比如，进驻普洱工业园区宁洱片区的普洱昆弘生物科技有限公司是一家拥有多项中草药专利技术的生物科技公司，先后与浙江中医药大学、上海中医药大学合作，并设立了"丁志山专家工作站"，共同开展中草药提取物技术攻关和关键领域育苗技术提升工作。2023 年，该企业在宁洱追加投资 1200 万元，通过"以商引商"的方式引入上海东斛生物科技有限公司投资 617 万元，共建专家工作站，在原有产品的基础上开发了冰球子和毛慈菇等新中药种植产品，目前正朝着成为全国最大且最稳定的冰球子和毛慈菇供应商方向发展。

　　第三，"上海市场＋云南产品"协作模式正在逐步实现"东网西扩"。在宁洱县实施的沪滇协作始终坚持以市场为导向，以"云品出滇，云品入沪"目标为抓手，采取政府搭台、企业运作的方式，积极引入东部企业和资本落户宁洱县。例如，2022 年引进的云南宁洱绍商农业科技有限责任公司已落地宁洱县投产"滇橄榄"食品饮料加工项目，该企业凭借浙商成熟的销售网络和企业拥有的销售平台，有很好的市场销售前景，随着市场走向稳定，预计年销售额可突破 3 亿元。同时，援滇干部还积极与上海市金山区市场的各类销售平台对接，推动"宁小豆"咖啡区域公共品牌快速融入上海市场，促使宁洱县的茶咖产业从初级产品供应商向精深加工产销商转变。

第四，"上海总部+云南基地"协作模式正在积极探索"东需西保"。云南普洱丰用食品有限公司是上海重要农副产品保供企业强丰集团的全资子公司，该企业以云南为基地，2019 年在宁洱落地建厂，总投资 3200 万元，年生猪屠宰量可达 30 万头。在 2022 年上海疫情中，云南普洱丰用食品有限公司发挥了保供基地的作用，紧急加购多辆冷链物流车，向上海发运 500 吨食品。目前，该公司又与宁洱开展了新一轮合作商讨，计划全方位开发宁洱肉牛产业，以及打造数字化养猪基地和预制菜加工基地，进一步延伸产业链，探索"东需西保"。

二 着力打造"宁小豆"咖啡区域公共品牌

发展区域公共品牌已成为引领地方经济发展的重要举措，也是一个地方社会经济发展到一定水平的必然结果。区域公共品牌作为一个区域的象征，以某一特定的区域为载体，集中反映了某一区域的特色产品与资源。同时，区域公共品牌作为一定行政或地理区域范围内企业族群共享的公共品牌，代表了区域内企业族群的形象，传递着企业族群产品与服务价值的信息，能够刺激消费者购买。因此区域公共品牌代表着一定的市场竞争力，是一种无形资产，能够促进区域经济发展。

宁洱县咖啡种植有一定的基础。20 世纪 80 年代末云南大规模引种咖啡豆之时，宁洱县就成为第一批规模化引种的地区。从 1988 年开始培育咖啡苗、1989 年推广种植，经过三十多年的发展，咖啡产业已逐渐成为宁洱县的主要产业之一，并帮助宁洱县在 2022 年成为云南省重点帮扶县"一县一业"示范创建县，融入云南省"绿色食品牌"打造工作。宁洱县的咖啡产业既有农户自产自销经营模式，也有少量的"公司+基地+农户"经营模式，虽然本土企业和品牌有所发展，但是长期以来"多、小、散、弱"情况存在，而且精深加工技术落后，全县95%以上的咖啡生豆销售给雀巢、星巴克及部分国内采购商，作为原材料供给基地的特征突出。

2021年，在上海市金山区的倡议和与宁洱县的共同规划下，宁洱县由县国资公司牵头注册了"宁小豆"咖啡区域公共品牌。2022年5月，由中国宝武招商引进的公司与宁洱县当地企业合资成立云南宁小豆咖啡科技有限公司，制定统一的"宁小豆"咖啡种植和加工标准，授权符合条件的咖啡企业使用区域公共品牌，推动全县咖啡品牌由分散走向集中。"宁小豆"咖啡区域公共品牌的出现，开启了宁洱县咖啡品牌化发展的关键之路。这离不开上海市金山区对资金、技术、人才、项目等资源的广泛整合，以及想方设法在上海推广"宁小豆"咖啡品牌的帮助。在这些来自上海的支持和助推力的作用下，"宁小豆"的销售市场不断拓展、品牌影响力不断提升，对促进宁洱县咖啡产业转型升级起到了积极作用。

2015年，中国宝武投入40万元，建成宁洱县第一个咖啡博物馆——漫崖咖啡文化博物馆。2022年，宁洱县通过投入中国宝武援建资金340万元，实施了宁洱县现代咖啡产业创新园项目。该项目集咖啡品种改良、产品研发、运营展示、生豆大赛、咖啡品鉴及培训等于一体，形成宁洱咖啡种、采、制、烘、品、销产业链条。同时，"宝武授渔匠"团队获全球契约中国网络推荐，参与"团结全球企业·线上直播大会"全球影响力论坛，进行《负责任的咖啡》的英文路演展示，将宁洱咖啡推向全球。2023年，宁洱县投入中国宝武援建资金300万元，开展"宁小豆"咖啡全产业链建设项目。以中国宝武为代表的公司，在帮扶宁洱县发展咖啡产业过程中不仅直接投入资金，而且积极帮助引进设备、搭建人才交流平台，同时还在创建数字平台等方面进行技术引导，让宁洱县的咖啡产业开始摆脱原料基地的传统模式，向产供销模式和独立品牌模式发展。

宁洱县在咖啡产业发展过程中，形成了一些创新模式。一是技术创新。为了实现节水和环保，宁洱县在咖啡鲜果加工方面采用了新型脱皮脱胶工艺，既高效利用了水资源，也减少了污染。二是打造"零碳咖啡"。宁洱县咖啡产业的发展与"宁碳惠"体系相结合，建立了咖啡产业"溯源+碳足迹"体系，开展咖啡精深产品碳足迹核算，打造"零碳咖啡"。三是加强合作。为了提升咖啡生产加工质量，宁洱县大力开展咖啡产业对外交流合作，与云南农业大学、普洱学院等高校搭建产学研平台，与中国宝武、云南国际咖啡交易中心、雀巢、星巴克等开启企地合作，借助外部专家、技术和资金等资源优势推动宁洱县咖啡产业高质量发展。

在上海的援助下，宁洱县咖啡产业打造"宁小豆"区域公共品牌的战略颇具特色。"宁小豆"区域公共品牌不仅具有企业品牌的一般特性，即独特性、易分辨性和不可替代性，以"差异制胜"，同时还具有非竞争性、非排他性、外部性和资产性等区域公共品牌的独特性。区域公共品牌与企业品牌有所区别，企业品牌是拥有该品牌的企业的私有财产，具有排他性特征，但是区域公共品牌作为区域内企业族群的共享资产，当区域内的某个企业由于技术创新等原因发展壮大时，其企业品牌价值的提高也将带动区域公共品牌价值的提高，其他企业也将因此受益，具有外部性特征。"宁小豆"作为上海援建打造的宁洱县特色咖啡区域公共品牌，旨在打通从"咖啡田"到"咖啡杯"的产业价值链，因此"宁小豆"咖啡区域公共品牌的打造也必将能够为宁洱县"多、小、散、弱"的咖啡企业带来新的发展机遇。同时，在"公司+基地+农户"经营模式的运行下，咖啡企业发展也将更深层次地带动咖农增收，促进宁洱县域经济增长。

第五节 "思宁一体化"区域合作拓展乡村发展新空间

区域合作是经济合作的重要方式，也是促进团结奋进实现乡村振兴的重要举措。近年来，普洱市从整体出发，优化区域布局，提出了"思宁一体化"的区域合作新思路，这对于宁洱县而言是一个重要的机遇。宁洱县紧紧抓住这一机遇，主动调整产业结构，提供各种产业支持政策，努力通过加快"思宁一体化"合作进程促进宁洱县的新发展。

一　宁洱综合交通网络发展与区域定位变化

宁洱县地处滇南，是中国连接东南亚的交通要道，是云南省对外连接东南亚地区、对内连接滇南各市县的交通要冲，交通区位条件优势相比普洱市九县一区更为突出，特别是距离思茅主城区仅 33 公里的区位条件，是普洱市其他任何县域都无可比拟的优势。2020 年，昆曼国际大通道（昆明—曼谷）连接思茅和普洱后，两地通勤时间从原来的两个小时缩短为半个小时，2021 年 12 月，中老铁路（中国—老挝）通车后，不仅改变了宁洱历史上从未通铁路的历史，而且进一步将宁洱到思茅的通勤时间缩短到 15 分钟。交通条件的改善与提升大大加快了宁洱与思茅的经济社会一体化进程，思茅主城区及周边乡镇形成的"半小时经济圈"成为"思宁一体化"发展的核心。

由此，"双极"（思茅、宁洱）驱动的概念受到普洱市政府的重视，普洱市政府对思茅、宁洱两地的发展思路也随中国对外开放格局的变化及云南加快建设面向南亚东南亚辐射中心、主动服务和融入高质量共建"一带一路"的定位的变化而发生了新转变。宁洱县"十四五"规划中提出，要依托泛亚铁路（中线）和昆曼国际大通道区域性综合交通枢纽，全面融入孟中印缅经济走廊、中国—中南半岛经济走廊建设和大湄公河次区域经济合作，增强国际次区域中心城市辐射带动效应。宁洱县遵循"双核引领、全域思宁"的发展思路，以建设国际次区域中心城市核心区为目标，以交通一体化为先导，加快推进思宁城乡建设、基础设施、产业发展、生态环保、公共服务和社会治理、开放合作、要素市场和体制机制一体化发展，完善宁洱县在国际次区域中心城市中作为"双核"之一的功能，把"思宁一体化"区域建设成为国家绿色发展示范区。

二　"思宁一体化"战略中的普洱工业园区宁洱片区

"思宁一体化"战略将全面覆盖思宁两个地区社会经济发展的多方面，建设绿色产业特色产业园、国际性商贸枢纽中心、现代物流中心是宁洱县响应一体化发展的重要举措。这些项目都被纳入一个更大的篮子——普洱工业园区宁洱片区的建设之中。

普洱工业园区宁洱片区的规划面积为 31 平方公里，是今天宁洱县城的三倍。园区对标国内一流工业园区——苏州工业园区，以城市建设的理念来规划，也就是将"绿色工业"作为城市的一个业态，融入城市建设的全过程。目前，绿色食品加工产业园、绿色林板家居产业园、新兴产业制造园、粮食产业园、成品油储备库、保税物流中心 6 个重点产业项目已基本完成前期选址和规划工作。林达木业、中林木业、荣茂建筑工程 3 家企业已入园并投产运营；东西部扶贫协作项目——云南普洱丰用食品有限公司的普洱丰用食品综合开发建设项目等也已入驻园区并投产运行。

三 与"半小时经济圈"对接的宁洱乡镇旅游经济

思茅区是普洱市行政中心所在地，是普洱市经济最发达的区（县级）。2023 年末，思茅区常住人口 42.21 万人，城镇化率达 80.43%。思茅区城市经济较为发达，市民收入水平相对较高，因气候宜人、环境优美、交通方便、消费较低、靠近西双版纳旅游热点等综合因素，近年来成为云南的旅游新秀，外省及本省游客的大量涌入，催热了思茅周边地区的旅游经济。宁洱县因与思茅区仅有半小时的交通时间而成为思茅"半小时经济圈"的一部分。

宁洱县把对接思茅区的"半小时经济圈"作为"思宁一体化"建设的重点项目来实施，确立了"153"城镇发展格局，即形成以宁洱县城（宁洱镇）为 1 个中心城区，以磨黑镇、同心镇、德化镇、勐先镇、梅子镇等 5 个镇为重点城镇，以德安乡、普义乡、黎明乡 3 个乡为辅助城乡的城乡发展等级结构，联动大滇西旅游环线，将消费圈贯通起来，充分发挥区位及资源优势，将现代消费引入乡村，带动乡村产业转型。

（一）宁洱镇——以休闲娱乐业发展为中心的"城市庄园"

宁洱镇为宁洱县政府驻地，位于县境中部平坝区，1953 年设镇至今，下辖 3 个社区、20 个行政村。宁洱镇的第三产业较为发达，是整个宁洱县住宿与餐饮业最为集中，也是最发达的区域，其主要的消费市场集中在宁洱镇周边乡镇及思茅区。经过多年的发展，宁洱镇现有240余家农家乐，农户们多数从事第三产业，农家乐的发展水平日益提高，以新平村为中心的休闲娱乐产业已较为发达，且呈现功能分工细化的发展趋势。如位于宁洱县城周边的宁洱镇新平村城镇化水平较高，发展以家庭为主体的庭院式农家乐，这种类型的农家乐以餐饮业为主，注入本地文化内涵，通过用餐环境与特色餐饮构建起与县城及思茅区消费需求相对接的服务体系，成为具有影响力的休闲餐饮区，已形成集聚效应。其他类型的农家乐则附加了钓鱼、采摘、棋牌等体验，将娱乐与餐饮结合起来，此类农家乐的服务内容与形式对接了"半小时经济圈"内的消费需求，对新平村经济发展的带动十分明显。下面是调查组学生的田野调查日记，真实地记录了同学们进入新平村的感受：

　　今天早晨的天气特别不好，阴雨不断，老师让我九点半的时候让团队从那柯里村赶往新平村，车子不断地弯弯绕绕地走着，我瞄向飘着雨滴的窗外，看着一路上的风景从山村渐渐过渡到了平原，民居也逐渐多了起来。

　　我开始感受到了不对劲，在我以往的印象中，中国的乡村都与地理位置偏远、基础建设不发达扯不开关系，而我们正在前往（乡村）的路上却开始有了大型医院，柏油路面也一直从国道不间断地延伸。对我而言，没有水泥路面、土路的乡村，就不是真正的乡村。过了大约五分钟不到，车子便停了下来，团队抵达了新平村的村委会，我惊讶原来所谓的乡村可以是这么发达的。

　　来迎接我们的是宁洱县委驻村工作队的罗老师，罗老师是大约四十岁的女性，到新平村驻村已一年半。在接下来的座谈会上，新平村村支书李书记和罗老师等向我们团队介绍了新平村的大致情况。之后，我们分批乘车去餐厅吃饭，在路上一个同学向罗老师介绍，我是从台湾过来读书的，罗老师特别惊讶，为什么我会从高生活水平的地方到云南这边收入低、生活质量也相对不如台湾（的地方）来读大学。罗老师并不是第一个问我这样问题的人。

下午的村居访谈也是罗老师给我们做的介绍，这也是我今天印象最深刻的时间段。罗老师跟我们解释说，由于新平村是环绕着县城，所以随着城里的发展，新平村的各项建设也必须紧跟县城，尤其是排污、垃圾回收这部分连接着城里面的服务，需要系统建设。柏油路的铺设也是随着脱贫攻坚的政策实施，在最近三四年逐渐建设起来的。之所以新平村这个乡村不像是乡村，直接的解释就是（新平村）不仅是生活能跟随着城里面的脚步，还有许多的面向城市（主供宁洱、思茅等市场）的食品工厂也驻足在新平村，这也就使得新平村的就业机会大大增加，于是各个地方的人就迁移进入新平村。

新平村发展比较快，还有一个重要原因是村民特别的团结，上级有什么建设项目就马上配合政府的工作，这样大大地减少了沟通的时间。①

近年来，随着现代服务业在宁洱镇的发展，企业与乡村联动发展休闲娱乐产业的模式带动了太达村的发展。普洱漫崖咖啡庄园坐落在太达村老凤寨村民小组内，是集吃、住、游、购于一体的休闲生态庄园，园内布局精良，以咖啡文化为核心，将民俗文化、民族文化融入庄园，每年结合时令，开展端午药根节、水果采摘、房车露营等旅游体验活动，以"都市+田园"的消费模式吸引了大量游客。为形成联动发展态势，扩大资源优势，普洱漫崖咖啡庄园与太达村老凤寨村民小组合作，进一步打通基础设施连接，并开展民俗文化体验活动，在已有的3家农家乐和2个采摘园基础上，打造乡村旅游新亮点，进一步丰富了游客体验。自2020年起，冬季前往老凤寨体验草莓采摘已经成为周边游客熟知并喜爱的休闲项目。

新民俗体验带来了丰富的文化生活，拉动了宁洱镇的乡村经济发展。

---

① 云南大学民族学与社会学学院本科生柳柏志田野调查日记，2024年2月3日。

新平村的赶糖会、温泉村的哈尼红蛋节等民俗活动，以汉族及少数民族风俗为主，充分展现地方民俗节庆当中最具参与性与体验性的部分，结合本地自然生态环境与餐饮特色，构建起复合型的乡村休闲娱乐经济。

利用区位优势，宁洱镇温泉村在现代旅游产业新类型的投入中，发现了全新的商机。温泉村利用当地丰富的哈尼族文化、传统农耕文化和乡村旅游资源，把乡村旅游与茶研学活动结合起来，面向周边县区、思茅区甚至省内其他地区，开展"乡村夏（冬）令营"茶山研学游，先后接待 53 个团队 12000 余人次，累计为当地老百姓创收 100 余万元。

"思宁一体化"的主旨在于统筹两地资源配置，建立共建共享机制，推进思宁基本公共服务和社会治理一体化。因此，主要建设内容为公共文化馆、公共图书馆、民族博物馆、城市规划展馆、科技馆、旅游信息活动中心、接待大厅、下沉演艺广场、文化休闲街区等。目前，宁洱县以宁洱镇为"思宁一体化"的核心区，在宁洱镇新平村建设了文旅产业园，总建筑面积为 32013.31 平方米，总投资 1.57 亿元。该文旅产业园以"凤凰衔书"为设计理念，融入宁洱历史文化，以配合全新文旅业态。

综上所述，宁洱镇充分展现了"半小时经济圈"为乡村振兴带来的活力，以"城市庄园"的发展契机，积极开拓了市场，以灵活多样的经营方式，有效增加了村民收入，更成了宁洱县乡村振兴中具有发展特色的组成部分。

（二）磨黑镇、同心镇及德化镇——以线性精品旅游线路连接城乡

磨黑镇与同心镇相邻，是宁洱县文化旅游资源最为富集，旅游产业起步较早、发展较快的区域，同时也是"思宁一体化"的发展前沿地区。宁洱县境内各县区的文化旅游资源相对分散，旅游区体量普遍较小，因此，宁洱县围绕"思宁一体化"思路，将多点分散的景区串联，形成适合半日、一日及两日短期游的线性旅游项目，能更多地带动"半小时经济圈"的文旅消费，提升乡村服务业水平，丰富其文旅内涵，形成双向互动、共同发展的良好态势。磨黑镇以"红色文化、盐文化、古道文化、饮食文化、农耕文化"资源，打造"红色+N"的旅游模式，把思普革命纪念馆、杨丽坤

故居、生态水果采摘园、孔雀屏—曼抗古村落、扎罗山等景观连成一片。同心镇与磨黑镇及部分周边地区联动，依托那柯里茶马古道小镇、普洱民族团结小镇、普洱茶小镇、磨黑红色文化小镇和普洱山风景名胜区、困鹿山古茶园景区等景点，充分挖掘"名茶、名道、名碑、名人"四张名片的潜力，带动文化旅游、康体养生等特色产业发展。

德化镇是"思宁一体化"的对接乡镇之一，东部与宁洱镇相邻，东南部与同心镇接壤，西南部与思茅区思茅镇、云仙乡接壤。围绕杨正元故居提升打造、茶马古道（石丫坡段）文化挖掘和云盘山生态有机茶采摘体验，深入挖掘红色文化资源和绿色生态资源，打造了面向思茅主城区、宁洱县城两翼辐射带动的红色文化教育旅游路线，提升了沿线村庄的可通达性与可观赏性，创建了市、县委党校干部培训现场教学点，建设了集理想信念教育、红色文化教育旅游于一体的红色教育旅游基地，增强了乡镇文旅产业发展中的功能性与服务性，使乡村振兴获得了更多的发展路径。

（三）道路延伸景观，实现立体引流

"思宁一体化"以交通一体化为先导，从而提升思茅和宁洱之间的互联互通能力，形成更加完善的"半小时经济圈"，因此，完善的交通基础设施已成为"思宁一体化"发展的绝对优势。伴随宁洱全县实施干线道路畅通工程，城乡交通日益畅通，除了强化可达性，宁洱县还以"绿美公路"建设工程为带动，延伸公路景观，从旅程起点到目的地形成立体多维的城乡互动体系。

思宁两地以"道路建设"与"文化旅游"协同发展的思路，利用四通八达的公路交通网络"串山连水"，将每个路段的道侧景观、具有民族特色的地域风情村落和田园景观融为一体。为消费者提供了车上、车下无缝连接的乡村精致景观，展示了"路到哪里，美丽就到哪里"，在"交通+产业""交通+旅游""交通+乡村建设"等方面做足文章，延长了游客停留时间，完善了旅游体验。因此，公路不但串起了思宁各类优质文旅资源，也打通了大滇西旅游环线向下延伸的重要节点，特别是随着普洱2.5小时市域交通时空圈（指普洱市与周边区域小县城之间，在2.5小时交通行程可达的圈

层中，形成的人流、物流的联动）的快速推进，思宁逐渐完善的文旅产业优势正转变为更为显著的经济优势。

整个"思宁一体化"发展格局中，城乡互动最多，利益联结最紧密的部分，就是与文化消费紧密关联的部分。欣赏田园风光、体验农家生活、感受乡土文化、品尝乡村美食的"普洱人游宁洱"的乡村旅游发展格局，使宁洱的乡村找到了快速融入"思宁一体化"进程的路径。宁洱文旅产业的多样化产品与服务，不仅仅吸引着"半小时经济圈"的消费群体，更致力于融入大滇西旅游环线，引流来自滇西的旅游群体，扩大文旅消费市场，让宁洱乡村经济在转型中提升。

宁洱的乡村在向外发展过程中一直践行"见人见物见生活"的理念，各个乡镇都在深入挖掘及重整自身文化资源，并对新文化内容持开放包容的态度。未来，在思宁两地的发展中，乡村的自然与人文、民族与村寨、景观与美食都将以一种整体性的文化气质对外呈现，"有一种叫云南的生活"在此处有了最鲜活的实践。

第三章　同心协力推动宁洱乡村生态振兴

　　党的十九大报告提出实施乡村振兴战略，这是新时代系统解决我国"三农"问题的战略构想，生态振兴是乡村振兴的重要内容。生态文明建设是我国"五位一体"总体布局的重要组成部分，是习近平新时代中国特色社会主义思想的重要内容。乡村振兴战略蕴含着生态文明的内在要义，将生态文明建设契合到乡村振兴战略中，能够为乡村振兴提供生态思维方式，助推乡村振兴战略的实施。良好的生态环境是乡村发展的最大优势和宝贵财富，是乡村振兴的基础和宝藏。

　　如何更好实现乡村振兴与生态文明双向赋能，增进民生福祉，推动可持续发展？宁洱县坚持"生态立县，绿色发展"战略，努力寻求经济发展与保护生态环境的平衡点，团结了多种力量，聚焦于生态保护和绿色经济发展这一焦点，用外部力量推动生态保护向碳中和方向发展，扶持本地力量推动绿色经济发展，发动全民力量保护生态环境，在实施乡村振兴战略中实践生态文明，取得了初步成效，积累了一定经验。

第一节　生态文明视域下的乡村生态振兴

　　作为一种发展观，生态文明理论强调人与自然的和谐共生、可持续发展和环境保护，该理论旨在解决传统发展模式下可能导致的环境问题，强调经济发展要与生态保护相统一。20 世纪末以来，中国经济迈入高速增长时期，但与此同时也面临着严峻的环境问题，如空气污染、水污染、土地退化等。这些环境问题引发了社会的关注，迫使政府和学者更加重视发展与保护环境之间的关系问题。政府和学者通过借鉴生态学、环境伦理学和

生态经济学等领域的理念，引入"生态文明"这一概念。2003 年，党的
十六届三中全会中第一次提出了"科学发展观"，强调以人为本，全面协
调可持续发展的理念。2007 年，党的十七大提出要"建设生态文明，基
本形成节约能源资源和保护生态环境的产业结构、增长方式、消费模
式"，这标志着生态文明概念在国家层面得到正式确立。2012 年，党的十
八大作出"大力推进生态文明建设"的战略决策，将生态文明建设纳入
中国特色社会主义事业"五位一体"总体布局。2015 年，党的十八届五
中全会提出"绿色发展"，"绿色"成为新发展理念之一。生态文明理论
逐渐从一个概念演变为一个系统的理论体系和政策体系，涵盖了生态优
先、绿色发展、循环经济、生态保护与修复等多个方面，为中国可持续发
展提供了重要指导。

　　农村是中国社会的基础和重要组成部分，中国历来重视农村发展，通
过政策实施、资金投入、改革等多种方式，致力于提升农村地区的经济、
社会、文化水平，促进城乡协调发展，改善农村居民的生活条件。2017 年，
党的十九大提出实施乡村振兴战略，习近平总书记强调"要坚持农业农村
优先发展，按照产业兴旺、生态宜居、乡风文明、治理有效、生活富裕的
总要求，建立健全城乡融合发展体制机制和政策体系，加快推进农业农村
现代化"。① 乡村振兴战略成为新时代农村工作的总抓手。从提出时间看，
乡村振兴战略比生态文明建设晚，但实际上，习近平同志在浙江工作期间，
就已经进行了生态文明建设的实践。2005 年，时任浙江省委书记的习近平
在余村考察时提出"绿水青山就是金山银山"的"两山"理念。可见，"两
山"理念最初针对的是乡村建设。因此，从某种程度上来说，生态文明建
设理论的发源地在乡村。乡村必然是生态文明建设的重要场所，相较于城
市，乡村通常拥有较为原生态的自然环境，更具有生态价值，人们在乡村
地区更容易感受到自然与人类的和谐关系。此外，中国乡村地区承载着丰

---

① 《习近平：决胜全面建成小康社会 夺取新时代中国特色社会主义伟大胜利——在中国共产
　　党第十九次全国代表大会上的报告》，中国政府网，2017 年 10 月 27 日，https://www.gov.
　　cn/zhuanti/2017-10/27/content_5234876.htm。

富的农耕文化，农耕文化注重遵循自然规律，强调人与自然的和谐共生，这些和谐观念与生态文明理论的核心思想相契合。由此可见，乡村孕育了生态文明思想，也必将成为生态文明建设的重要场所。

一 乡村是生态文明建设的重要场所

在推动生态文明建设过程中，中国广大乡村地区具有特殊的重要性和使命，承载着生态环境保护、资源合理利用、传统文化传承、农村发展模式转型等方面的重要任务。我国乡村所占的国土面积广大，巨大的乡村空间承载着丰富的自然资源和人文资源，如乡村地区拥有的农田、草地、山地在内的土地资源，不仅可以用于农业生产，还可以用于生态保护和生态旅游；乡村地区拥有的丰富的河流、湖泊、地下水等水资源，能够进行农业灌溉、饮用水供应和作为生态涵养水源等；乡村地区拥有的森林资源，既可以产木和非木林产品，还有助于碳汇、土壤保持和水源保护。除此之外，乡村还具有矿产资源、渔业资源、医药资源，同时还可利用风能、太阳能、水能等可再生能源，而乡村自然风光、传统文化和特色产品等也都具有很高的旅游价值。

乡村是由"山、水、林、田、湖、草、沙"等生态因子构成的比较完整的立体生态系统，乡村的生态服务价值明显，能够给城市和工业区提供供给、调节和支持等生态服务。首先，乡村能够提供食物生产、水源供给以及生物多样性等供给服务。乡村是农业生产的主要场所，是粮食、蔬菜、水果、畜产品和水产品等的主要产地，这些农产品不仅满足乡村自身的需求，还供应给城市和出口市场。乡村地区具有的包括植物、动物、微生物在内的生物多样性，对于医药研究、食品多样性以及城市工业生产和建设的原材料供给等方面都有重要价值。其次，乡村的调节服务体现在气候调节、水文调节、土壤保护与修复、净化服务等方面。例如，森林、河流和湖泊等有助于维护和调节水循环，减缓洪水和干旱的影响，维护水源的稳定供应；湿地和沼泽等，通过储存大量的碳和水，也有助于气候缓冲。最后，健康的土壤和水体为植物生长和农业生产提供了基础，相对稳定的生态系统和自我修复能力，能够形成养分循环，提供支持服务。乡村的生态服务价值不仅关乎乡村自身的可持续发展，还直接或间接影响到城市和工业区，因此人们在挖掘、开发乡村的生态服务价值的同时，也要保护乡村的生态环境。

丰富的自然、人文资源以及突出的生态服务价值注定了乡村是生态文明建设的重要场所。除此之外，乡村地区依然有着庞大的人口基础。第七次全国人口普查数据显示，居住在乡村的人口为50979万人，占全国人口的36.11%。[①] 这也意味着乡村生态文明建设的主体依然在乡村，乡村居民关于农业生产实践（例如，是否应使用化肥和农药）、资源利用（例如，是否进行过度开采或不可持续的狩猎和捕鱼）以及废物处理（例如，垃圾是否需要得到合理处理或回收）等的发展理念，环保意识以及生活方式都会直接影响到生态文明建设的推进与效果。成功的生态文明建设不仅会提高生态环境质量，也会改善乡村居民的生活质量，实现生态文明建设的成果由人民共享。所以，乡村在中国生态文明建设中扮演着非常重要的角色，乡村居民的参与和受益同样不可或缺，这不仅是解决环境问题、实现可持续发展的关键，也是传承文化、践行"最普惠的民生福祉"、实现发展成果由人民共享的重要途径。

二　生态文明引领乡村生态振兴

生态文明，是不同于西方环境治理的新文明之路，它是基于天人和谐自然观和系统辩证思维的中国智慧，走的是一条源头治理、系统治理的新环境治理之路，是一条环境治理与绿色发展共赢之路。全面推进乡村振兴需要在习近平生态文明思想的指导下，将生态文明的核心思想与乡村振兴战略有机结合，需要将习近平生态文明思想全方位融入人们的思维方式、生产生活方式、社会治理方式中。

一是在思维方式上，树立生态思维。生态思维是社会成员具有生态化

[①] 国务院第七次全国人口普查领导小组办公室编《2020年第七次全国人口普查主要数据》，中国统计出版社，2021。

的思想意识和认识方法，即能用现代生态学原理和理论去观察世界、认识周围客体，并以此作为审视自己言行的准则。① 传统思维之下，人类往往以自我为中心，并把人类凌驾于自然万物之上，使人和自然对立起来，类似的主客二元论割裂了人与自然之间的多元性存在关系和多样化价值联系。生态思维之下，人们要把人类生存发展其中的生态环境看成一个有序运作的整体，把人类看作是自然界的有机联系的构成部分，人类与自然是不可分割的。在生态思维影响之下，人们对自然不再是盲目开发与滥用，科学技术也不再是征服自然的工具，而是维护人与自然和谐的重要手段。生态思维能够为乡村振兴提供一个系统、平衡和长期的视角，但受制于传统的生活习性和较落后的思想观念，部分农村居民的环保意识和公共卫生意识不强，一定程度上存在传统陋习与生态思维相博弈的局面。因此，政府要加强对农村居民、基层工作人员以及农村党员干部进行生态保护、环境法律、环境科学和环境伦理等知识的普及，使其发自内心意识到破坏自然生态环境的严重危害性与保护生态环境的极端重要性，一改之前"事不关己，高高挂起"的观念和行为，转变人们的环境观念，树立现代生态意识，以科学理念引领乡村振兴。

二是在生产生活方式上，推动绿色产业发展，形成绿色生活方式。绿色产业是以绿色资源开发和生态环境保护为基础，以实现经济社会可持续发展、满足人们对绿色产品消费日益增长的需求为目标，从事绿色产品生产、经营及提供绿色服务活动，并能获取较高经济与社会效益的综合型产业群体。② 与传统的单纯追求经济增长的产业不同，绿色产业是一种可持续发展产业，更加注重生态环境和长期可持续性。乡村作为生态文明建设的重要场所，乡村的产业发展模式将直接影响到生态文明建设成果，为此，在乡村地区构建以绿色农业发展为基础、以绿色生活方式为支撑的绿色生产生活体系至关重要。中国作为农耕文明历史悠久的国家，在几千年的农

---

① 李双成：《生态思维——可持续发展的社会环境伦理基础》，《环境科学进展》1999 年第 4 期，第 148~154 页。

② 曾建民：《略论绿色产业的内涵与特征》，《江汉论坛》2003 年第 11 期，第 24~25 页。

耕生产过程中早已形成了一整套生产与生活、人与土地循环的自然生态农业体系。在推进农业现代化发展过程中，应该借鉴中国传统自然农耕智慧，利用微生物科技等寻求一条低碳绿色农业之路，大力发展有机农业和低碳农业。绿色农业的发展也会带动其他绿色产业的发展，如碳汇产业。碳汇，是指通过植树造林、森林管理、植被恢复等措施，利用植物光合作用吸收大气中的二氧化碳，并将其固定在植被和土壤中，从而减少温室气体在大气中浓度的过程、活动或机制。乡村占据了我国广阔的国土面积，可以通过种植林草、保护湿地、加强农田管理等方式，实现森林碳汇、草地碳汇、湿地碳汇、耕地碳汇等。同时，乡村具备综合开发利用各种清洁能源的优势，如沼气、光伏发电等，新能源的开发以及推广一定程度上也有利于绿色生活方式的形成。绿色的生产方式在转变，生活方式也在转型。大力推进生态产业化、产业生态化，绿水青山正在成为人民群众的"幸福不动产""绿色提款机"。

三是在社会治理方式上，以多元共治推进乡村生态环境治理。生态环境治理是乡村基层治理的重要内容，从治理主体看，乡村生态环境治理关涉政府、地方企业、农民、社会组织等。过去，以政府为主体（由政府提供制度设计、资金支持以及技术指导等）的生态环境治理模式往往以"失败"告终，导致地方政府主导作用发挥不到位、地方企业生态责任弱化、农民生态环保意识淡漠、社会组织参与乡村生态环境治理能力有限等问题。乡村生态环境治理并不是政府与农民之间非此即彼的简单选择，构建包含政府、地方企业、农民以及社会组织在内的多元主体治理模式十分必要。政府要转变"唯GDP"政绩观，在强化基层队伍建设和健全地方生态环保机制等方面发挥主导作用。地方企业要不断强化生态责任，主动改进生产技术，健全治污技术与设施，推进产业链的绿色、低碳与生态建设。农民作为乡村生态环境治理的主力军和原动力，要增强环保意识，发扬主人翁精神，做到从日常生活垃圾的有序清理到田间生产过程中各类化学产品的有效处理。社会组织可以通过线上宣传、线下推广等不断参与到乡村生态环境治理中。"农村环境所具有的公共产品特性、强外部性、地域性及公共产权属性决定了环境治理是一项涉及面很广的社会系统工程"，① 为此，政府要引导多元主体有序参与到乡村生态环境治理中，加快形成多元主体共治格局。

综上，生态文明强调可持续发展和环境保护，而乡村振兴也需要一个可持续的模式来确保长期成功。因此，生态文明与乡村振兴二者的基本目标是一致的，在政策制定过程中，生态文明的指导思想可以体现在乡村振兴的农业、旅游、基础设施等诸多领域，乡村振兴对农业、旅游、文化等方面的改善与发展，实际上也是生态文明在乡村的具体实践。理论与实践总是在不断互动中完成自身的建构，因此，在习近平生态文明思想指导下全面推进乡村振兴的同时，也要在推进乡村振兴过程中不断丰富和发展习近平生态文明思想。

第二节　以生态文明建设示范区为抓手引领
乡村生态振兴

一　生态文明建设示范区概述

党的十八大以来，生态文明建设作为统筹推进"五位一体"总体布局的重要组成部分被放在突出地位。生态文明建设示范区作为可复制、可推广的生态文明建设典型模式，旨在以推动绿色、循环、低碳发展为基本途径，促进生态文明建设水平提升。生态文明建设示范区创建工作经历了初创、稳步推进、深入发展三个阶段。初创阶段，以 2012 年党的十八大召开为基点。2013 年 5 月，为深入贯彻落实党的十八大精神，以生态文明建设试点示范推进生态文明建设，环境保护部研究制定并印发了《国家生态文明建设试点示范区指标（试行）》。该文件指导各生态文明建设试点示范区根据试点工作的要求建立工作机制，编制生态文明建设规划并发布实施。《国家生态文明建设试点示范区指标（试行）》明确了生态文明试点示范县

---

① 刘铁主编《环境理念与环保知识》，中国环境科学出版社，2009。

（含县级市、区）和生态文明试点示范市（含地级行政区）的基本条件和建设指标。稳步推进阶段，强调生态文明建设示范区创建工作，一是促进生态文明建设示范区创建工作的科学化、规范化、制度化；二是根据国家生态文明建设新形势、新要求，对建设指标进行调整；三是2017~2019年分三批向175个市县授予国家生态文明建设示范市县称号。2019年9月，生态环境部印发了《国家生态文明建设示范市县建设指标》《国家生态文明建设示范市县管理规程》，制定并印发了《"绿水青山就是金山银山"实践创新基地建设管理规程（试行）》，指导各地方进一步加强生态文明示范建设和管理工作。其中，《国家生态文明建设示范市县建设指标》调整为生态制度、生态安全、生态空间、生态经济、生态生活、生态文化共6方面40项指标。深入发展阶段，2021年11月，生态环境部发布《国家生态文明建设示范区管理规程（修订版）》；2022年11月，云南省生态环境厅发布《云南省省级生态文明建设示范区管理规程》。

　　生态文明建设示范区是贯彻落实习近平生态文明思想，以全面构建生态文明建设体系为重点，统筹推进"五位一体"总体布局，落实新发展理念的示范样板。国家生态文明建设示范区包括省、市、县三级，云南省省级生态文明建设示范区包括州（市）、县（市、区）两级。对于云南省而言，生态文明建设示范区是云南省争当全国生态文明建设排头兵、建设中国最美丽省份的重要抓手，也是推进生态环境高水平保护和经济社会高质量发展的重要检验。

二　生态文明建设示范区建设的宁洱实践

　　普洱市于2011年正式启动生态市的创建工作。2013年6月，普洱市获批建设国家绿色经济试验示范区。2014年3月，国家发改委批准《普洱市建设国家绿色经济试验示范区发展规划》。近年来，普洱市真抓实干、积极探索，作为全国首个绿色经济试验示范区，开启了将绿水青山转化为金山银山的全方位的、立体的、多层次的探索，在绿色发展理念培育、绿色发展制度探索、加大绿色金融发展力度、构建绿色产业体系等方面取得了一定的成绩。

宁洱县作为普洱市的核心区之一，是普洱市生态文明建设示范区建设的重要主体。多年来，宁洱县立足自身区位优势，根据区域特色探索了一系列生态文明建设模式，积累了宝贵的实践经验。2013年，宁洱县全面启动生态文明建设工作；2021年，根据《国家生态文明建设示范区管理规程（修订版）》和《云南省省级生态文明建设示范区管理规程》，宁洱县政府组织开展新一轮规划编制工作，形成了《云南省普洱市宁洱哈尼族彝族自治县生态文明建设示范区规划（2021—2030年）》。根据宁洱县生态文明建设示范区创建规划的总体目标，到2023年，宁洱县将达到省级生态文明建设示范区水平；到2025年，力争把宁洱县建设成为具有宁洱特色的国家生态文明建设示范区；到2030年，"茶源道始·盟誓之城"品牌享誉全球，全域全面建设成为"记得住乡愁的地方"，生态文明建设水平全国领先，为推进生态文明建设发挥示范作用。

经过多年的持续努力，宁洱县生态文明建设取得了初步成果。在2023年2月召开的云南省生态环境保护工作会议上，宁洱县成为2022年度16个省级生态文明建设示范区之一。全县89个村（居）委员会已有77个成功创建为市级生态村，9个乡镇均已成功创建成为省级生态文明乡镇。这些生态文明乡镇、生态村的成功创建正是宁洱县乡村生态振兴的最好体现。

在实践中，为有效推进生态文明建设示范区建设，宁洱县根据《国家生态文明建设示范区建设指标（修订版）》《云南省省级生态文明建设示范区管理规程》，紧紧围绕"生态制度、生态安全、生态空间、生态经济、生态生活、生态文化"六个方面，形成了包含38项的宁洱县生态文明建设示范区指标体系及建设指标目标。

一是生态制度体系建设方面。宁洱县围绕环境保护、资源高效利用、生态修复等不断建立健全现代环境治理体系，加强生态环境保护责任制度。宁洱县完善环境准入和环境影响评价制度、严格执行环境信息公开制度、探索环境治理企业责任体系。宁洱县协助普洱市完善工业园区规划环评，建立规划环评和项目环评联动机制，建设项目环评实施严格的环境准入制度。严格执行建设项目环境影响评价制度和环保"三同时"制度，提高环保准入门槛。按照《普洱市"三线一单"生态环境分区管控实施方案》，严格实施生态环境准入清单管理制度，推动建立宁洱县"三线一单"（生态保护红线、环境质量底线、资源利用上线和生态环境准入清单）生态环境分区管控体系，把"三线一单"作为区域资源开发、产业布局和结构调整、城镇建设、重大项目选址的重要依据。宁洱县不仅深入落实河湖长制、全面实施林长制，而且构建了山水林田湖草沙生态保护系统修复制度，持续推进山水林田湖草沙生态保护修复试点工作，开展本县境内的红河流域、澜沧江流域水生态保护修复工程，宁洱县水系综合整治，宁洱县森林生态系统修复，宁洱城区水环境治理工程等重大项目，整体推进山上与田间、岸上与岸下、干流与支流、城镇与乡村生态环境保护与修复。

二是生态安全体系建设方面。宁洱县聚焦气候变化、水污染、土壤污染以及生物多样性保护，积极推进生态安全建设，构筑起宁洱县经济发展、人民安居的生态安全屏障。为应对气候变化，宁洱县推动碳排放碳达峰行动。据调查所得资料，宁洱县有110.3万亩生态公益林，215.43万亩停伐保护天然林。[①] 同时，实施生态文明建设气象保障服务工程，建立专业自动气象观测站网，建成15套旅游立体气候观测站、高原特色农业气象观测网，开展针对性的气象要素观测和实景立体观测，建设1套车载移动气象站。

水污染和土壤污染直接关涉人们的生命健康安全，同时这两类污染还具有综合性、复杂性，甚至还存在一定的隐蔽性和滞后性，而造成这两大污染的源头主要体现为矿山污染、工业污染、农业污染和生活污染四大污染。宁洱县尤其注重在污染源头上下功夫。严格筛选排查全县化学品生产企业以及工业集聚区、矿山开采区、尾矿库、危险废物处置场、垃圾填埋场等污染源场地，对普洱锦茂矿业有限责任公司宁洱分公司白龙场铜矿等5家采选矿业企业、2家危险化学品企业、云南省盐业有限公司普洱制盐分公司和县城垃圾填埋场等重点行业企业进行土壤污染跟踪监测。以云南普洱

---

① 《宁洱县关于绿色经济示范区2022年工作开展情况报告》。

茶（集团）有限公司板山有机茶叶种植基地为试点，全面实施宁洱县农业面源污染防治（种植业）项目，开展土壤修复技术试点工作，开展土壤环境质量调查和例行监测；开展污染源调查，包括农药调查、肥料调查和大气沉降调查；对污染区进行深翻和施用有机肥以促进土壤修复；对当地茶农和相关工作人员开展生态警示教育，进行系统的土壤重金属修复、生态农业等方面的教育培训；设置示范基地指示牌、黄板和杀虫灯；实施土壤更换和灌溉沟渠坝塘建设等耕地修复、农膜回收、秸秆综合利用、化肥和农药"零增长"、受污染耕地安全利用工程。

三是生态空间体系建设方面。宁洱县实施生态空间用途管制，强化国土空间用途管制、科学划定"三区三线"，在第三批耕地占补平衡项目落实过程中，实施土地开发面积 64.0811 公顷、土地整理面积 209.1931 公顷，确保实有耕地面积基本稳定、质量不下降。同时，宁洱县构建科学合理的自然保护地体系，逐步形成以"国家公园为主体、自然保护区为基础、各类自然公园为补充"的自然保护地体系；构建起以松山自然保护区为"一核"、以小黑江生态廊道和李仙江生态廊道为"两廊"、以澜沧江流域生态片区和红河流域生态片区为"两片区"的"一核两廊两片区"的生态安全格局。

四是生态经济体系建设方面。宁洱县紧紧抓住普洱市建设国家绿色经济试验示范区的有利契机，依托生态资源，围绕有机茶产业、咖啡产业、现代林产业，推动生态产业发展；在"做稳第一产业、做强第二产业、做活第三产业"的同时，推动三次产业深度融合，推进文旅康养产业发展。同时，依托宁洱在泛亚铁路（中线）和昆曼国际大通道上承北启南、接东纳西的区位优势，围绕"思宁一体化"和大滇西旅游环线建设，构建集铁路、公路、水路于一体的区域性交通网络建设，为生态经济体系建设提供现代综合交通体系保障。

五是生态生活体系建设方面。牢固树立生态环保的理念，加强城、镇、村突出环境问题综合治理，依托山水脉络、民族文化等独特风光，以生活垃圾、污水治理和村容村貌提升为主攻方向，大力实施乡村振兴"百千万"

示范工程和全域绿化美化行动，全面提升城乡人居环境和增进人民生态福祉，打响"茶源道始·盟誓之城"品牌，提高"记得住乡愁的地方"美誉度。具体来说，到2025年，农村人居环境得到显著改善，全县农村卫生户厕覆盖率在90%以上，乡镇生活污水处理设施覆盖率在70%以上，农村生活垃圾处理设施覆盖率在80%以上，全县村庄绿化覆盖率在48%以上。① 同时，按照"户分类、村收集、镇转运、县处理"的运行机制，推进生活垃圾分类收集及餐厨垃圾资源化利用。

六是生态文化体系建设方面。"名茶、名道、名碑、名人"作为宁洱县的文化名片，宁洱县通过采取"文旅"融合、建设文化传播平台等方式，将宁洱特色文化传出中国，面向世界打响"茶源道始·盟誓之城"品牌，建设"记得住乡愁的地方"。通过加强传统生态文化保护、促进茶马文化传播、增强民族团结文化示范、积极培育现代生态文化来加强生态文化载体建设。通过提升生态文明意识、丰富生态文明宣传形式、打造生态文明宣传阵地来加强生态文化宣传教育。通过健全公众参与体系和建设"绿色细胞工程"来实现生态文明共建共享。

三　生态文明建设示范区建设的重点工程

宁洱县初步确定了创建国家生态文明建设示范区重点工程53项，计划总投资453081.82万元，其中生态安全投资82428.43万元，占总投资的18.19%；生态空间投资24297.0万元，占总投资的5.36%；生态经济投资176042.39万元，占总投资的38.85%；生态生活投资144154.0万元，占总投资的31.82%；生态文化投资26160.0万元，占总投资的5.77%。重点工程中优先工程23项，投资157479.43万元，其中生态安全投资26085.43万元，生态空间投资3297万元，生态经济投资20797万元，生态生活投资88300.0万元，生态文化投资19000.0万元。②

在重点工程建设过程中，宁洱县针对生物多样性保护、一般工业固体

① 《宁洱县农村人居环境整治提升五年行动细化分工方案（2021—2025年）》。
② 《云南省普洱市宁洱哈尼族彝族自治县生态文明建设示范区规划（2021—2030年）》。

废弃物综合利用率、农村生活污水处理率等薄弱环节，设立了澜沧江流域普洱大河漫海国控断面流域水污染防治工程项目，红河流域跨界出境河流李仙江（把边江段）省控断面流域水污染防治工程项目，普洱中林木业发展有限公司固体废弃物综合利用项目，宁洱咖啡种植、初加工环境污染防治方案，宁洱县矿山工业废水及固废无害化处理综合利用项目，宁洱县农业面源污染防治（种植业）项目，宁洱县各乡镇农村环境综合整治项目等23项优先工程项目，推动了生态环境质量持续改善、社会经济实现绿色高质量发展。各项建设指标持续巩固，稳定达到国家生态文明建设示范区考核要求。

重点工程的建设能够直接带来经济效益、生态环境效益和社会效益。以普洱中林木业发展有限公司固体废弃物综合利用项目，宁洱咖啡种植、初加工环境污染防治方案，宁洱县林业碳汇项目，宁洱县39万亩原料林建设项目等为代表的优先工程项目，是发展以生态产业化和产业生态化为主体的生态经济体系的建设，也是将绿水青山自然财富转化为经济财富的方式。按4A级旅游景区建设困鹿山景区以及文旅产业园商业集聚街区，将为人们提供更多的优质生态产品，满足人民日益增长的优美生态环境需要。磨黑镇星光村红色美丽村庄污水收集处理项目、宁洱县县城区餐饮油烟净化设施改造安装项目、宁洱县克洒河山洪沟防洪治理工程等项目能够让老百姓切实享受到自然生态保护带来的获得感、幸福感。

生态环境是人类生存、生产与生活的基本条件，是经济社会持续发展的基础。因此，生态文明建设事关全体人民，"良好生态环境是最普惠的民生福祉"。宁洱县以生态文明建设示范区为抓手推进生态文明建设，是坚持生态惠民、生态利民、生态为民的生动实践。重点工程项目的建设也将成为人们幸福生活、地区发展的增长点，实现全民共建共享生态文明建设，特别是大量生态经济等优先工程项目，更是会直接体现在乡村生态振兴成果上。

第三节　以率先发展绿色经济试点碳汇产业

2020 年 9 月 22 日，习近平总书记在第七十五届联合国大会一般性辩论上作出庄严承诺，中国将加大国家自主贡献力度，制定更加有力的政策和措施，二氧化碳排放力争于 2030 年前达到峰值，努力争取 2060 年前实现碳中和。[①] 习近平总书记在 2021 年 3 月 15 日召开的中央财经委员会第九次会议上强调实现碳达峰、碳中和是一场广泛而深刻的经济社会系统性变革，要把碳达峰、碳中和纳入生态文明建设整体布局，拿出抓铁有痕的劲头，如期实现 2030 年前碳达峰、2060 年前碳中和的目标。[②] 深入推动碳汇产业的发展，是践行"绿水青山就是金山银山"的一个重要举措。

宁洱县有发展碳汇产业的天然优势，宁洱县森林面积为 428.14 万亩，森林覆盖率达 77.86%。全县土地和林地资源丰富，是滇南林区之一，也是云南省林业重点县。全县林茂物厚，以思茅松为优势树种，其他还有椿、杉、桦、柏、栎、栗等多种用材林和香樟、龙血、紫柚木、山桂花等珍稀树种，有数量极其可观的林、棕等经济林木，宁洱县也因此享有"中国天然氧吧"称号。

2021 年，宁洱县成立了推进碳达峰碳中和领导小组，委托上海环境能源交易所编制《宁洱哈尼族彝族自治县绿色经济发展及碳汇资源规划（2022 年—2035 年）》，构建了体系化的绿色经济发展和碳汇资源规划，开启了宁洱"双碳"谋划之路。2022 年 11 月，国家林草局公布 2022 年度林业碳汇试点市（县）和国家林场森林碳汇试点名单，云南省宁洱县成为全国 18 个参与试点市（县）之一，也是云南省第一家参与试点单位。

[①] 《习近平在第七十五届联合国大会一般性辩论上发表重要讲话》，求是网，2020 年 9 月 22 日，http://www.qstheory.cn/yaowen/2020-09/22/c_1126527764.htm。

[②] 《习近平主持召开中央财经委第九次会议》，中国法院网，2021 年 3 月 15 日，https://www.chinacourt.org/article/detail/2021/03/id/5868673.shtml。

一 "吃螃蟹"的林业碳汇试点

林业碳汇交易俗称"卖空气",即二氧化碳排放企业通过购买林木产生的碳汇量的空气,来抵消它们自身相应的碳排放量,实现经济发展与生态保护的良性循环。林业碳汇对于宁洱县大多数干部群众而言,是一个崭新的名词。林业碳汇交易如何开展,对于宁洱县来说是一个具有挑战性的难题。为推进碳汇产业发展,宁洱县以云南宁宝碳汇科技有限公司、宁洱木森林业投资运营有限公司等为依托,积极展开碳减排、碳转化、碳捕捉、碳封存等技术研发,以及森林固碳服务、林业产业、低碳产业、碳汇项目等开发及运营工作,尝试形成可复制的"技术+商业+生态"的模式辐射省市地方。同时,宁洱县与上海环境能源交易所、中国宝武、宝武碳业、化工宝数科、欧冶金服、华宝证券、云南省林业调查规划院等多家单位分别签订战略合作协议,携手打造"双碳振兴生态圈",探索"资本+资产+资源"的创新商业模式。

宁洱县大力推进"宁碳惠"示范工程,搭建具备区块链技术的"宁碳惠"交易平台和碳汇资源数字化管理平台,率先出台《宁洱县"宁碳惠"生态产品价值实现管理办法(试行)》,制定《"宁碳惠"推动"双碳振兴"——宁洱县林业碳汇试点建设实施方案》,该方案成为云南省上报国家林草局的两个试点方案之一。2022年,普洱市宁洱县成功入选了林业碳汇试点市(县),落地了云南首笔林业碳汇预期收益权质押贷款1200万元,林业碳汇拥有了良好的发展起点。

二 中国宝武推动举办 SDG 创新挑战赛,
加强碳汇宣传

2022年8月,中国宝武推动宁洱县作为中国林业碳汇试点代表地区之一,成为2022年联合国全球契约青年SDG创新者项目(YSIP)中国区闭幕式暨第二届中国青年SDG创新挑战赛的举办地。联合国全球契约青年SDG创新者项目旨在帮助联合国全球契约成员企业内的青年才俊,通过新技术、新思路和新的商业模式，实现企业的可持续发展。第二届中国青年SDG创新挑战赛在宁洱县举办，充分体现了联合国可持续发展目标"人、地球、繁荣、和平、伙伴"的核心理念在宁洱的践行，也为宁洱县提供了一个共同谋划可持续发展和创新工作的平台，助力宁洱县乡村振兴、实现"双碳"目标、铸牢中华民族共同体意识。

宁洱县当地培养的宁碳青年团队同步参与该挑战赛，并获得第二届中国青年SDG创新挑战赛创新解决方案大奖，借此契机向线上线下累计23.4万人次的观众展示了宁洱县在林业碳汇方面的试点成果。下面是人民网对这次活动的报道：

云南宁洱咖啡"宁小豆"亮相联合国论坛

日前，由联合国全球契约组织召开的2022年度"团结全球企业·线上直播大会"正式落幕。会上，由云南省宁洱县人民政府副县长夏苇，宁洱县化良村驻村第一书记杨建龙等组成的"宝武授渔匠"青年团队作为两支来自中国的团队之一，受邀在全球影响力论坛进行《负责任的咖啡》创新项目英文路演发布展示，助力宁洱实施"宁小豆、品不凡"咖啡产业振兴行动，"宁小豆"咖啡亮相国际舞台。

长期以来，宁洱咖啡产业发展得到了中国宝武钢铁集团有限公司（以下简称"中国宝武"）的重视，该公司累计投入400余万元用于宁洱现代咖啡产业创新园、咖啡博物馆等建设。"宝武授渔匠"青年团队聚焦联合国可持续发展目标，将工业智慧的优势与宁洱咖啡产业的短板有机融合，提出了打通从"咖啡田"到"咖啡杯"的全产业链商业模式。

通过品牌建设、资源导入、流量带动、零碳咖啡等商业策略和模式打造，目前宁洱县在宝武碳业支持下开发了宁洱咖啡公共服务平台，打造了"宁小豆"特色咖啡品牌，探索了零碳咖啡等模式，形成了政府、企业、农户、消费者多赢的、可持续的商业模式。同时，该商业模式也已经开始复制到了宝武其他定点帮扶地区和产品，真正实现了

"宝武工业智慧赋能乡村振兴"模式的可复制可推广。

宁洱县人民政府副县长夏苇介绍:"此次发布不仅仅是在国际舞台展示宁洱咖啡产业的SDG参赛之旅,更是实实在在践行乡村振兴的创新创业之路。目前,由中国宝武帮扶产业生产的零碳咖啡探索品牌'宁小豆'咖啡已成了当地的网红,也收获了一批客户的好评。"

据了解,今年年初,中国宝武收到联合国全球契约青年SDG创新者项目的邀请后,组织宁洱县援派干部共同组建了"宝武授渔匠"青年团队,并参加了宁洱举办的第二届中国青年SDG创新挑战赛。经过近半年的项目培训、识别挑战、提出并不断完善解决方案,形成了关于中国宝武助力普洱发展咖啡产业可持续发展的商业模式。

在最终的比赛中,"宝武授渔匠"青年团队"负责任的咖啡"创新项目以综合成绩第一获得SDG创新解决方案大奖,同时荣获最具创新性方案奖单项大奖。经全球契约中国网络选拔推荐,"宝武授渔匠"青年团队登上了"团结全球企业·线上直播大会"全球影响力论坛,进行发布展示。此次发布后,宁洱咖啡受到广泛关注,将对宁洱咖啡的健康发展产生积极影响。

联合国全球契约组织(UNGC)成立于2000年,隶属于联合国秘书处,是世界上最大的推进企业可持续发展的国际组织,拥有160多个国家的12000多家企业会员和3000多家其他利益相关方会员。2018年,UNGC正式启动联合国全球契约青年SDG创新者项目(YSIP),旨在赋能联合国全球契约成员企业中的青年骨干,学习和运用可持续发展目标、设计思维和新技术,开发新产品、新服务和新商业模式,帮助企业将可持续发展目标进一步转化为社会价值和企业效益,并为企业培养可持续发展领导力。[1]

2023年6月,云南宁宝碳汇科技有限公司受邀加入亚太碳中和创新示

---

[1] 董津余、张勇、胡小翔:《云南宁洱咖啡"宁小豆"亮相联合国论坛》,人民网,2022年10月8日,http://yn.people.com.cn/n2/2022/1008/c372451-40152716.html。

范社区，积极分享宁洱在碳汇工作中的示范案例，加强与先进地区的沟通交流。上海环境能源交易所、宝武碳业、宝武清能、云南省林业调查规划院、云南宁宝碳汇科技有限公司（本地企业）给予宁洱县碳汇开发的专业支撑；中国宝武、全球契约中国网络等给予宁洱县经验交流的有力支持；化工宝数科、宝信软件给予宁洱县碳汇信息化的专业支持；华宝证券、欧冶金服给予宁洱县绿色金融的专业支持。宁洱县组建宁碳青年团队，全过程参与碳汇工作，得到专业人才的有力支持。通过体系化推进、专业化支撑，多方力量将宁洱碳汇推往大舞台。

三　沪滇共促"双碳振兴"，助力乡村产业振兴

保护好天然林、对天然林进行森林抚育、对退化林进行修复，以促进新鲜空气生产，是发展碳汇产业的基础工作。测算某一种树木的碳排放和碳汇价值、保护森林以增加碳汇收益，需要科学方法指导和科学技术支持。宁洱县委托云南省林业调查规划院编制了《宁洱县天然商品林保护碳普惠方法学（试行）》，该文件明确了适用的条件、项目边界的确定方法、碳库和温室气体排放源的选择、基线情景识别和额外性论证方法、减排量计算、监测程序、监测数据和参数等，保证该方法学既遵循国内外规则又符合宁洱县林业实际，注重方法学的科学性、合理性和可操作性。

发动农民碳汇造林，让农民造林护林的劳动变成创造碳汇价值的经济收益来源。促进农民增收致富实现乡村振兴，是宁洱县发展碳汇产业的重要目标。2023 年，宁洱县贯彻落实国家林业碳汇试点市（县）建设要求，积极探索林业生态产品价值实现机制，推进区域碳汇市场交易和碳汇补偿，成立国资运营实体云南宁宝碳汇科技有限公司，由该公司负责推动林业碳汇项目的开发和交易。在中国宝武的帮助下，宁洱县结合森林资源状况，创新开发具有地方特色的宁洱县碳普惠（NCER）项目。该项目于 2023 年 8 月落地实施。具体实施方案是：在尊重群众意愿、保障林农权益的基础上，云南宁宝碳汇科技有限公司与宁洱镇、勐先镇 210 户监测户和脱贫户签订《林业碳汇资源项目开发合同》，合作开发林业碳汇，选取 9015.7 亩集体天

然商品林作为第一批碳普惠开发项目。该项目预计在 7 年计入期内产生 2.44 万吨二氧化碳减排量，实现碳汇收入 85 万元，扣除开发成本后，按林农 60%、开发方 40% 的比例进行分配，林农户均预计可增收 2441 元。

把空气卖出去，这是宁洱县实施"双碳"经济的关键。宁洱县探索了多种碳汇应用场景，如建立"生态司法+碳汇补偿"机制，部分生态司法案件可通过认购林业碳汇替代修复受损生态环境，进行碳汇损失赔偿；企业可通过购买林业碳汇的方式，抵消产品生产、加工、销售等环节产生的碳排放；建设项目使用林地碳汇损失赔偿机制；等等。宁洱县以多种应用场景探索零碳产品，赋能县域经济绿色发展；促进工业转型升级，探索建设零碳园区。宁洱县围绕国家林业碳汇试点建设工作，成功开发了第一个碳普惠项目，即宁洱县天然商品林保护碳普惠项目，简称"宁保绿碳"。2023 年 12 月 15~16 日，宁洱县举行国家林业碳汇试点论坛暨"宁保绿碳"产品发布会。"宁保绿碳"产品是宁洱县探索生态产品价值实现的重要标志。"宁保绿碳"产品正式上线后，宝钢股份、宝武清能、宝武碳业、宝信软件、华宝证券、欧冶云商 6 家企业代表签约认购碳汇产品，用于抵消大型活动（会议）产生的温室气体排放量。云南宁宝碳汇科技有限公司、普洱中林木业发展有限公司、尚客酒店、那柯里云来声小院、宁洱沐茗农业开发有限公司、普洱茗上品茶业有限公司等 30 多家企业通过认购"宁保绿碳"产品，探索建立零碳园区、零碳景区和零碳产品。这些企业认购的碳汇产品，涉及宁洱镇、勐先镇 210 户监测户和脱贫户，共 4307.37 吨。

宁洱县进一步试点"生态司法+碳汇补偿"机制。这种机制通过碳汇补偿来引导破坏生态者成为生态修复者，对实施"双碳"经济具有重大意义。下面这一案例是宁洱首例"生态司法+碳汇补偿"案。

> 2022 年 10 月，鲁某以家庭自用为目的，盗伐宁洱县 181 号国有林内的林木 2 株。同年 11 月，鲁某以建盖羊圈为由，雇请挖机师傅到该林地内推挖林区路，造成林木毁坏。经鉴定，被盗伐林木 2 株，活立木蓄积 5.04 立方米；推挖林区道路被毁坏林地面积为 3.14 亩，毁坏林木

杂栎类树种 95 株，活立木蓄积 13.28 立方米。2023 年 11 月 16 日，被告人鲁某向宁洱县国有林场赔偿经济损失 819 元，并签订森林植被恢复承诺书及协议。在案件审理中，宁洱县人民法院于 2023 年 12 月 1 日委托云南省林业调查规划院林草碳汇监测研究中心对被毁林木碳汇损失量进行测算，经测算，被采伐林木和毁坏林木的碳汇损失量为 70.68 吨二氧化碳当量。2023 年 12 月 12 日，被告人鲁某与云南宁宝碳汇科技有限公司签订宁洱县碳普惠（NCER）项目交易协议，购买了 70.68 吨碳汇，替代履行生态服务功能损失责任。法院认为，被告人鲁某的行为构成盗伐林木罪。被告人鲁某具有自首、自愿认罪认罚、积极赔偿经济损失并取得谅解、自愿购买碳汇替代履行生态服务功能损失责任等从轻或减轻的情节，依法对被告人鲁某判处拘役二个月，被告人鲁某当庭表态服从判决，不上诉。[1]

宁洱县碳普惠（NCER）项目的开发，建立了"国家重点排控企业+国有碳汇开发公司+林农"模式，初步探索了联农带农利益联结机制，在提高碳汇资源利用率的同时，拓宽了林农增收渠道，用绿水青山良好生态换来了"真金白银"，将生态优势转化为经济优势。碳汇产业的发展，也使得"双碳"与乡村振兴有效衔接，并产生了生态、经济、社会等多维效益。生态效益方面，有利于提升生态环境质量及生态服务能力，提高环境污染防治能力，维护生物多样性，调节气候，提高环境承载力，提升生态系统多样性、稳定性、持续性。经济效益方面，有助于促进绿色产业发展，切实增强生态经济发展的能力，增加木材储备量，促进林农直接增收，带动当地居民就地就业，推动村级集体经济发展，促进经济社会实现可持续发展的目标。社会效益方面，人民群众环境保护理念、绿色消费理念不断增强，激励企业更多参与到环境保护的各项行动中。

---

[1]　孙莉：《宁洱法院首例"生态司法+碳汇补偿"案当庭宣判》，"澎湃"百家号，2023 年 12 月 15 日，https://m.thepaper.cn/baijiahao_25676594。

第四节　以改善人居环境为突破推进绿美乡村建设

全面提升农村人居环境质量，事关农民根本福祉，事关美丽中国建设，也是新时代生态文明建设和实现农业农村现代化的必然要求。党的二十大报告提出，统筹乡村基础设施和公共服务布局，建设宜居宜业和美乡村。这为深入开展农村人居环境整治提升指明方向，为乡村振兴新篇章绘就和美图景。2022 年 10 月 25 日，国家林业和草原局、农业农村部、自然资源部、国家乡村振兴局印发了《"十四五"乡村绿化美化行动方案》，而云南省在 2022 年 6 月也发布了《云南省绿美乡村三年行动方案（2022—2024年）》。这两个方案都强调了要进行科学、系统、合理、实用的村庄规划，因地制宜、突出特色，防止"千镇一面、千村一样"的简单移植；强调了要加强人居环境的改造和建设，保持人居环境卫生整洁和促进乡村人居环境优美。

一　集思广益科学编制村庄发展规划

科学编制乡村规划，合理布局生产、生活、生态空间是促进农村生态文明建设的重要方面。长期以来，中国广大农村的村庄按其自然状态自由发展，无论是村落景观还是村庄功能，都是顺其自然发展的，根据需要东拼西凑。随着农村经济社会的发展，这种发展态势已经完全不能满足广大群众追求美好生活的愿望。科学合理进行村庄规划，成为建设绿美乡村、推动乡村振兴的重要举措。

如何进行村庄合理规划？这对乡村而言并非易事。一个县有几百个大大小小的自然村，其自然环境、地形地貌、社区条件各不相同，不可能用同一个规划统一发展。而生活在村庄的农户以及村委会的有关人员，因缺乏社区规划的必要知识，靠自己规划也未必能够达到"绿美""宜居"的效果。宁洱县充分依托"干部规划家乡行动"，动员各级干部和乡贤能人，立足村庄地理位置、自然禀赋、历史文化、产业发展、群众意愿等实际，集思广益，科学编制了不同的村庄规划。

如勐先镇，成立了以镇党委书记和镇党委副书记兼镇长为双组长的"勐先镇干部规划家乡行动"工作领导小组，由村党组织开展摸排工作，主动了解出生地、挂钩联系点在本村的公职人员、乡贤能人，完成 11 名编制村庄人员信息采集，造册登记能回乡人员 103 人。在此基础上，找准"一条大河、一座护林碑、一次农民起义、一个民族传统村落、两座水库、千亩烤烟、万亩林地、茶叶、澳洲坚果"等勐先镇发展资源优势，结合勐先镇原料林基地建设等林业产业发展机会，整合全镇森林资源，因地制宜打造现代林产业体系，让森林释放更大的生态红利。

又如磨黑镇，镇政府同样对本镇在外工作的公职人员、乡贤能人等进行摸底了解，在党支部的领导下，10 个村精准组建了"智囊团"，成立了由"回乡干部+村组干部+驻村工作队+乡贤能人+规划技术人才+部分党员群众"等组成的村庄规划编制组，将其作为规划家乡的"引路人"。宁洱县由于在村庄规划中成效明显，荣获云南省 2022 年度"干部规划家乡行动"以奖代补资金 100 万元；磨黑镇江西村的《广集众智谋发展 凝心聚力谱新篇》也入选村庄规划典型案例。

村庄规划主要围绕村庄空间布局和未来村庄发展方向两个方面展开。宁洱镇细石头村，在村庄空间布局规划中，就对村庄生态空间、农业空间、村庄发展空间做了合理规划分区。同时，绘制了村域生态修复与国土综合整治图，通过对田、水、路、林、村的综合整治，改造和完善了农业配套基础设施；通过对用地结构进行优化配置和合理布局，增加了有效耕地面积，改良了土壤，完善了农田水利设施，提高了农业综合生产能力；通过梳理村内空闲土地、一户多宅，优先保障了村民安置、基础设施建设、产业发展，再将其复垦为菜园、果园等绿化田园景观。

勐先镇谦乐村，在村庄规划中，不仅较为详细地规划了重点产业发展，而且对乡村的公共设施和社会福利等项目也做了规划。具体内容包括以下方面。一是改造 650 亩高效农田，确保自供自给，种植蔬菜 800 亩（含种植经济价值鲜花），争取建设规模化蔬菜交易市场，预计实现经济收入 650 万元以上。二是改造勐先大河谦乐段，该段总长 2.3 公里，谦乐村努力实现"河边渠，田间花"的村组道路环绕景观建设，形成河边旅游的农业观光之路，建立 5 家农家乐（客栈），预计实现经济收入 200 万元以上。三是继续巩固提升现有的 2600 亩茶叶、1370 亩桃李种植面积，预计实现经济收入 350 万元以上。四是建设规模化肉牛养殖小区，养殖肉牛 300 头以上，预计实现经济收入 300 万元以上。五是建设约 500 平方米的谦乐村老年人托管中心，预计容纳 80 人以上，让年老的人"老有所依"，给奔波事业的子女们一份安心。六是修复谦乐大桥和安乐寨大桥原古桥原貌，预计实现全村村组道路及串户路硬化路全覆盖。七是建设谦乐高效农业水利灌区。八是"关爱老年人"，计划对本村 65 岁及以上人员发放生活费 100~200 元/月，实现全村人均纯收入在 1.5 万元以上。

宁洱县在村庄规划过程中，既有当地党委政府、村组干部作为组织保障，也有各行各业心系家乡的人员加入。不论是村庄空间布局规划，还是未来村庄发展方向规划，都是基于本村实际形成"一村一案"，有利于具体推进实施，都对村庄的未来发展进行了科学的谋划。

二　探索多方投入机制整治农村人居环境

整治农村人居环境是建设绿美乡村的重要内容。整治农村人居环境不仅关乎农民的生活质量和幸福感，也直接影响到农村的可持续发展和社会的整体进步。通过改善农村基础设施，如道路、供水、供电、通信等，以及整治农村环境卫生，如垃圾处理、污水处理、村容村貌提升等，可以显著提升农民的生活条件和生活品质。干净、整洁、美丽的生活环境有助于提高农民的健康水平，减少疾病的发生，提升农民的幸福感和满意度。农村人居环境的整治有助于吸引外部投资，促进农村产业升级和经济发展。优美的乡村环境可以吸引城市居民前来旅游观光、休闲度假，带动乡村旅游业的兴起。同时，良好的生态环境也是发展绿色农业、生态农业的重要基础，有助于提升农产品的附加值和市场竞争力。农村是生态系统的重要组成部分，其生态环境的健康状况直接影响到整个生态系统的平衡和稳定。

通过整治农村人居环境，可以有效减少农业面源污染、生活污染和工业污染，保护农村水资源、土壤资源和生物多样性，维护农村生态系统的健康和稳定。

当前，在整治农村人居环境过程中，普遍存在建设资金和管护资金缺口较大的问题，许多地区农村生活垃圾清运及其资源化利用、畜禽粪污集中处理、农作物秸秆综合利用、卫生厕所改建、生活污水处理等项目，缺少专项投入保障。部分农村地区主要依靠财政投入和专项政策性资金开展人居环境整治，很多村的集体经济不能满足农村人居环境整治的资金需求。通常情况下，大部分的小型单村污水处理工程由村集体委托专门人员进行管理，处理规模较小，水费收取率较低，管护经费不足，致使达标处理、设备维修等措施难以落实到位，工程效益得不到充分保障。有的地方村民不愿意支付垃圾处理费，因此缺少负责环境卫生保洁的人力工资和维护垃圾收运设施的基本经费。

建设资金和管护资金不足问题直接影响农村人居环境的整治，完全依靠财政投入和专项政策性资金开展人居环境整治并不是长久之计，也必然会影响人居环境质量的有效提升。探索多元化的投入机制才能够解决问题。在宁洱县，大型的以及集体性的人居环境整治项目主要靠财政投入和专项政策性资金实施，如水污染治理、水利设施修建与维护、农村卫生厕所建设等，而涉及小型单村或者个别村民小组的项目以及日常环境卫生的维持，则积极鼓励用村集体以及企业和社会爱心人士的捐助来解决资金难问题。

宁洱调查组曾围绕资金不足的问题对各村干部进行了深入访谈，谦乐村村支书苏宏就表示：

> 农村人居环境整治说到底就是党和政府在帮助我们建设更好的家，既然是我们自己的家，就不能完全依赖党和政府，不能什么都等、靠、要，我们自己也要努力……我认为要解决好这一问题，我们作为村集体，就是要大力发展村级集体经济。

谦乐村近几年也在通过土地、林地、林木流转以及发展合作社等方式大力发展村级集体经济，并且在土地流转和发展合作社过程中实行利益联结机制，保障承包方、出租方以及村集体之间合理的收益分配。如在与普洱林产业集团有限公司签订的林地林木流转及托管协议中就明确规定，由普洱林产业集团有限公司对完成原料林基地建设任务的村委会（村合作社）给予工作经费支持，标准为10元/亩；在与江苏大众人力资源有限公司普洱分公司签订的劳务合作协议中规定，甲方（村合作社）向乙方（公司）每输送一名合格人员，乙方奖励甲方第一个月100元，第三个月100元，第六个月100元，年终奖金200元。村委会以村合作社的形式积极与企业、公司对接，不仅让村民的土地、林地得以流转，也解决了部分村民就业难问题，有效增加了村民收入，同时也拓宽了村级集体经济来源。

除了大力发展村级集体经济，如何用好村集体收入改善人居环境，也是宁洱县各行政村需要重点解决的问题。在磨黑镇团结村，村集体收入除了用于村委会日常办公开销外，还用于给村委会通过召开村民大会决定设立的公益性岗位提供资金。对于家里经济严重困难的村民，村委会通过为其家庭成员安排维护村寨卫生、小组水源水渠等公益性岗位，来帮助其解决经济困难问题，而支付给公益性岗位工作人员的工资就主要来自村集体收入。在普义乡干塘村，农村基础设施改善后，村组突出的问题就是鸡鸭乱跑、粪便满地，经常出现上午扫干净，下午满地粪的情况。结合绿美乡村建设和人居环境提升行动，普义乡干塘村村委会用集体经济收入购买塑料网，给每户农户提供一部分塑料网，让农户用塑料网圈养鸡鸭。鸡鸭们的"待遇"从"大通铺"变成了"小单间"，条件大大改善。村民们每天只用喂两次食，捡一次蛋，隔几天再铲粪挑到地头做有机肥料，节省了时间。养鸡养鸭不仅成了安逸事，还改善了村居风貌、提升了乡村颜值。一名村民告诉调查组师生：

你别看现在房前屋后这么干净，以前可不是这个样子。以前鸡鸭散养，整天乱吃乱拉，院子满地都是鸡屎鸭粪。臭气熏天不说，人在院里散个步都迈不开脚，最头疼的是鸡鸭还会跑到别人家地里吃菜，很麻烦。为了省心，后来我家就没养鸡了。

现在把鸡鸭圈起来就没有这些烦恼了。现在，我们又重新养起鸡来。每天早上听见大公鸡在叫，我们心里也觉得踏实。农村人家嘛，总应该有鸡叫鸭叫的，才有感觉嘛。

人居环境的改善，不是体现在消除乡村景观和乡村生活方式上，而是在保持乡土气息和乡村特色风貌的基础上，改善家庭卫生，美化庭院，这是调查组在调研中感受到的村民们的普遍期望。

通过探索多方投入机制，运用集体经济收入来帮助村民改善人居环境，这是宁洱县乡村振兴的又一工作特色。

三 绿美乡村纳入村规民约增强群众自觉性

绿美乡村建设是一项非常复杂的系统性工程，它涉及基层党组织、政府、村民组织以及村民等多元主体，需要多元主体的共同参与、协同共治。作为一种集体契约，村规民约是由全体村民共同制定、共同遵守、共同监督的自治性和自主性行为规范，也是一个村集体意志的外在表达，还是一个村集体气象的内在映射。宁洱调查组在调研中了解到，利用村规民约对广大村民进行自我约束，这一方式在促进农村人居环境提升、建设绿美乡村中起到了积极作用。

宁洱县各村根据自身经济社会发展的现实情况，将村庄清洁等"绿美行动"内容纳入村规民约，强化群众环保意识，为农村人居环境提升工作提供基础保障。如德化镇勐泗村，为了推进美丽乡村和民族团结进步示范村建设，树立良好的民风、村风，创造安居乐业的社会环境，建设全域旅游新村，经村民大会讨论通过，制定了《勐泗村村规民约》，强调凡居住在勐泗村内的全体人员都有责任和义务执行该村规民约，全体村民需共同监督。《勐泗村村规民约》第二条规定："每家每户必须自觉搞好家内和户外卫生，落实门前'三包'（包卫生、包秩序、包绿化）责任制，生活垃圾定点存放，杜绝垃圾乱扔、粪便乱排，柴草杂物等乱堆乱放，做到人畜分离、圈养禽畜，养殖必须到小组指定集中养殖点进行养殖，违反者给予批评整改，严禁随便乱丢或有意传染他人的畜禽，经调查属实的应论价赔偿损失的2~3倍。"第三条规定："确保村内道路及两侧和公共场所卫生整洁，保证道路畅通。每月15日和30日（2月为28日）固定为卫生清洁日，对所有公共区域进行大扫除，每户村民须出至少1人参加义务劳动，党员带头。不来参加1次劳动须缴纳20元清洁费，党员缴纳50元；一年内无故不来5次及以上（党员3次及以上）将不给予考虑近三年内可享受的相关扶持政策。"第四条规定："自觉维护好组内公共设施的完好性，不得随意破坏垃圾桶、垃圾池、绿化带、路灯、健身器材等配套设施，不乱摘取游道上的瓜果，一经发现等价赔偿。"第五条规定："农户建房要统一规划，做到有序、按标准设计建房，风格风貌必须符合美丽乡村建设整体规划，严禁违章乱建。大力开展庭院美化绿化，拆除自家露天茅厕和简陋厕所，建设无害化卫生厕所。"

勐先镇《谦乐村村规民约》第十条规定："要吃水就要爱护水源，凡水源50米以内不得乱砍滥伐。"第十一条规定："不乱采乱砍，不乱捕滥猎，不乱埋乱葬，守好绿水青山、美丽家园。"第十二条规定："村内公共设施，要共同爱护，尤其水泥路面，挖机一律不能直接在上面开动，如有损坏，加倍赔偿。"第十三条规定："不乱倒垃圾、乱排污水，爱护公共卫生。确保宁江公路畅通，公路界内不得抢种抢占，为了子孙后代负责，保勐先大河谦乐段14米宽，任何农户不得在规定范围内抢种抢占。"村支书苏宏说：

> 近几年来，村民们遵照《谦乐村村规民约》，齐心协力做好环境卫生整治，（村子）可以说是一日一变化、一时一更新。之前有些房前屋后都堆放着柴火杂物，既不整洁也不好看。现在经过整治，利用当地石料、青砖等来制作花坛、栅栏等，既美观又有特色。柴火定点堆放，不仅整整齐齐，还有一种特别的乡村味道。

正如苏宏书记感叹的那样："乡村的美丽、富庶和强大，这些才是真正关乎民生的幸福感和获得感！"

党的二十大报告提出："完善社会治理体系。健全共建共治共享的社会治理制度，提升社会治理效能。"村规民约作为被实践证明符合村情、符合村民意愿、符合乡村社会治理规律的有效制度，对完善乡村共建共治共享社会治理制度发挥着重要作用。在提升农村人居环境、建设绿美乡村过程中，想要提高村民参与积极性，关键在于村规民约的制定和实施。村规民约由村民共同商讨制定，是村民集体智慧的结晶，意味着村规民约实现共建；作为集体"约定式"行为规范，村民共同遵循践行的过程实际上也就是在实现共治；而践行成效也由全体村民共享。因此，将绿美乡村纳入村规民约，有利于促进村民参与环境整治，实施网格化管理，构建农村人居环境村民自治机制，支持村民参与人居环境整治的常态化工作，让村民以主人翁的姿态融入乡村发展过程，使村民成为绿美乡村的参与者、建设者、受益者，实现乡村共建共治共享。

第四章 凝心聚魂开创宁洱乡村治理新局面

　　团结安定有序的社会环境是乡村振兴的基本前提，而社会环境团结安定有序与国家制度供给、乡村社会基础和乡村治理格局息息相关。自 2013 年党的十八届三中全会召开以来，"社会治理"一词全面取代"社会管理"，开始出现在中央有关文件中。这一改变展现了中国共产党对处理国家与社会、政府与群众之间关系的深入认识，体现的是管理思维的转变，从以国家为主体转向了社会治理多元化主体。习近平总书记在党的十九大报告中提出，"打造共建共治共享的社会治理格局"。共建共治共享，既是对党的十八大以来社会治理经验的总结，也是对进一步加强和创新社会治理提出的新要求，充分体现了以人民为中心的发展思想。打造共建共治共享的社会治理格局，是社会治理适应新时代社会主要矛盾变化的客观要求。国家治理理念的转变并非凭空发生。在经济体制变革、利益格局调整、思想观念变化的背景下，中国经济高速发展，社会发育程度趋于成熟，城乡融合进程加快，大众对治理效能的新期待，催生国家治理理念创新发展。新的国家治理理念酝酿于城乡发展新变化，最终传导到乡村场域，成为引起乡村秩序重构和治理格局转变的强劲推力。

　　乡村秩序的重构在基层政治秩序、经济秩序、组织秩序、观念秩序的演化中显现出来。不同村庄受客观条件和人们主观认识的影响，治理方式和成效有所参差。部分村庄率先形成了共建共治共享的新治理格局，还有部分村庄仍旧习惯于单一治理路径，而大部分村庄处于从单一治理路径向探索完善共建共治共享的过渡阶段。各民族团结聚力，多主体共同参与乡村建设、共同参与乡村治理、共享治理成果的共建共治共享的乡村治理格局正在逐渐形成。

第一节　组织振兴：村"两委"在乡村振兴中的
核心作用

组织振兴是实现乡村振兴的一项重要任务，也是乡村振兴的根本保证。乡村组织振兴，具体而言就是发挥党组织的领导核心作用，通过优化和强化基层组织建设，发挥党员的模范带头作用，提升乡村治理能力和水平，推动农村经济多元化发展，实现农村经济、政治、文化、社会和生态文明的全面发展。

党的十八大以来，以习近平同志为核心的党中央高瞻远瞩、深谋远虑，以坚定决心、顽强意志推进全面从严治党向基层延伸，以提升组织力为重点，突出基层党组织政治功能，夯实党的组织体系的基本单元，织密联系服务群众的重要纽带。宁洱县贯彻落实党中央决策部署，让党旗始终在基层一线高高飘扬。党的二十大报告提出，"坚持大抓基层的鲜明导向""把基层党组织建设成为有效实现党的领导的坚强战斗堡垒"，通过基层党组织激励党员发挥先锋模范作用，保持党员队伍先进性和纯洁性。要求基层党组织旗帜鲜明讲政治，增强"四个意识"、坚定"四个自信"、做到"两个维护"，始终在政治立场、政治方向、政治原则、政治道路上同党中央保持高度一致。

从脱贫攻坚到乡村振兴，宁洱县广大乡村干部带领群众努力实现巩固拓展脱贫攻坚成果同乡村振兴有效衔接，做到扶贫开发同基层组织建设有机结合起来，抓好以村党组织为核心的村级组织配套建设，把基层党组织建设成为带领乡亲们脱贫致富、维护农村稳定的坚强领导核心，发挥村"两委"战斗堡垒作用。

村"两委"是设在乡镇（街道）下一级行政村的组织机构，即村党支部委员会、村民委员会。主要组成人员包括村党支部书记、副书记、委员，村委会主任、副主任及委员等。村"两委"是我国的基层组织。

农村党支部是统领本村工作的组织核心，村党支部书记是具体的领头人和执行人。实现乡村振兴，离不开一支懂农业、懂农村、爱农民、本领过硬的干部队伍，村党支部书记的个人能力及素养对于实现乡村振兴作用重大。村"两委"是乡村振兴战略决策执行的基层主体，是乡村振兴的直接领导者、利益相关者。随着乡村振兴战略的实施，大量资金和项目下沉并汇聚到乡村，村干部既掌握了一定的资源分配权，也具有了较大的自主决策空间。村干部素质的提高和角色认同感的增强，有助于其认识到乡村振兴战略的重要性以及战略实施与自身的关联性，使其准确理解乡村振兴战略的内容，把握政策的精神实质，掌握比较科学合理的执行策略和方法，抓住执行工作的重点和关键，有效整合乡村优势资源，支持并主动地参与乡村振兴工作，从而增强乡村振兴战略实施中的政策执行力。

以黎明乡岔河村为例，岔河村位于宁洱县黎明乡南部，距离县城约114公里，是宁洱县最南端乡村之一。岔河村村干部在具体工作中十分注重发挥村干部的模范带头作用，村"两委"班子主动融入宁洱县乡村振兴战略，为带动村民致富，岔河村村党支部书记李丰常思变，最终他把目光投向了本村优势产业——茶叶种植业。李丰书记主动学习外地先进的嫁接技术，然后将其引进村子里，开始试点栽种，不出意外获得了巨大的经济效益。经过几年的积累，李丰书记成为村里的示范大户。受书记的模范带头作用影响，村民纷纷跟着书记一起种植，李丰书记这样说道：

> 第一个就是茶叶，2000年以来我就一直在抓茶叶，刚开始要改良茶种时村民都不愿意参与，我自己先试点耕种的，后来赚到钱了，村民都眼见为实了，就跟着我一起做茶叶了。整个村子有3200亩的茶叶，有3个1000亩的目标，第一个1000亩就是种植花山茶（生态茶），第二个1000亩就是品种改良。品种改良也是整个普洱市中我们率先走的一条路，很多老百姓都有专业人员指导。第三个是育种新茶1000亩。

实践证明，经过完成3个1000亩的发展茶产业的目标，岔河村的茶叶经济稳定增长，2021年，岔河村茶叶收入为1000万元，仅种茶一项，村民

年人均收入就在 14000 元以上。此外，全村还新培育绿色产业碧根果 1000
亩、澳洲坚果 1243 亩、多依树 3200 亩，中长期产业人均 6 亩以上，人均产
业收入将在 12000 元以上，岔河村走上了生态和经济效益"双赢"的致
富路。

　　村民对于书记的能力心悦诚服，因而每当李丰书记根据上级精神宣传
政策、动员村民时，村民往往积极参与，岔河村村干部的带头示范作用产
生了积极的正反馈。李丰书记发挥自身的主观能动性，通过努力成为村里
的致富能手。出于对财富的朴素追求，村民纷纷跟着书记走，走出了一条
有特色的"岔河道路"，营造了"支部领着党员干，群众跟着党员走"的良
好氛围，为加快实现乡村振兴打下了坚实基础。在岔河村村"两委"及村
民的共同努力下，岔河村取得了村"两委"班子好、阵地建设好、服务能
力好、群众反映好、群众住上好房子、开上好车子、过上好日子、争得好
面子以及生态环境美、村庄建设美、家庭和谐美、群众心灵美的"八好四
美"成果，岔河村也被评为第二批全国乡村治理示范村、云南省美丽村庄
（州市级）。

　　村"两委"凝聚群众力量有助于发挥村党支部联系人民群众的桥梁枢
纽作用。作为上级党组织和广大农民群众之间桥梁枢纽的村党支部，发挥
着十分重要的"神经末梢"作用，包含村党支部书记在内的村"两委"成
员在政策传递方面也发挥着关键作用。村"两委"深植乡村，对于村民的
需求与愿望较为了解，与村民同呼吸、共命运。村民对于政策的反应及执
行效果与村"两委"的工作直接挂钩。岔河村村"两委"始终奉行"说了
算、定了干、马上动"的做事原则，形成了每周一晚召开村"两委"班子
学习例会，每月 1 日召开支委班子会议、16 日召开村"两委"班子会议，
每季度召开一次党小组长、村民小组长会议的会议制度，营造了"事事有
人管，人人有事做，全村共参与"的良好氛围。

　　岔河村始终坚持"小事不出寨，大事不出村，矛盾不上交"的原则，
践行新时代岔河式的"枫桥经验"，积极处理村民反映的矛盾。在土地确
权工作中，由于早先的土地划分界线模糊不清，曾有两村户产生土地纠纷。

两村户以某棵树或某道埂作为界线，但是一旦水土变化或者那棵树死去，土地的划分就又显得模糊不清，两村户就争议土地的归属权产生了冲突。为了解决邻里冲突、化解基层纠纷，岔河村南本河小组长出面，与纠纷双方合议解决，党小组张组长请村里健在的老人来到现场证明，同时采用无人机帮助土地确权，最终在组内完成了矛盾调解工作，践行和发展了新时代"枫桥经验"。

岔河村努力做到管好、用好9个村组活动场所，按照标准完善了活动场所的规范化建设，制定了活动场所党员值班制度，确保了活动场所"建管用"到位。同时不断深化发挥新时代文明实践站在农村基层进行理论宣讲、志愿服务的"主阵地"作用。通过党员干部带头干、示范给群众看、宣传给群众听、动员好群众跟、引导好群众做，不断强化基层党组织建设，强化村党支部连接人民群众的桥梁作用。岔河村坚持党旗所指、民心所向的工作原则，严格按照防返贫工作机制，村"两委"定期主动全覆盖走访农户，做到一月一排查、一月一分析，农户家有事没事，都有他们的身影；对易返贫家庭子女给予重点关注和帮扶，对原建档立卡贫困家庭学生进行分类、识别和认定，精准认定家庭经济困难学生，对这批学生进行教育资助，建立涵盖学前教育、义务教育、高中教育、职业教育、高等教育的教育资助体系，确保学生不失学、上学无后顾之忧。

岔河村把提升农村人居环境作为乡村生态文明建设的重点，把村组清洁行动修订到各小组分约之中，通过宣传发动、责任网格、考核评比等多项措施督促其落地见效、形成常态，推动全村乡村面貌焕然一新。以人畜分离工程为例，早年间岔河村人畜不分离导致生态环境遭到污染，村民的卫生健康也难以保障。为净化环境、保障村民健康，岔河村积极引导村民改良畜棚。岔河村田房组目前已经实现集中养殖，将全组的猪都集中到统一规划建设的养猪场中进行养殖。尚未实现集中养殖的其他小组也基本上实现了畜棚与人的居住环境相隔离的目标，农村人居环境整治提升成效显著。村庄内人居环境面貌和生态环境保护治理水平进一步提升，群众的获得感、幸福感不断增强。总而言之，对于村子存在的各种问题及农户遇到的各类困难，岔河村村"两委"及驻村工作队都会认真分析，积极帮助解决，时刻关心村民冷暖，积极引导村民听党话、感党恩、跟党走。岔河村正是通过这些方式增强了基层党组织的公信力。

磨黑镇团结村也是村"两委"紧密团结村民共促发展的典例。在村"两委"班子成员的带头示范下，团结村立足本村的资源禀赋，发动村民大力发展了甜脆芒果、烤烟、食用菌等产业，并通过村集体经济发展了冷链物流产业，为农作物和水果等经济作物的外销提供了冷链运输保障。

时任村支书刘松既是党组织负责人，也是产业致富带头人，既带动了党员干部发挥示范引领作用，也发动了广大群众参与生产、勤劳致富。在引进甜脆芒果种植之初，村民对这一新品种芒果能否有市场心存疑虑。时任村支书的刘松带领村干部率先种植，从自己承包的土地中划出试验田种植甜脆芒果，经过两三年细心呵护，甜脆芒果终于挂果。该芒果产量高、果品大、市场销量很好。村干部的带头示范作用激发了村民种植甜脆芒果的积极性，村民纷纷跟随村"两委"班子种植甜脆芒果。截至2021年底，团结村全村种植甜脆芒果5300亩，实现产值530万元。2020年，该村经济总收入达到6320.51万元。

为了解决蔬菜和芒果等农作物外销问题，刘松做出了在村里建冷库的决策。2014年，一个投产210万元、日储量500吨的冷库在团结村建成，这大大有利于蔬菜水果的打冷外运。外地收购商蜂拥而至，村民的蔬菜水果刚采摘下来就被外地商人收购，所收购的农产品进入冷库打冷几个小时后，立刻装上运输车外运，十几个小时后团结村的农产品就能进入全国各地大型批发市场或超市。团结村的村民经济收入大幅度增长，村民的年收入少则十几万元多则几十万元。

群众看到切实的利益，村党总支在群众中的威望也日渐提高。刘松带领党支部还扎实开展"我为群众办实事"，让全村党员人人有事做、个个有作为。村党支部班子分工明确、责任落实、教育培训成常态，党员政治素质不断增强。磨黑镇团结村党总支由"后进"飞跃为"先进"。刘松带领群众脱贫致富奔小康的实干精神，也得到了党和政府的认可，2021年刘松被党中央、国务院授予"全国脱贫攻坚先进个人"荣誉。

磨黑镇把边村靠村"两委"带领种植辣椒、西瓜等农产品致富。把边村的村支书胡广梅，是一个实干加巧干的女同志。把边村处于热区，具有优越的发展热区经济的自然条件，又靠近交通干线，农作物外运转销十分便捷。把边村村民种植的辣椒远近闻名，但长期以来都是以农户散种为主。为了稳定辣椒种植优势，改良品种、推广新技术成为把边村村"两委"的重点工作。据胡广梅介绍，村"两委"注重培训村民的种植技术，经常请普洱市农业农村局专家前来给农户培训，培训课程一般开办在田间地头。专家往往会深入田野，身体力行地为农户指导问题，如辣椒采摘如何在尽量不损失枝干的情况下收果。由于示范效应突出，村民种植技术很快提高，经济效益明显增长。关于辣椒、咖啡等良种的选择，由于不同种子的抗性和质量不同，村"两委"也积极试种不同种子，为村民提供借鉴。

胡广梅书记说，把边村的辣椒种植的时间较长，由于把边村距离高速路口较近、物流便捷，外地收货商人容易进入把边村收货。在长期的"种植—收购"经济关系中，收购商与当地农户已经形成了高度的信任与默契，如今，收购商已经不必自己到把边村，往往通过微信提出收购要求，只要数量和质量达标，交易便能成交。本地的辣椒主要销往湖南、四川等地区。由于热区土地可以一年三熟、四熟，土地利用率较高，近年来，把边村村干部还积极引导村民根据市场需求种植西瓜，积极为村民拓展对外销路。2023年，西瓜的收购价格为3~5元/斤，群众对这一行情较为满意，对村"两委"也更加信赖和依靠。在把边村党支部、村委会的引领下，农民增收十分可观，一些农户一年的存款可达一二十万元，真正实现了以农致富。

宁洱县在振兴基层组织上也做了大量卓有成效的工作。具体措施是：慎重、合理任用村支书，完善村干部报酬体系，提升村干部待遇水平，持续对村"两委"现有干部进行历练培养考核，建立完整的晋升渠道；不拘一格、任人唯贤地吸纳大学生村干部、致富能手、退役军人等优秀分子进入村"两委"。例如，为了优化村"两委"队伍、响应国家对于大学生任村官的支持，谦乐村积极利用本土人才资源，引进本地大学生进入村干部队伍，并从多方位对其进行培养：

> 罗彩婷是从谦乐村走出去的大学生，曾在海南上大学，毕业后回到谦乐村。在国家号召大学生走进基层、参与农村基层管理、推动农村基层组织建设的政策下，小罗报名大学生村官项目，被选拔进入谦乐村村委会。小罗负责本村财务报表撰写、材料上报、电子图表统计等工作，因工作出色多次受到村委会领导表扬。
>
> 据村党支部副书记彭华讲述，上次村"两委"去外地开会，苏宏书记委托小罗全程安排此次会议行程，接到任务，小罗紧锣密鼓统筹安排相关工作，圆满完成任务。罗彩婷出色的工作也得到广大村民的认可。目前小罗已被选为村民委员会副主任，参与到村务决策与工作落实等方面的工作之中。

此外，宁洱县还不断优化村党支部的人员结构，认真完成村"两委"换届工作，建立完善的村干部晋升机制，切实提升农村基层组织的工作能力，调动广大村干部开展乡村振兴、基层治理的积极性和主动性。

总之，宁洱县的村"两委"不拘一格地采用多种办法团结人民群众，凝聚群众力量，积极探索整村推进、全面振兴的模式与路径，根据自身的情况做到了"一村一策""因地制宜"，促使村"两委"在服务乡村经济发展、发挥连接人民群众的桥梁枢纽作用等方面发挥功能。

第二节　形成合力：从单一治理主体到乡村治理共同体

乡村治理是推进乡村全面振兴的关键环节。习近平总书记在党的十九大报告中提出，要"打造共建共治共享的社会治理格局"。共建就是共同参与社会建设，共治就是共同参与社会治理，共享就是共同享有治理成果。打造共建共治共享的社会治理格局，是新时代中国社会治理的重要方向和目标。这一理念的提出，旨在通过多元主体的共同参与和协作，实现社会治理的民主化、科学化和法治化，以满足人民日益增长的美好生活需要。

乡村社会中交融了村民的生活形态、经济形态、组织形态和文化形态，是一个立体且复杂的社会生态综合体。在城乡融合进程中，既封闭又开放的乡村社会持续发生着"变"与"不变"的纠葛。政府、市场、社会、个人任何单一主体在其中都难以独自承担起平衡乡村社会稳定运转与发展进步的重任。乡村社会治理中，共建强调共同参与社会建设，尤其强调要促进社会组织健康发展，激发社会力量参与乡村建设的活力。共治强调共同参与社会治理，发挥出村民、农民工、乡贤等乡村社会主体的积极性，形成政府治理、社会组织参与和村民自治良性互动的局面。共享指的是共同享有治理成果，通过治理来调节成果在城乡之间、村落之间、群体之间的分配，在乡村发展的同时兼顾民主、法治、公平、正义、安全、生态。治理主体由于性质和禀赋的差异性，通常以不同的形式和手段参与到治理中，形成乡村治理共同体。共建共治共享的乡村治理共同体既是生活的共同体，又是生产的共同体；既是差序的共同体，又是同心的共同体；既是价值认同的共同体，又是尊重差异个性的共同体。多元主体间实践场域的分异与碰撞架起了中国乡村振兴"应然"与"实然"的对话通道。

国家、乡村基层组织、乡村社会组织、乡村精英、广大村民依靠自身禀赋催化着乡村演变，而多元主体自身的社会愿景、道德观念和情感关怀终将把乡村推向新的价值升华。乡村蕴藏着巨大且丰富的生态资源、土地资源和经济资源，基层稳定是国家长治久安的基础，国家政权通过制度供给、组织延伸，在乡村社会中不断被巩固加强。乡村经济主体在参与市场交易的过程中形成了独具中国特色的农村集体经济组织。以血缘、地缘为纽带，广泛存在于乡土大地上的农村非正式组织，为乡村的稳定和发展凝聚众力、汇聚众智，自主处理协调好生产生活事务。除此以外，一些旨在促进乡村发展的外部社会组织进入乡村，为乡村输送了新的社会理念、新的工作方式等，"外来品"多方位冲击和渗透进乡村，推动乡村生产力发展和价值观变化。乡村精英是乡村社会中最活跃的一个群体，在乡村有着一定的经济优势、话语优势、文化优势。他们总是在乡村新旧形态间来回穿

梭，与外部社会保持联系，与乡村内部高度关联，串联起价值、行动和
变革。

共建共治共享的乡村治理格局，形成于一定的共同目标之上。围绕着
共同目标，才有了共同建设的内容、共同治理的对象、共同分享的成果
（见图4-1）。共同的目标来源于共同的文化基础和价值观念，即公共价值。

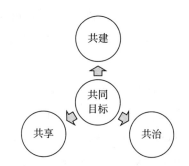

图4-1　共建共治共享的乡村治理格局

资料来源：笔者自制。

宁洱县各行政村根据本村的资源禀赋、可以引流的社会资源、本村的
劳动力状况等情况，因地制宜，切实找到共建、共治、共享的路径，推动
形成乡村治理新面貌。

一是根据村庄发展定位确定建设内容。如磨黑镇的团结村在乡村产业
发展中最大的亮点是采用村集体经济的方式建了一个日储量500吨的冷库。
团结村位于把边江干热河谷地段，特别适合发展热区经济。团结村还处于
昆曼国际大通道臭水收费站附近，有快速转运的交通优势。近年来，随着
热区经济的开发，团结村已经逐步发展形成一些特色农产品的种植，如甜
脆芒果、无筋豆、辣椒等。但是，这些面向北京、上海等一线城市超市销
售的农产品，对产品保鲜和运输有很高要求，需要在成熟期快速采摘后迅
速低温打冷再快速转运。村民们告诉调查组：

2022年无筋豆的价格一开始是每公斤1.5元，后来涨到了每公斤5
元，随后是每公斤8元。价格向好，但是地里长着的豆子却不等人，成

熟了就必须摘，时间拖上一天，豆子就老了，品质就不符合收购商的要求，没有被收购的无筋豆只能烂掉，冷库也存不住太久，当天就必须运输到消费市场所在地。每一株豆苗上的豆子只能就当天的价售卖。

面对这样天天变化的市场价格，以及农产品成熟时间不能耽搁的市场需求，村干部抓住发展时机，以村集体经济的方式投资建成了一个冷库，不仅保障了本村农产品的冷链运输需要，而且也辐射了附近的乡村产业的发展。

二是根据资源禀赋引入社会组织合作。如特色旅游村寨——"茶马驿站"那柯里村的开发中，需要注入一些文化元素，以厚植那柯里村的文化底蕴，更好地发挥那柯里村曾经作为茶马古道上的驿站这一传统文化资源。在这样的需求下，那柯里村村委会让出村委会所在地，让普洱学院的绝版木刻艺术项目落户于此。绝版木刻是普洱学院艺术家创作出来的一个版画流派，现已成为中国四大版画流派之一，是普洱独特的"文化符号"。这一项目在那柯里村落成，以画廊展示和工作坊的方式为那柯里村增添了文化色彩，促成了多主体的合作和补充。

三是根据治理能力补充治理主体。乡村治理高要求和低能力之间的差距，造就了补充治理主体的实际需要和现实空间。如那柯里村的旅游开发中，大量资金和项目进驻到村。那柯里村需要对其进行有效管理以达到领导和社会期望，这对那柯里村村"两委"的要求是较高的。相比以往的村内部事务管理，那柯里村面临的期望值更高，要处理的内外关系更加复杂。在重视程度高与项目管理能力弱的情况下，外来力量的介入有了空间。众所周知，村"两委"中，村支书起着"领头雁"的重要作用。目前那柯里村的村支书这一职位并非从村民中推出，而是由同心镇副镇长挂职担任。通过副镇长挂职村支书，同心镇形成对那柯里村治理格局的补充。

调查组还观察到同样的现象：面对乡村治理数字化进程加快和乡村干部数字化能力滞后的矛盾，宁洱县各乡镇采用加强专业人员培训的方式对乡村治理进行补充。信息是决策的基础。政府对于乡村经济民生情况的掌握，源于村民收入和消费的核算数据。对农民收入的数据进行核算，宁洱县做法与其他县做法有所不同。虽然宁洱县与其他县一样，在各村委会设置了由财政支出支付劳务报酬的信息录入员公益岗进行信息收集和录入，但在国家农民收入数据平台的建设过程中，宁洱县发现农村信息录入员的数字信息质量难以保障，于是宁洱县将 30 多名信息录入员集中到宁洱县政府进行严格培训，按照统一的数据标准来采集和录入信息，以保障数据的真实性和采集质量。信息录入员在工作中需要严格按照国家要求录入，这要求其对国家各项农村工作政策和各家农户的收入情况十分熟悉。宁洱县对农民收入信息的采集、录入和使用，形成了县对乡镇，对村一级的数字信息能力的补充。

第三节　村规民约：村民自我治理的新实践

村规民约的定义是"依照法治精神，适应村民自治要求，由共居同一村落的村民在生产、生活中根据习俗和现实共同约定、共信共行的自我约束规范的总和"。[①] 一方面，它既不同于法律具有国家机器的强力保障，而是一种自治规范，又不同于道德的弱强制力，是介乎两者之间的准则。另一方面，村规民约是乡村治理中非正式制度的基础，也是协同推进群众主体治理的保障。在调研过程中，宁洱调查组发现，宁洱县部分乡村的村规民约在调动群众改变陈规陋习、树立文明新风方面有着可供借鉴的经验。

一　村规民约与乡村治理

党的二十大报告明确指出："全面推进乡村振兴。全面建设社会主义现代化国家，最艰巨最繁重的任务仍然在农村。坚持农业农村优先发展，坚持城乡融合发展，畅通城乡要素流动。加快建设农业强国，扎实推动乡村产业、人才、文化、生态、组织振兴。"这表明乡村振兴已经在战略层面成

[①]　张广修、张景峰等：《村规民约论》，武汉大学出版社，2002，第 2 页。

为我国社会主义现代化过程中的重要一步。在总体要求方面，党的十九大报告提出了二十字方针，"产业兴旺、生态宜居、乡风文明、治理有效、生活富裕"。可以说，治理与发展是一体两面，相互耦合。脱贫攻坚胜利后，乡村振兴是最新的时代主题与任务，这既是乡村有效治理的时代背景，也是目标所在。习近平总书记指出，"要村委会依法自治，发挥好村规民约在乡村治理中的积极作用，因地制宜推进村级组织'政经分离'，加快推动乡村治理转型，着力构建创新高效的乡村治理服务体系"。① 可以说，村规民约在乡村治理中具有不可忽视的作用。

（一）历史回顾

从历史来看，村规民约在我国有着深厚的历史基础。从宋代以来，我国就出现地方士绅制定"乡约"在乡村社会推行的情况。这一期间乡约的内容以劝善教化为主。近代以降，随着"地方自治"和"乡村建设"运动的兴起，全国部分地区开始村政建设，村规民约仍然是维持乡村秩序、解决乡村纠纷的重要内容。

在中国传统社会，村规民约有六个特点：其一，以礼教宗法为核心，以劝善教化、稳固乡村秩序为目的；其二，因村而制定，有别国法；其三，内容不断丰富，从仅涉及伦理秩序到逐渐包括经济纠纷；其四，执行具有组织化与制度化特点；其五，不断与非正式制度宗法和族规、正式制度国法剥离和融合，创造自己的生产空间；其六，近代以来的村规民约带有自治的含义。②

（二）现实需要

进入现代以后，村规民约的内容与性质与传统社会时期有所区别，更加符合现实需要。改革开放以来，伴随着城镇化与工业化的推进，中国乡村传统社会也跟随时代变迁而日新月异，同时在从传统到现代的变迁中也出现种种新问题。在这一过程中，乡村治理困境日益显现，主要表现为：

---

① 郭广银主编《中国特色社会主义创新发展的探索与研究 2017》，人民出版社，2018，第237页。

② 张广修、张景峰等：《村规民约论》，武汉大学出版社，2002，第15~16页。

乡村人口大量流失，削弱乡村社会自治能力；集体经济衰弱，降低乡村治理资源的动用能力；传统文化式微，加大乡村治理的整体难度；村民阶层分化，瓦解乡村社会治理的基础。[①] 而要破除这些困境，一个重要的途径就是建立起完善、实际、有效的村规民约制度，形成乡村共治的新格局。

在理论层面，学者通常将村规民约的具体功能归纳如下：第一，村规民约规制功能，对村民行为有着约束作用，有助于规范乡村秩序；第二，村规民约的价值功能，在乡俗民风方面有导向作用，有助于推动形成一种乡风文明、睦邻和善的氛围；第三，村规民约的优化功能，对乡村自然资源与环境保护有重大意义；第四，村规民约的民主参与功能，有效提升村民参与乡村政治生活的积极性；第五，村规民约的文化传承功能，将优秀传统文化继承下来，提升乡村德治水平。[②] 在具体实践中，大多数乡村在制定村规民约时，都试图整合这几项功能，在内容上确立比较完整的村规民约体系，实现村域治理中的自治、德治、法治有机结合。

（三）宁洱实践

由云南大学部分师生组成的"中国乡村社会大调查（云南）"宁洱调查组，在深入宁洱县调查的过程中，前往县乡村振兴局、农业农村局、农办等职能部门进行调研，还深入宁洱镇、勐先镇、磨黑镇、同心镇、黎明乡的多个行政村进行调研，调研获得了50余个村规民约，调查组在实地调研中还针对村规民约的制定和实施情况与基层干部和村民进行交流。通过这些调研，调查组得到不少有价值的结论。

从内容来看，调研获取的50余个村规民约可大致分为五类：第一类是政治内容，既包含对国家政治的认同、中国共产党的拥护、中华民族共同体的建设，也包括集体事务的决策与执行；第二类是经济内容，既包括村民就业指导、宅基地规划，也包括经济纠纷处理、日常费用收取等；第三类是社会秩序，主要涉及公共治安、卫生环境等；第四类是家庭关系，如

---

①　杨述明主编《中国乡村社会治理》，湖北人民出版社，2016，第33~38页。
②　周家明：《乡村治理中村规民约的作用机制研究：基于非正式制度的视角》，重庆大学出版社，2016，第100~102页。

男女平等、敬老爱幼等；第五类是精神文明，如文明饮酒、遵守交通规则、提倡简约型民风等。此外还有一些不好分类的其他内容，主要根据本村实际情况而制定。这五类内容的村规民约条款数量统计情况如图4-2所示。

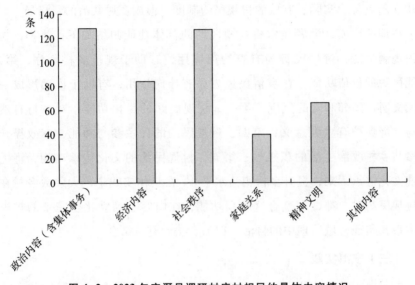

图4-2　2023年宁洱县调研村庄村规民约具体内容情况

资料来源："中国乡村社会大调查（云南）"宁洱调查组整理数据。

调查组收集宁洱县2023年村规民约共计457条，其中政治内容128条、经济内容84条、社会秩序127条、家庭关系40条、精神文明66条、其他内容12条。占据最主要部分的是政治内容和社会秩序，这说明宁洱县村规民约的主要作用是维护乡村秩序稳定、保证乡村居民生产和生活有序进行。不过从具体内容来看，大部分村庄或社区村规民约的内容趋于同质化，甚至有些乡镇的村规民约内容几乎完全一致。以宁洱镇为例，调查组收集的村规民约涉及23个行政村和社区，但是村规民约内容完全相同的有20个，重复率高达86.96%。[①] 但也有部分村庄的村规民约能够实现与本乡村情况和村民需要紧密结合，提出适应村域发展的相关规定。

以黎明乡岔河村为例，村支书李丰对调查组说："把公共卫生和家庭卫

---

① 上述数据根据宁洱县民政局提供材料整理统计而成。

生写入村规民约，执行起来很有效。"而在调研过程中，调查组也切身感受到岔河村真正做到了清理环境卫生死角，做到了家家户户猪鸡圈养、狗拴养、牛羊人畜分离。在实践中，村规民约这一方法无疑能极大发挥村民参与乡村治理的主观能动性。在岔河村，村民展现参与乡村共治的精神面貌是调查组前所未见的。可以说，在岔河村能让人感受到村民有着自己不仅是家主人，更是村主人的自豪与骄傲。对此，调查组成员在自己的田野笔记中记道：

> 在一年一度的全村人居环境大评比的评议中，全村几乎所有的村干部都在村支书的带领下，前往全村所有常住户家中进行卫生检查。调查组跟随检查队伍走家入户，在各小组、各家看到的几乎都是整齐的庭院、摆满茶点的果盘、干净的家具。其中有几家令调查组印象尤为深刻，一间房屋的户主是一位独居盲人。据当地村干部介绍，户主年轻时曾经以做按摩为生，年老后回到村里。尽管如此，调查组在进入他家时并未感觉有何与正常人相异之处，庭院之内干净得看不到一处垃圾。另一家是两位老人，我们去时家里只有两位老人，但是家里收拾得一尘不染。走进卧室时，我们看到叠得整整齐齐、四四方方的衣服与被褥，如同豆腐块般。据村支书介绍，这一个是被评为全村最为卫生的家庭。[1]

岔河村的经典案例，以其真实性向我们展现出村规民约在乡村治理中的重要作用与成效。

就特征而言，村规民约的自身特点可能会导致理论与实践的偏离。归结起来，村规民约有以下诸多特点：其一，自治性与合法性相结合；其二，乡土性与地域性结合；其三，契约性与自律性结合；其四，具有强制性。[2]在这种情况下，村规民约在制定和执行层面必须遵循民主、法治、自治、

---

① 云南大学历史系硕士研究生冯全镇田野调查日记，2023 年 2 月 13 日。
② 张广修、张景峰等：《村规民约论》，武汉大学出版社，2002，第 31~33 页。

保护农民权益、适应性等原则。更为关键的是，村规民约的制定与遵守都要以村民为主体，但是，就目前乡村治理现状而言，治理主体的虚化显然是较为严峻的现实问题之一，这主要是因为人口外流现象严重。以调查组调研的三个村为例，岔河村户籍人口有1291人，常住人口为886人，人口净流出率约为31.37%；细石头村共有户籍人口3006人，常住人口为2550人，人口净流出率约为15.17%；把边村户籍人口有3244人，常住人口为2592人，人口净流出率约为20.10%。当然这种现象并非个例，而是全国普遍存在。伴随着城市化、工业化的推进，城市成为人口聚集中心是经济发展的必然趋势，大批有着技术、知识的青壮年选择进城务工，守在农村的大部分是妇女、儿童、老人，农村青壮年特别是有一定知识技能的青壮年的外流，造成农村治理主体虚化。也就是说，村规民约在执行层面有着非常薄弱的基础。那么在现代化的进程中，宁洱县是如何在增强群众自觉性的过程中推动村规民约建设的呢，这里调查组以调研走访的两个经典案例，做出分析。

二　村规民约内容分析：以同心镇那柯里村为例

要想厘清村规民约与增强群众自觉性方面的关系，就必须对村规民约的内容进行剖析。2022年，宁洱县印发《宁洱县农村精神文明建设三年行动计划（2022—2024年）》，提出大力推进社会主义核心价值观与村规民约相结合，推进移风易俗，推进《同心镇那柯里村村规民约》入选优秀村规民约。可见，《同心镇那柯里村村规民约》在宁洱县具有典型示范效应，故调查组以《同心镇那柯里村村规民约》为例，对宁洱县村规民约进行个案分析。

《同心镇那柯里村村规民约》的绪言部分，就清楚地将那柯里村村规民约设立的目的体现出来：

为切实保障村民的合法权益，维护农村社会稳定，创造和谐有序的生产、生活环境，促进物质文明、政治文明、精神文明和生态文明的协调发展，按照自我管理、自我教育、自我服务、自我约束的原则，经本村村民会议讨论通过，特作如下约定。

在这里，可以知道，那柯里村村规民约的设定目标是参照国家的"五个文明"制定的，所遵循的根本原则是推动村民自治，议定程序是本村村民会议讨论通过后发布的。这种议定程序，与我国实现村民自我管理、自我治理的意图一致。

从涉及内容来看，那柯里村村规民约，与本次调查中全省抽样行政村的情况基本一致。

第一部分（第一条至第十三条）是社会治安领域，涉及政治、公共安全、公共财产等内容，其中大部分规定与法律法规和国家规章制度相一致。其中，第十三条说道："装高边胎、带防滑链的机动车辆不准在乡村公路上行驶。若行驶损坏道路，则视损坏程度进行赔偿，由所属村民小组负责收取，赔偿金用于乡村道路维修。"这一条规定具有本村特色，在其他地区的村规民约中似乎未见到如此细致的有关公路维护的规制。这可能与那柯里村是一个路边村寨的区位因素有关，也与那柯里村作为旅游村，往来车辆较多，有不少施工项目需要工程车进出有关。这与本书此前在乡村治理中提到的村规民约的适应性原则相呼应。换言之，村规民约在制定层面必须与本村实际相结合，适应村域基本情况，从制度层面保证乡村治理的有效推进。

第二部分（第十四条至第十八条）是村民风俗领域，涉及移风易俗、公共卫生、勤俭节约等内容。相比第一部分，第二部分的内容则显得更趋近乡村治理的实际情况，如第十六条规定"建立正常的人际关系，不搞宗派和宗族活动"。这一条规定是一种倡议式村规民约，属于道德范畴的约束形式。又如第十八条中说"服从村镇建房规划，统一安排，统一规划，不扩占，不越高，撤迁拆迁不提过分要求；拆旧启新，未经村委会批准，不准擅自动工"。很显然，这一规定既是保持村容村貌的整洁，也是促进农村自建房自主性与约束性相统一的制度保障。第十八条的规定属于制度性安排，由村民自治组织村委会负责统筹村民自建房问题。

我国1988年颁布的《村民委员会组织法》中规定："村民委员会是村

民自我管理、自我教育、自我服务的基层群众性自治组织，实行民主选举、民主决策、民主管理、民主监督。"这条法律规定对村委会性质进行了较为明确的说明，但在国家治理体系中，村委会实质上有着双重职责。如《村民委员会组织法》中规定："乡、民族乡、镇的人民政府对村民委员会的工作给予指导、支持和帮助，但是不得干预依法属于村民自治范围内的事项。"从这里可以看出，村委会有着双重角色，一方面是村民代表，另一方面是乡镇政府在村域的代理人。很显然，那柯里村村规民约中自建房的规定，既是村委会执行国家法律法规中对农村自建房的规定的体现，也是村委会回应把村民自建房作为村寨公共景观，需要进行统一规划，服务于旅游村寨建设的景观要求的体现。从第十八条内容可以看出，村规民约不仅要体现乡村自治原则，而且还需要在国家制度框架内，由村域组织进行自我管理。

第三部分（第十九条至第二十二条）是邻里关系领域。相对来说，这部分内容比较细致，所涉事务如邻里关系、宅基地建设、家禽家畜饲养等。从维护邻里和睦关系的角度来看，这些内容与前两部分相比，更为贴近农村基本情况。但就特点而言，这部分的内容除第二十二条外，都存在明显的弱约束力特点，即始终以一种倡导和规劝的形式出现，或采取号召方式，并无明确的权责划分。第二十二条中规定，"村民饲养的动物、家畜造成他人损害的，由动物饲养人或管理人负经济赔偿责任（是受害人自身过错或第三人过错的除外）。无行为能力或限制行为能力的人给他人造成损害的，由监护人按有关监护制度规定承担经济赔偿责任"。而第二十二条之所以有明确的权责划分，根源还是在于这条规定与法规的功能重合，在法律层面同样存在类似规定。因此，在那柯里村，内容较细的村规民约似乎难以拥有比较强的约束力，而是以规劝方式为主。

第四部分（第二十三条至第二十八条）是婚姻家庭领域。从内容来看，它既是对我国民法的继承，也是对传统文化中价值理念的沿袭。这与本书此前分析乡村治理中村规民约的功能不谋而合。这部分内容对于男女平等观念的树立体现得较为明显，如第二十五条中规定"夫妻在家庭中的地位平等，反对男尊女卑，反对家庭暴力，不准打骂配偶，夫妻双方和谐相处，共同承担生产、家务劳动，共同管理家底财产"，第二十八条中规定"对合法的遗产，男女有平等的继承权"。这些对于强化男女平等意识有积极意义。

在宁洱调查组的调研过程中，那柯里村对于男女平等的观念较强。调查组在采访一位经营小吃的摊主时，深有体会。摊主是汉族，家中有两个女儿，但是摊主在子女教育和工作等方面都未表现出重男轻女的迹象。同样的，从宁洱县抽样调查的统计数据也印证这一现象的普遍存在。此次抽样问卷调查，有两组问题主要测量当地各民族的男女平等状况。根据宁洱县的抽样问卷，调查组进行频率分析，得出结果具体见表4-1和表4-2。

表4-1　"家里大事都该是男人说了算"测量结果

单位：人，%

		频率	百分比	有效百分比	累计百分比
有效	非常不同意	59	36.9	36.9	36.9
	不太同意	70	43.8	43.8	80.6
	一般	7	4.4	4.4	85.0
	比较同意	20	12.5	12.5	97.5
	非常同意	4	2.5	2.5	100.0
	总计	160	100.0	100.0	

资料来源："中国乡村社会大调查（云南）"宁洱调查组抽样问卷数据。

表4-2　"无论男孩还是女孩，都应该平等地供他们上学"测量结果

单位：人，%

		频率	百分比	有效百分比	累计百分比
有效	不太同意	2	1.3	1.3	1.3
	比较同意	40	25.0	25.0	26.3
	非常同意	118	73.8	73.8	100.0
	总计	160	100.0	100.0	

资料来源："中国乡村社会大调查（云南）"宁洱调查组抽样问卷数据。

问卷数据显示，在家庭地位和子女教育方面，宁洱县乡村男女平等观念很强，调查组认为这与村规民约中对男女平等的倡导有着一定关系。

第五部分（第二十九条至第三十条）是文化教育领域。虽然内容相对较少，但涉及层面却比较广泛，一类是村民日常学习文化，村规民约中指出，"村民应当按时参加村民小组、村委会组织的各种文化学习、会议及义务劳动，村民小组应当对村民参加会议和义务劳动情况记录考勤。对无故不参加村民小组会议及义务劳动的，由各村民小组制定相关措施进行处理"。另一类是义务教育的倡导，强调"每个家庭有义务保证其子女完成九年制义务教育，凡十六岁以下少年儿童未完成九年义务教育，辍学务农经商的，村委会及小组有权配合学校对其进行批评教育，督促其完成学业"。但是通过调查，调查组发现，村民对乡村组织的学习似乎体验不够。

第六部分（第三十一条至第三十七条）是土地山林领域，主要涉及责任田、土地承租、土地开垦、山林防火等。与前几部分内容相比，这几条规定的强制性更强，这与所涉事务内容有关。因为在现行土地管理制度下，农村实行土地集体所有制，村集体的代表即村委会，村民在土地山林方面的行动，势必要牵涉集体利益，也会涉及国家法律法规，因此在这些方面也应有强制性规定。如第三十六条规定，"凡属村小组集体和农户栽种的山林、树木，未经村委会及林业部门批准，不得私自砍伐和损坏，违者必须按规定补种成活树木，造成重大损失的移交林业及有关部门查处"。这是对国家法律的重申，以引起村民重视。

第七部分（第三十八条至第四十三条）是对村规民约的执行规定。第四十三条中规定，"本《村规民约》经村民会议讨论通过实施执行，涉及的条款由村委会负责解释。未尽事项由村民会议另行讨论决定"。这条规定明确了《同心镇那柯里村村规民约》解释权归于村委会。

通过对那柯里村村规民约的分析，不难发现，村规民约中涉及法律法规和村集体利益的内容相对权责清晰，约束力较强，但在其他方面更多以倡议式、规劝式的条文呈现，这对于村规民约激发群众自我管理积极性而言还有继续反思的空间。而在这一方面，下面要讨论的宁洱县黎明乡岔河村有着比较独到的经验。

三　契约式村规民约与群众自觉性：以黎明乡岔河村为例

从特点来看，村规民约具有自治性、合法性、契约性、自律性、乡土性、地域性和一定强制性。[①] 这是现代中国农村村规民约的普遍特点，只是显示的程度有所差异，如前文中论及那柯里村的村规民约，从内容来看，也彰显着以上诸多特点。而在这些特点中，自治性是首要特点，一方面，村规民约的自治性是村民自我管理、自我规制的基础；另一方面，它符合我国村域管理的基本方针。那么如何增强村规民约的自治性呢？通过调研，调查组认为增强群众自觉性是体现村规民约自治性的重要保障。以前文中的论述为例，乡村治理始终要以村民为主体，广大群众才是真正的主人，只有他们广泛参与到村集体政治生活和管理中，对村规民约自觉遵守和履行，村规民约的作用和效力才会最大化。理论和实践反复证明，脱离群众基础的村规民约只能是一纸空文，如村规民约对自我学习的倡议与调查数据中真实情况的偏离便是最好印证。因此在执行过程中，增强群众自觉性是村规民约实施效力最大化的重要保证。但村规民约与群众自觉性并非机械的影响关系，而是相辅相成的辩证关系，即群众自觉性是村规民约的执行基础，村规民约的议定过程和内容也会增强群众自觉性。调研过程中，调查组发现黎明乡岔河村正在实现村规民约与群众自觉性的有机结合。

岔河村是宁洱县较为偏远的村寨，距乡政府 15 公里，距宁洱县城 114 公里，而且山区公路弯道多，即便在已经通柏油马路的今天，从县城进出岔河村也需要大半天的时间。但是，岔河村却是全县乃至全市闻名的先进村。走进村委会，墙壁上挂满国家、省、市、县、乡各级荣誉，毫无疑问这是上级组织对岔河村优秀村域治理成绩的表彰与肯定。具体荣誉情况见表 4-3。

---

① 张广修、张景峰等：《村规民约论》，武汉大学出版社，2002，第 2 页。

表4-3　岔河村荣誉情况（2016~2021年）

单位：个

级别	奖项	获奖年份	个数
国家级	全国乡村治理示范村	2021	1
省级	省级美丽村庄	2020	2
省级	文明村镇	2018	
市级	先进基层党组织	2021	1
乡级	先进基层党组织	2020	4
乡级	综合考评一等奖	2020	
乡级	综合考评一等奖	2017	
乡级	综合考评一等奖	2016	

资料来源："中国乡村社会大调查（云南）"宁洱调查组整理数据。

　　表4-3所列举的奖项是各级政府对岔河村村域治理成效的肯定，也从侧面体现出岔河村在乡村治理方面确有独到之处。具体来说，在乡村治理的实践中，岔河村始终坚持"以党建为引领、法治为保障、德治为基础、村民自治为根本"的乡村治理方法，最终形成富有特色的村规民约。群众能够自觉地参与乡村秩序的管理与维护，其中原因，与岔河村确立契约式村规民约密不可分。俗话说，"无规矩不成方圆"，依托于制度建设，全面推进乡村有效治理是激发村民自治意识、形成全民参与的治理模式的重要途径。完善合理的制度，让乡村既能够在治理过程中做到有规可依，也能够形成全民监督的机制，以保障乡村治理的公平与公正。其中，村规民约是乡村治理的重要组成部分，是村民日常生活中的行为规范与自我约束。按照内容主要可分为契约式和倡议式。契约式的村规民约的特点在于明确权利主体的权责，权利主体之间构成契约关系，易形成自我约束力；倡议式的村规民约的特点在于呼吁与倡导，缺乏明晰的权责主体，内容较为模糊，约束力也较弱。

　　与部分村庄的村规民约有所区别的是，岔河村的村规民约是一种契约式的村规民约。走进岔河村，让人印象深刻的便是各个小组所立的村规民约。这些村规民约写于各村民小组展介板后，立于各村民小组活动室之外，条款最后附各小组户主的签名与手印。其中，村规民约比较突出的内容如下：

> 乡村公路 8 米以外（不含水沟）才可建房或建筑车库；村组公路 6 米以外（不含水沟）建房或建筑车库。
>
> 每月 10 日、20 日、30 日为全村卫生日，在规定卫生日无故不参加打扫卫生者收取违约金 50 元/次，收取违约金交给集体，用于集体公益事业支出。
>
> 婚姻嫁娶、丧事从简，不铺张浪费，不大操大办，礼金不得超过 100 元。
>
> 林下资源经济归属，按林改、土地确权划分，自己家林地、农地下的资源（如野生菌、黄草、中药材等）由自己管理、采摘使用，违者收取违约金 500 元/次。
>
> 野生蜂子归属，无论何人发现野生蜂子（大黑蜂和大黄蜂），地块的主人能够分摊一份（流转后的土地由现种植和经营人员享受）。关养蜂子只能在自家林地内，每年 10 月 15 日前，大黑蜂和大黄蜂须烧完，发现还在的，谁发现谁清理。
>
> 水费每户每年收取 20~50 元，垃圾清理费每户每年收取 20~40 元，具体收费由各小组自定。
>
> 违反以上（村规民约）其中两条规定的家庭，一律不得享受国家的一切扶持和补贴，两年内村委会不给予该农户办理任何需村委会盖章和出面协调的事宜。①

从上述条款可以看出，岔河村的村规民约有以下特点。其一，从内容来看，村规民约中条款规定细致，权责清晰，甚至有量化标准，这就为村域治理提供了可遵循的标准，在实践中可操作性也更强，诸如对建筑用地

---

① 2023 年 2 月 13 日摘录于岔河村大桥组《岔河村村规民约》。

与公路用地的距离、礼金数额、野生蜂子的归属都做了详细规定，这在其他村规民约中是少见的。其二，从订立仪式来看，岔河村的村规民约有着明显契约痕迹。这主要体现在村规民约正文后附着各小组户主的签名与红手印。而这种形式往往常见于契约订立过程中，双方或者多方达成一致时，以签字和红手印的形式来确保自己会认真履行契约所规定的权责。签名和红手印传递着一个信息，即至少在形式上，每个村民都参与村规民约的设立，并且愿意为此承担相应的义务。其三，从用语来看，岔河村的村规民约中对于违反规定的人员，采取的是"违约金"的形式，而非"罚金"的形式。这与调查组在其他村所见有所差异，从"罚金"到"违约金"，这不仅仅是字面上的差异，更是一种观念的转型。在"罚金"的语境中，村民与国家或其代表组织构成上下级关系，违反规定必然要受到处罚；而在"违约金"的语境中，村民与村民或其代表组织构成契约关系，违反规定则是违约行为。两种语境，体现的是两种精神，而岔河村的村规民约恰恰体现着契约精神。

也正是在这种契约式村规民约的倡导和规范下，岔河村的乡村治理卓有成效。以人居环境改善为例，"用制度来管理环境卫生"是岔河村坚持的理念。调研时，村支书李丰对调查组说："把公共卫生和家庭卫生写入村规民约，执行起来很有效。"而在调研过程中，调查组也切身感受到岔河村的环境整洁卫生。从中可以看出，契约式村规民约对于村民的约束力度较强与效用较好。调查组在走村串户的实地调研中，充分感受到岔河村的村规民约对于村民生活至少有以下三方面影响。第一，改善乡村风气和治安环境。在强化村规民约约束之前，村寨里存在聚众赌博、打架斗殴等情况，但是在强化村规民约约束之后，村民认识水平提高了，不良风气大大减少。第二，改善乡村人居环境。村规民约提倡村民做好卫生保洁工作，村"两委"通过推行积分制管理，使村民形成你追我赶的氛围，共同改善村容村貌。第三，提高村民认知水平带动经济发展。当村民有了追求美好生活的欲望后，就会去寻找致富的渠道。而当一个村庄人居环境和社会风气明显优于周围村寨时，就更容易受到上级部门的关注和扶持，这也是岔河村人居环境不断改善的内在动力之一。

由此可见，与倡议式村规民约相比，契约式村规民约有着双重约束力：一是外部约束，二是自我约束。而倡议式村规民约在制定过程中，村民并未切身感受主体性，村规民约更类似于政府发出的公告，其主要约束力来自外部。在这种情况下，契约式村规民约约束力越强，生命力就越强，村民参与制定村规民约的热情也越高。这两种形式下，村规民约的运作机制也有所差别。

倡议式村规民约：村民参与主体性弱→村民积极性弱→村规民约约束力弱→村规民约生命力弱→村民积极性弱。如此反复形成恶性循环。

契约式村规民约：村民参与主体性强→村民积极性强→村规民约约束力强→村规民约生命力强→村民积极性强。如此反复形成良性循环。

具体而言，乡村治理中，增强群众自觉性，一手要靠制度建设，另一手要在实践中形成以村民为主体的治理模式。增强村民"主人翁"意识，尤其是强化村民参与公共事务的归属感，觉得自己就是乡村治理的主人。在后农业时代，随着市场经济的发展，时常有农民与基层政府之间发生矛盾冲突。尤其是围绕征地问题，村民与村委会之间的关系颇显微妙。保证村民在乡村治理中的选举权、参与权、监督权、知情权是解决问题的关键。换言之，要提高乡村治理现代化水平，必须尊重农民民主权利。调研过程中，岔河村副书记说："农民民主就是农民自己当家作主，自己的事自己说了算，大家的事商量着来。"这句话核心含义便是确立以村民为主体的治理模式，乡村治理中村民是主体，群众才是"主人翁"。此模式下，每个人都积极参与到乡村治理中，"村庄里的事既是大家的事，也是自己的事"。而村规民约作为乡村治理中重要的制度建设，选择制定何种形式的村规民约无疑是确保制度生命力和村民参与积极性的关键。很显然，在这一方面，岔河村取得的经验值得借鉴。可以说，也正是因为这种契约式村规民约的存在，岔河村将全体村民都囊括进治理主体中，夯实了治理基础。

在这种形式下，村规民约是村民间自我形成的行为规范与准则，并非村委会所提出的倡议。需要考虑的是，在制定契约式村规民约时，要确保其落实到位，而非只是仿效其形式，更应该注重村规民约内含的村民主体治理的理念，才能极大地增强村民主观能动性，调动村民参与村域治理的积极性。在现代经济模式下，以血缘为基础的乡村社会逐渐被以地缘为基础的乡村社会替代，甚至有些村民根本无法做到既生于斯又长于斯。在这种情况下，建立契约式村规民约既能适应现代经济发展的普遍逻辑，也是增强群众自觉性的重要基础。

总而言之，村规民约在乡村治理方面有着重要作用。云南省抽样行政村中，普遍都有村规民约的设立，同时部分条款有一定约束力，但是就总体而言，乡村治理仍然遭遇着主体虚化的冲击，村规民约的执行情况还有待进一步改善。岔河村的经验，对于增强村规民约规范下的群众的自觉性有着重要借鉴意义，无论是议定程序、规制内容还是语境选择等方面，都体现着一种契约式精神，对强化村民自治的基础来说有着极大的积极意义。

第四节 乡村精英：乡村治理中的带动力量

所谓精英，是指社会中在权力、文化、声望或财富等方面占有较大优势的个体或群体。历史上，乡绅作为乡村精英群体，主要通过其基于所拥有的文化权力形成的社会影响力在乡村社会发挥作用。在当今社会，乡村精英主要分为四类：一是政治精英，二是经济精英，三是技术精英，四是文化精英。政治精英一般具有社会动员能力，通常包括村"两委"成员等，他们负责传达国家政策给村民，并充当政府与民众之间的桥梁。经济精英通常掌握和控制着乡村社会以及与乡村社会有关系的外部社会的经济资源，如乡村能人等。他们通过经济活动带动乡村发展，提升村民的生活水平。技术精英主要通过创新示范的利益分享形成自己的跟随者，他们在农业技术、手工艺等领域学有所长，能够为乡村发展提供技术支持。文化精英通过掌握乡村社会的文化习俗资源，承担乡村社会意识形态和价值观的整合功能。他们通过文化活动丰富村民的精神生活，传承乡村文化。在乡村社会里，这四类乡村精英的社会角色经常是重合的，如政治精英同时是经济精英，经济精英同时拥有技术之长或技术创新能力，文化精英同时也是政治精英等，不能截然分开。

一 宁洱县乡村精英的带头作用

在本次调研中宁洱调查组发现，地方红色革命人物及其事迹对当代村民的价值引领力仍旧强大。乡村参与政治的方式决定了乡村政治精英以村"两委"成员和农村党员为主要代表。经济发展好不好关键看人有没有富起来。城乡经济融合发展的趋势中，农民生计模式逐渐多样化，把握住发展时机、先富起来的村民在乡村中有着经济头脑、致富技术和土地等生产资料的相对优势，如本地茶厂老板，技术员，种植、养殖大户等均为经济精英、技术精英的代表。村民文化水平与其社会成就和社会影响力息息相关。但文化教育长期以来都是乡村的稀缺品，率先有条件营造文化氛围和进行文化学习的村民较早实现了文化积累，尤其是儒家文化影响下的传统乡贤，如德高望重的"话事人"。在乡村生产生活积淀中形成的乡村民间文化同样是不可忽视的文化资源。调研中发现，芦笙的吹奏、山歌的吟唱等都是乡村文化的表达，能够掌握相应技能进行文化表达的人不仅会在乡村重要的节庆中受邀表演，也会在乡村红白喜事等对于村民人生意义重大的场合中有所表现，甚至在劳作过程中，自发即兴地进行表达、创作和传播。这些文化表达发挥出文化的生命力、创造力和凝聚力，潜移默化地被内化为村民的是非感、正义感、审美感和责任感，这样进行文化表达的人即便没有专业的官方的"文化资格认证"，但也可以作为乡村文化精英的代表。

发挥乡村精英在乡村发展中的作用，织牢乡村发展人才网，在宁洱县乡村振兴中已是共识。宁洱县不仅选优配强村干部，培养选拔一批在村里"说话有人听、干事有人跟"的党员，还充分调动各类人才资源加入乡村发展。除了被动接受，宁洱调查组在调研中还发现乡村精英自发带动更多的村民参与到乡村事业中，带领村民把钱袋鼓起来、把脑袋富起来。乡村精英以"嵌入性"为主要特征，不仅嵌入乡村内部社会，也嵌入与外部社会的政治、经济和文化交往中。乡村精英参与乡村事务的决策制定、要素供给、秩序维护、组织动员，促进乡村经济发展、自我管理、秩序维护和文化建设。

二　宁洱乡村精英群像之一：带领群众致富的经济精英

2023 年 7 月末，团结村村委会院子里的大货车停放在冷库前，刚刚采收来的芒果正陆续从各家运来，等着分拣、打包、装车。"今年芒果的价格不景气，但是只要能够卖出去就还能赚到钱，保住本就还不算太糟。"这是团结村村民今年种芒果的普遍心态。收购芒果的货车会不定时来到团结村，果农们等待着消息。一旦有人来收芒果，村委会就会在村民微信群中通知收购时间和价格。货车一到村委会院子内，果农就会陆陆续续驾驶着自家的农用车将芒果运来。收购商将芒果过秤、记账。芒果被收购了，果农脸上也露出了笑容，说道："太阳晒一点路程远一点的辛苦都值得了。"为什么果农如此开心？因为有时会出现果农辛苦把芒果运来，却没有被收购的情况。芒果收购商通常是自带货车来收购，收满一车就发一车货。因为货车的承载量有限，一到芒果的成熟季节，采摘的芒果数量远远超过收购商货车的承载量，果农将自家芒果运到村委会时，常常遭遇货车已经装满，不能再多收芒果的困境。尤其是芒果价格较低的时节，收购商挑挑拣拣，收购的数量也相对较少。手脚麻利、路程比较近的村民常常抢占先机，将芒果先卖出去，而岁数大、动作慢、路程远、车辆不方便的村民则往往难以将芒果销售出去。

那么，小户散农应如何更有效地参与芒果交易？调研发现，村中的芒果种植大户发挥了重要作用。

团结村在 2013 年招商引入芒果种植，投资商为全村人提供芒果苗，与村委会和村民签订收购合同，但是投资商随后遭遇资金链断裂问题，没有能力履行合同，于 2016 年自动退出。此后，团结村芒果的种植、管护和销售都由当地村民自行承担。也是从 2016 年开始，散户们开始把芒果运往老许家中。

老许一家种植芒果百余亩，年产量 60 余吨，在交通干道旁建了一处方便大车停靠、可供食宿、可临时仓储的平房。来往的外地货车司机来到当地，与老许一家人十分熟络，各地芒果行情的差异和走向，他们比谁都清楚。在货车司机眼中，能够快速地一次性装满一整车的货运量最能节省成本和时间精力，而老许一家百余亩的芒果就是极好的选择，只需要对接一家人就能装满一车拉出去。可是每一家的劳动力有限，芒果成熟也分先后，即便老许家有百余亩的芒果也不能够保证每一次的采摘量都能够一车的载量。这就有了散户补充进来的空间。久而久之，散户们都知道，除了临时来村中收芒果的商贩，还有一处可以收芒果的当地驻扎户，就是老许家。为了方便信息交流，大家自发建立微信群，与老许家保持信息畅通，老许回忆道："我们会在群里通知，散户家都往我这里运，前年最多，我们一共运出去五六百吨。"一般情况下，收购商把车停在老许家场地里收购，老许一家人要看着外来老板给农户现金结算清楚。如果散户把芒果拉过来，收购货车还没有到，老许家就会先向老板问清楚价格，收购价是多少老许家就给农户多少。老许家的场地，成为村里芒果集散公平交易的地方。

老许家的芒果能够吸引到稳定的收购商，除了量大以外，品质也是收购商常来他家拉芒果的原因。芒果的生长过程需要精细的果树管理，果树管理技术的学习与操作是芒果品质的关键。老许家的芒果严格按照技术要求种植，一级果占比能够达到90%。但村里大多数果农不舍得投入金钱和时间成本，导致芒果品质达不到收购商的要求，时常遭到收购商的拒绝。"辛辛苦苦才有了芒果挂果成熟，老板不要，老板的心真黑！"这样的想法代表了大多数品质不过关的果农的心情，遭到拒绝这样的场景也经常在老许家的门口发生。出于同村的情谊和对农作辛劳的同情，老许一家人经常会劝导果农理解、与收购商说情，尽量多收走一些，老许说，"把芒果拿出去，老板的路子总比农民宽，但是老板们的风险也很大"。更多的时候，老许家会与果农分享果树管理的经验办法，"只要果农想学，我们都是无条件地跟他们说怎么做芒果会长得好"。

老许的女儿女婿在外地做水果电商，这让调查组眼前一亮，认为有了电商，这里的芒果销售应该不用愁。深入了解才知道，水果电商暂还不敢入驻团结村。原因在于团结村的芒果品质不符合电商的需求，运费太高且损耗率大（芒果成熟保质期很短，成熟的芒果三天以后表皮就会出现黑斑，不利于销售）。互联网电商这一新兴的销售方式，在村民心中是新鲜的。不做电商的人认为农村电商充满了商机，真正做电商的人看到的都是农村电商赔钱的种种风险。当得知团结村村委会开始在村中建立农产品销售的互联网直播间时，亏过钱的电商有着自己的担忧。村委会认为建设直播间的困难在于村里缺乏直播人才，没有人能当好主播。而电商顾虑的是当地的芒果品种不适合运输、容易坏损，即使通过直播间卖出去，售后压力也很大，做不长远。做农村电商的门道关窍通过老许女儿女婿这样的专业人士进入了团结村，为团结村村委会的决策和持续发展提供了意见参考。

三 宁洱县乡村精英群像之二：说话有人听，干事有人跟的政治精英

政治精英的精英性在于"说话有人听，干事有人跟"，体现为能服众的动员力。政治精英的政治性体现在何处？是精于权力，还是善于维护大多数人的根本利益？在中国乡村，土地权益牵动着农民最敏感的神经，尤其是在资本下乡的过程中，农民权益的维护体现着执权者的使命和能力。在发展乡村产业和促进农民增收中，谦乐村土地流转的灵活细节彰显了乡村政治精英的中国特色。

宁洱县勐先镇谦乐村，全村人口 1515 人，耕地面积 4162.49 亩，人均耕地不足 3 亩。2013 年 6 月，在村支书苏宏的倡议和带领下，谦乐村党支部组织 23 名致富能手到外县（普洱市镇沅彝族哈尼族拉祜族自治县）的农业科技公司考察，考察后下定决心与其合作开发反季节蔬菜种植这一短平快产业。提到这次关键性的考察活动，苏宏书记说：

> 我们村有相对连片平整的优质土地资源，来我们村洽谈合作的企业老板很多，但是我们觉得，一定要认真了解他们公司的情况，才能合作。因为一旦合作的企业不可靠，吃亏的是咱们全村老百姓，村委

会的干部一定要为大家把好关。所以，我们先通过初步了解，确定了镇沅县一家农业科技公司，于是我们就带了一部分致富能手到公司考察，我们实地考察了公司总部，了解了公司信誉、资金情况、市场发展等，最终确定了合作的公司。

2014 年 6 月，谦乐村党总支牵头动员 41 户村民，其中有 23 名党员，以土地和资金入股的方式成立了宁洱县勐先镇谦乐村安乐寨蔬菜专业合作社，村"两委"成员和部分党员共 15 人入股合作社，以 1000 元每股的注资形式一共注册资金 8 万元。通过股东选举，该合作社由村支书担任理事长，村监委会主任担任监事长。为规范财务管理，该合作社严格按照章程和制度进行管理，从会计公司聘请了专业会计人员担任出纳，采取"党总支+合作社+企业+农户"的运作模式，按照 3：4：3 的利益分配机制，即党总支占收益的 30% 作为集体经济资金，合作社占收益的 40% 作为继续发展资金，剩余 30% 为股金红利。多年来，村党总支带领全村党员和村民积极探索出一条村级合作社带动发展、实现致富的道路。

谦乐村的土地流转合作社是宁洱县勐先镇最早成立的一家土地流转合作社，2014 年成立时还没有专业人员来指导，摸索三四年后，合作社开始做土地流转。承租土地首先考虑本地大户，有劳动能力的、讲诚信的、能够起到带头作用的优先享有土地流转资格。其次流转给外来农业经营的商人老板，主要流转由村委会将土地整体规划出来的连片土地，方便统管统治、流转使用。承租商要优先雇用将土地流转出来的农民做工。对当地农民来说，相比自己来耕种这块土地，给外来老板打工更加有利可图，投入的成本少了，自己的时间利用率也提高了，节省下来的时间可以去更好管理其余土地的生产经营，起到了很好的提质增效效应。一村民给调查组算了一笔账：

土地流转一亩的纯收入在 800~1000 元，我家流转了两亩多地，每年流转费在 2000 元左右。土地流出后老板有固定的销售渠道，在一亩地上最少需要 5 个工人，每人每天工资 100~130 元。像流转给外商种姜，农药用得少，但是人工需要得多，每亩地上就需要 8~10 个工人。这样我们家每月当工人的收入也在 3000~4000 元。除了有这两笔收入，我们家还有几亩地没有流转，这些自己家经营的土地产值可以达到 2500 元/亩。以前没有流转时我们的土地一般是种植小麦玉米，单纯卖玉米的利润就只有几百元，单纯种小麦的话算上人工费，几乎就没有什么利润。现在我们也学着那些老板一样种冬农蔬菜，学着他们一样施肥浇水，一亩地的收入也大大增加了。

除了通过土地流转为农民增加收入，获得实在好处外，流转后的土地使用在谦乐村是灵活的，这提高了农户参与土地流转、共同吸引外商的配合度。土地流转前，合作社请第三方用无人机来确定面积大小，对农户和老板都做到公开公平公正。谦乐村党支部副书记彭华说："确定面积和农户的沟通工作先完成，如果有老板要租地，我们（合作社）就不用临时与群众沟通。"谦乐村农户将土地流转给合作社的合同期是 10 年，流转给合作社后，并不意味着农户就失去了 10 年的土地使用权，而是细化到每个季节不同作物的土地利用。如果暂时并无承租人流转土地，该片土地还是由原村民耕种和使用，"一旦有老板要租，合作社就让他该收作物的收，老板什么时候要就可以随时交付"。如反季节蔬菜的外商老板承租后，由于反季节蔬菜用地时间并不是一整年，所以每年 2~9 月土地由农户用于烤烟栽种，9 月中旬外来商人开始播种反季节蔬菜，11 月收获蔬菜，12 月和 1 月农户还能用。如果外商是种姜的，就需要用地一整年。因为姜有价格风险期，价格不好时就用稻草就地盖起来，等到价格涨起来或土地租用到期再挖姜。谦乐村合作社土地流转灵活使用的经验，实质上是乡村政治精英们以村民发展为中心，集体提升农商投资条件，维护村民土地权益和收益的乡村经济发展逻辑。

第五章　民族团结汇聚宁洱乡村振兴巨大力量

走进宁洱这块热土，深入宁洱这个多民族的自治县，会给人鼓舞、令人振奋。宁洱处处充满生机与活力，这完全得益于宁洱民族团结工作抓得早、抓得紧、抓得牢，全面贯彻党的民族政策，深化民族团结进步教育，铸牢中华民族共同体意识，加强各民族交往交流交融，各民族在社会生活和交往中平等相待、友好相处、互相尊重、互相帮助，民族团结深入人心、融入实干，各民族汇聚成乡村振兴的磅礴力量。

在调研过程中，宁洱调查组切身感受到，宁洱在生活方式、语言、节日、婚姻等社会生活各方面，总体呈现一幅宁洱各民族之间同风同俗的独特景象，这是长期以来宁洱各民族深度交融形成的良好局面。正是宁洱各族人民的团结一致、齐心协力，汇聚成巨大的奋发前进的力量，才让自己的家园越来越美、村民过上幸福生活。正是宁洱人民和全国各地支援边疆民族地区发展的力量，汇聚成强大的巩固拓展脱贫攻坚成果同乡村振兴有效衔接的力量，才使得宁洱各族人民和全国人民一起，共赴美好生活。

第一节　同风同俗：促进民族深度交往交流交融

在宁洱这片土地上，聚居着哈尼族、彝族、拉祜族、傣族、佤族、布朗族、回族、白族、瑶族、苗族、傈僳族、蒙古族、景颇族、汉族等多个民族。这些民族中，有些自古以来就在此繁衍生息，是当地的世居民族，如傣族、布朗族等，有些起源于青藏高原的甘青河湟一带，是古老的先民经历了长途跋涉向南迁徙，逐渐在此安家落户，如拉祜族、苗族等，还有一些从中原迁徙而来，或是为了躲避战乱，或随着军队驻扎和屯田移民等诸多原因而形成的移民浪潮来到此处，如汉族、蒙古族等。各族人民聚集到这一滇南边疆地区，为开发这片宝地付出了辛勤的劳动，为祖国的统一、边疆的稳定做出了积极贡献。生活在宁洱的各民族都是祖国大家庭的一部分，他们共同生活在宁洱这片热土上，各自保留着本民族的传统语言、风俗习惯、宗教信仰、文化传统、生活方式，形成了宁洱多民族的文化特色。由于宁洱少数民族比重较大，且哈尼族、彝族在宁洱民族结构中占据较大比例，1995 年，宁洱被批准成立宁洱哈尼族彝族自治县。

宁洱有悠久和光荣的民族大团结的历史传统。从清政府置普洱府起，宁洱地区就开始全面接受国家的治理。新中国成立初期，各民族在宁洱召开民族团结会议，各民族代表歃血盟誓、签字勒石，立下了民族团结誓词碑，宣誓"从此一心一意跟党走"。这是滇南边疆地区各民族对中国共产党领导的精神认同，对社会主义制度的制度认同。中华民族共同体意识开始在宁洱各族人民心中种下种子。

如今的宁洱将民族团结的社会共识渗透至社会生活的各个方面，不同民族之间没有任何区隔，各民族相互理解、彼此尊重、和谐共处、互帮互助、共同发展。在生活方式上，各族人民相互学习借鉴，在衣食住行方面几乎看不到区别；在婚姻关系上，各民族之间相互通婚，民族身份对组建家庭几乎没有影响；在交流语言上，各民族多使用云南方言（西南官话）和普通话交流，社会生活中以通用语言交流为主；在节庆上，各族人民虽然有各自的民族节日，但是人们的社会心理更加重视国家法定节假日和多民族共享性节日（如火把节、县庆日），还创设了不少全体人民共享美好生活的新兴节日。这些在日常生活中和公共生活中去民族特色的表现，无不体现了宁洱民族团结的良好局面，各族人民"像石榴籽一样紧紧抱在一起"，共同团结奋斗、共同繁荣发展。

一　不再强调民族特色的生活方式

宁洱调查组在田野调查中，发现宁洱县各民族之间无论是在社会交往还是在文化习俗方面，都没有明显的民族之间的区隔，民族融合深入社会生活的方方面面。下面是调查组同学田野调查日记中的一些记录：

2024 年 2 月 1 日，同心镇烂泥坝组：在我们访问的三户人家中，我们发现烂泥坝组当地村民是汉族占多数，而少数民族数量在整个村中占较小的比重，并且在烂泥坝组，各民族之间不会有较大的区分，对于烂泥坝组的村民来说，各民族之间都是平等的，少数民族在文化和习俗方面，和当地汉族没有太大的区别。①

（一）服饰

调查组在调查中发现了一个特点，作为哈尼族彝族自治县的宁洱，却在县城的街道上几乎看不到穿着少数民族服饰的百姓，县城街道上也未见制作售卖少数民族服装的加工厂和店铺。就连在那柯里景区、磨黑古镇、普洱古镇和宁洱县火车站这种游客络绎不绝的地方，都未曾看见穿着民族服装的人或兜售民族服装的店铺。当调查组深入宁洱少数民族村寨，甚至发现在这些传统村寨中也见不到日常生活中穿民族服装的村民。调查组老师同学在参加新平村赶糖会这样的传统民俗节日时，同样没有发现穿民族服装的村民。

而调查组所期待的情景，在云南其他少数民族自治县则司空见惯、比比皆是。例如，云南石林彝族自治县的街上，有很多的店铺卖彝族撒尼人的服饰，还有的店铺可以量身定制，这些都是为当地彝族撒尼群众服务的店铺。又如，在大理白族自治州大理市喜洲镇，随处可见穿着传统的对襟服、戴着扎染头巾的白族大妈。在普洱市的澜沧、孟连等县的县城和村寨，更是随处可见穿着傣族筒裙的女子，穿着拉祜族褂子背着拉祜族彩色挎包的男子。

民族服装的社会功能，主要是起到传承与展示文化、强化身份认同、促进交流与沟通的作用。在传承与展示文化上，民族服装是民族文化的载

---

① 云南大学民族学与社会学学院硕士研究生那瑞珂田野调查日记，2024 年 2 月 1 日。

体和象征，通过服饰的形式、颜色、图案等元素，传递着民族的历史、价值观和生活方式。它们展示了民族独特的艺术风格和审美观念，帮助人们了解和认识不同民族的文化。在强化身份认同上，民族服装可以加强人们对自己民族身份的认同感和自豪感。穿着传统服装的人们能够感受到自己与民族传统文化的联系，并在节日或特殊场合中表达对传统文化的尊重和热爱。在促进交流与沟通上，民族服装在社交互动中扮演着重要的角色。当人们穿着传统服装参加集体活动或社区庆典时，他们能够与同样身着传统服装的其他人建立起共同语言，促进彼此之间的交流和理解。

宁洱民族服装少见的原因是不需要通过民族服装承载上述功能，在宁洱人看来，各民族都是一家人，没有必要通过服装来识别族群身份。也就是说，在日常生活中宁洱人已经没有"我者""他者"之分，不需要靠民族服装来传承与展示自己的民族文化，也不需要靠穿着民族服装来强化自己的民族身份和获得族群认同。对所属民族的身份认同在弱化的同时，对区域共同体的身份认同在加强，即呈现强烈的"我是宁洱人""我是中国人"的认同意识。

当然，宁洱作为哈尼族彝族自治县，各族人民在特殊的日子也需要穿民族服装，如在县庆、县人大代表大会等特殊的节日庆典和政治活动中，会看到不少穿着民族服饰的人。

（二）饮食

走在宁洱县城大街小巷和乡镇市集，可以看到很多的特色餐厅和特色小吃部，但这些餐馆主要烹制的是常见的普洱菜和云南菜，餐桌和餐具以及餐厅装潢都和普通云南餐厅差别不大。当地人的饮食习惯也十分一致，都是吃三餐，主食以米饭为主配新鲜肉类蔬菜，饮用普洱茶。在县城街道上的餐厅或县城周边的农家乐，除了两三家"傣族餐厅""泰国餐厅"有民族特色的取名，大多数餐厅以类似"福运来""回头客""老杨家饭店""磨黑特色菜"的名字命名。

作为哈尼族彝族自治县，宁洱县似乎应该有一些具有哈尼族和彝族特色的民族餐饮和饮食传统。但从日常生活来看，传统少数民族的饮食文化和饮食习惯的保留程度都很低。哈尼族、彝族大碗喝酒、大块吃肉的习惯在县城里和村寨里几乎都感受不到。哈尼族有长街宴习俗，这不仅仅是一种饮食文化习俗，更是一种祈福活动。在传统的哈尼族长街宴活动中，是由各家各户自备一桌宴席，端到村寨的街道（或路边）上排成一条龙，村民和外地来参加长街宴的人可以随意组合，坐在一起品尝美食。村寨的长老坐在长街宴的第一桌，称之为"龙头"。各家各户的菜肴上桌之前，要先端到"龙头"前面，让"龙头"品尝并接受"龙头"祝福。长街宴开始时，"龙头"要带领大家祈福祷告，向大家祝酒祝福，然后才全体热闹开吃。由此可见，谁坐在"龙头"第一桌，长街宴上吃什么、如何吃等，这些都有严格的仪式和象征意义。历史上，宁洱县的哈尼族村寨几乎没有举办长街宴的习俗。在宁洱县成为自治县以后，县委县政府有关部门为了增强民族节日气氛，在举办县庆活动或其他一些大型文化活动时，会由政府组织举办长街宴，但是长街宴的宴席一般都是安排某个餐厅来置办。长街宴上也没有"龙头"之说，当宴席在空旷地摆起来后，参与活动者随意坐在一起聚餐吃饭而已，并无太多仪式。问及村民，也几乎无人知道长街宴的仪式和象征意义。

近年来，宁洱县受当地人和外地人喜欢的特色菜系大约有以下几类。一是马帮菜。这是以"茶马驿站"那柯里村为主推出的特色菜。马帮菜，顾名思义，是历史上马帮在茶马古道上贩运商品时，随着行走的路线逐渐演变而来的一种菜系。它融合了云南各地的特色风味，以及来自不同地域的食材和烹饪方法。二是磨黑菜。磨黑菜之所以有名，是因为它与其他地方菜不同，有独特的风味，其中有几道菜十分有名，如磨黑香肠，其味道与四川麻辣香肠相仿，但又没有四川麻辣香肠的麻。磨黑菜还有一道口味独特的菜——"浸豆腐"，因其味道奇臭无比而出名，此味道与湖南臭豆腐十分相似，但是在做法上与湖南臭豆腐有所不同。这些菜品能十分明显地体现出地方菜肴与外地菜肴的融合。磨黑是一个古盐镇，早在清代就是云南重要的产盐区，因盐的生产和运销而兴盛，当地有众多外地商旅来往，商业活动活跃，市镇较为繁华。新中国成立以后，磨黑盐矿作为云南产盐规模前几位的产地，有国有企业，也有大量的外地工人和技术人员在此工作。一直延续至今的盐业市镇，促进了各民族的交往交流交融，在饮食文化上也形成了融合全国各地美食的磨黑菜系。三是茶菜系、咖啡菜系。这是因为近年来茶叶和咖啡日益成为宁洱县当地特色经济，于是当地生产经营茶叶和咖啡的企业和一些想创新特色的餐饮企业开发推出此菜系，主要是针对外地游客。

由此可见，宁洱县饮食习惯越来越相似是社会经济发展和民族交往交流交融的结果。随着社会发展和城市化进程加快，不同地区人们的日常生活和饮食方式逐渐趋同。边疆民族和内地民族的交往交流增加，导致了饮食习惯的融合和同化。同时现代化的餐饮业提供了更便捷且多元化的选择，吸引了人们不断跟随时代步伐创新餐饮服务。

（三）建筑

宁洱县的县城建筑的类型相对简单，以住宅、商业和办公楼为主，建筑的高度相对较低，一般不超过5层，建筑的风格与全国大部分的县城没有差别，都有钢混结构的办公大楼、商铺或板式公寓。宁洱县村寨中的建筑以村民自建房为主，多为2~3层的小洋楼，突出实用性和便利性，也与全国大多数农村的建筑无异，而且建筑外立面和街道两侧的墙体，也很少有民族元素的彩绘，路灯也少有民族元素的装饰。

传统哈尼族彝族的房屋主要使用土石作为墙体材料，屋顶覆盖物为茅草或木片，其中彝族依山而建的"土掌房"、哈尼族圆形屋顶的"蘑菇房"具有民族特色。但是类似这样的传统民族建筑，在中国20世纪90年代以来对农村"茅草房"的改造工程中早已消失，取而代之的是一些少数民族地区保存了类似风格的建筑，如红河州元阳县一些旅游村寨保留了哈尼族"蘑菇房"的样子，但建筑材料已经改为水泥、砖块、钢筋等，只是在水泥房顶上又铺了一些茅草作为装饰。在楚雄彝族自治州的一些村寨，村民的民房没有保留明显的彝族特色装饰，但是在屋内保留了方形火塘，火塘常年不断火，火塘上支铁制三脚架，上面置一水壶烧水。火塘不仅是招待来访客人的围坐交流的地方，也是一家人闲聊消遣的地方，是一个重要的社交场所。

在宁洱县的村村寨寨，已经几乎见不到火塘了，也见不到传统的哈尼族、彝族民居。只有宁洱县的一些旅游景点试图以建筑外部的复古来打造传统特色。比如，宁洱县那柯里村，在打造"茶马驿站"这块旅游品牌时，要求所有民房按照统一规划"穿衣戴帽"：敲掉已有的瓷砖，在水泥墙上刷上泥浆，形成土墙的特色；把现代特色的玻璃窗全部换成木质雕花门窗，进行复古化处理。但是，即便是经过这样处理的民房，人们看到的仍是传统民居，无法把它归结为某一民族的民居，因为在建筑上并没有体现某一民族的象征符号。

现代化进程的快速推进，使宁洱县建筑风格也与时俱进。随着现代化的推进和经济的发展，人们趋向学习和效仿具有现代化特色的城市住宅，而非传统民居。建造具有小洋楼特色的别墅，成为村民更新换代自家房屋时的首选。宁洱县无论是县城还是村寨，几乎见不到少数民族特色的民居的原因有多个方面，其中，族群意识在广大民众社会生活中并没有被特别强调是一个重要方面。因为在宁洱县广大群众的社会心理中，更多的时候认为各民族都是兄弟姐妹、都是一家人，不需要区分你是什么民族、我是什么民族，那么在建屋盖房时，也很少有人会想到要在建筑样式和建筑装饰上体现本民族的象征符号。

二　语言相通方便民族交往

在宁洱县，当地人主要的交流语言是云南方言（西南官话）和普通话，在调查组走访调研的十几个村寨，从来没有听到过用少数民族语言交流的，村民内部的交流主要用云南方言（西南官话）。调查组与村民交流时，发现几乎所有的村民都能听得懂普通话且能用相对流利的普通话与调查组交流，特别是村寨里的年轻人，几乎都不会说本民族语言了。从外村嫁到那柯里村的 L 女士告诉调查组：

　　我是彝族的，我丈夫是汉族的，我不会说彝族话，只会说汉语。

我很少回娘家，娘家也很少有彝族民俗活动。反而在那柯里活动还多一点，有时候有歌舞表演，看得到彝族舞蹈表演，那柯里这边还有火把节活动，娘家那边也没有。我觉得彝族汉族区别不大，吃吃喝喝都差不多。

云南方言（西南官话）和普通话逐渐代替民族语言，成为宁洱县广大群众最重要的交流语言，这是宁洱县各民族大团结的重要表现。共同的语言，减少了不同民族之间交流的阻碍，促进了民族间的交流。在宁洱县，通用语言的使用率非常高，这使调查组的调查特别是长达100多个问题的问卷调查得以顺利进行。这也使调查组深深感受到了，普及使用通用语言可以促进各民族与国家之间的联系加强，使各民族的国家认同得到强化。在村民对调查组的调查的积极配合之中，调查组感受到了通用语言普及在强化中华民族共同体意识方面的重要作用。不仅如此，通用语言的普及，也大大增加了少数民族融入一体化的市场经济的机会，没有交流障碍的语言大大帮助了走向非农就业的各族群众更好地参与商业活动、实现就业和创业，进而改善生活条件和提高经济发展水平。

三 跨族通婚助力民族交融

在宁洱调研的过程中，调查组发现民族之间通婚是一种很普遍的现象，男女双方在缔结婚姻关系时，民族身份几乎不会构成任何影响。调查组在宁洱县那柯里村，就族际婚姻问题访谈当地村民时，那柯里村烂泥坝村民小组的D女士说：

我是傣族，我和我丈夫是在昆明打工的时候认识的，他是汉族。我们这里谈婚论嫁很少问什么民族，两个人觉得合适就行。我们很多都是少数民族嫁汉族的。主要是离得近，还要看他们村子生活困不困难，找个富裕村的（老公）是最好的。少数民族和汉族区别不大，一起生活没有什么冲突。我也有很多彝族朋友，我和周围朋友关系都很好，我们经常互相帮忙采茶，互相换工。什么民族我们不管，大家在一起处得来最重要了，有些性格不好的人就算他是傣族的我也不想和他打交道。

　　如果我儿子以后找个少数民族的女孩子，我们也不会反对的。他们处得来，可以好好在一起才是最重要的。我们也要尊重他们的想法，不能干涉的。

D 女士的话，代表了大多数村民的想法，在调查组的调研中，民族身份几乎没有影响到村民对婚姻的选择。

在宁洱地区民族之间通婚越来越普遍，主要是受到城市化进程带来的人口流动、教育和职业机会、文化包容和民族团结价值观三个方面的影响。宁洱地区的年轻劳动力普遍都会到普洱、西双版纳、昆明等经济发展水平更高的地方打工，外出务工会更加频繁地在城市中遇到并接触到不同民族的人群。这种接触扩大了人们的社交圈子，增加了机会去结识并与其他民族的人建立了感情关系。教育的普及和职业机会的增加使得人们更容易跨越民族界限，获得更多的知识和技能，并且在教育和职场中接触到不同民族的同事和朋友，这种接触为跨民族婚姻提供了更多的机会和可能性。同时随着社会进步和人们的思想观念的更新，民族团结的价值观得到了更为广泛的认可，人们更加包容和尊重不同民族的文化差异，愿意与其他民族的人共同生活并分享彼此的文化，这种开放的态度使得民族通婚变得更加普遍。

四　节日同庆推动民族交流

从通常的理解出发，作为一个少数民族自治县，当地最重要的节日应该是能够代表主体民族特色的节日。宁洱县是哈尼族彝族自治县，那么宁洱县最重要的节日应该是哈尼族彝族共享节日——火把节。但是，当调查组到县里调查时却十分惊讶地发现，当地的领导和群众对扎火把、撒火把等火把节习俗不甚了解，大家对火把节的印象更多的是点一堆火围着跳舞，也不太清楚火把节是哈尼族、彝族、白族、拉祜族等多个民族共享的节日而不仅仅是彝族的节日。县城的一位大妈说："每年县庆时（12月14～16日），茶源广场会点燃一盆大火，大家围着火跳舞，这是篝火晚会。"

2023年8月10～12日（农历六月二十四日至二十六日），宁洱县政府牵头举办了一次大型火把节活动，这是疫情后为了活跃经济、促进旅游而举办的官方活动。宁洱县官方微信公众号"宁洱发布"2023年8月10日发布的新闻报道如下：

> 8月10日，宁洱县2023年彝族火把节"民族团结大联欢"活动在茶源广场拉开帷幕，来自全国各地的八方宾客会聚一堂，共赴这场火把盛宴，共同领略独具特色的宁洱风情和民族文化魅力。
>
> 县委书记罗东保为活动致辞并宣布活动开始，县委副书记、县政府县长张永华，县人大常委会党组书记、主任杨启绿，县政协党组书记、主席瞿艳波以及所有在家的县四大班子领导参加开幕式。
>
> ……
>
> 据悉，宁洱县将通过本届火把节，向广大游客发出一张富有民族魅力的"宁洱名片"，持续将一系列具有民族文化的活动展示给各地游客，宣传推介好宁洱丰富的文旅资源，打造独具魅力的文化品牌。

宁洱县最热闹的节日是春节、中秋节、端午节等国家法定节日。春节是举国同庆的节日，县政府和各乡镇都会举办一些官方活动，如在县城茶源广场上，组织一场由专业演员和群众演员同台表演的文艺晚会，此外还有篝火晚会、音乐喷泉晚会、春节游园活动、猜灯谜活动等，节日活动丰富多彩、市民参与度高，呈现祥和热闹的节日气氛。各乡镇举办的春节活动，更具民俗特色，如磨黑镇的舞龙表演是当地必不可少的春节传统节庆活动，已经有上百年的传统，传承了四五代，100多米的长龙在舞龙者的舞动下，上下腾飞，舞者精神抖擞、观者兴致勃勃，广大群众在热闹的舞龙表演中期待着新的一年日子越过越好。

　　宁洱县无论是县城附近的村庄还是大山之中的山寨，虽然各地民俗不同，但都还保留了一些独特的节日民俗活动，这些民俗活动主要由本村人参与，外面很少有人了解和参与。宁洱调查组于 2023 年 2 月在调查时，了解到两个别具特色的节日民俗活动：一个是宁洱镇新平村的赶糖会，另一个是勐先镇的"讨东西祝福"。其中，宁洱调查组参加了新平村的赶糖会，下面是同学们对赶糖会的田野调查日记：

甜甜蜜蜜的民俗节日：赶糖会

　　今年春节期间，"中国乡村社会大调查（云南）"宁洱调查组在云南大学张锦鹏教授、陈曦老师的带领下，浩浩荡荡来到宁洱县开展为期 15 天的乡村调查。宁洱镇新平村是我们调查的重点村寨，在这里我们发现一个有趣而温馨的民俗节日——正月十六赶糖会。

　　赶糖会源于一个传说。村里有文化的老人告诉我们："几百年前，横寨脚下农田，每到稻谷即将成熟的季节，总是有两头狮子来田里吃水稻，村民又无可奈何。幸得一位道人相助，将自己画像遗留下来，成功驱赶狮子。因为道人常常以白胡示人，所以我们都称他为'白胡老爷'。此后，狮子再也没来祸害庄稼，村子里也连年丰收。再后来，村民走失的家畜家禽也因'白胡老爷'的庇佑而找回。于是横寨的村民每逢正月十六都会来祭祀'白胡老爷'。因大家在祭祀时所带的大部分都是甜食，所以就慢慢称之为赶糖会，并沿袭至今。"

　　如今，横寨自然不会再有狮子吃庄稼，但是从古至今，村民对美好生活的希望与追求一以贯之，从未改变。因此灯节刚过，新平村的街巷似乎还沉浸在春节的氛围之中，依旧人群熙攘，热闹非凡。大家或三两成伴，或五六成群，肩扛手提，提着香和黄纸，带着水果、粑粑、糖果、白酒、红糖水、糯米稀饭、红枣枸杞等前往村寨中心的几棵古树旁的传统祭祀之处。我们跟随着人群，刚一进入，就看到台阶上摆满各色甜食与饮品，鞭炮声、烟花声、祈福声、祝语声，此起彼伏，交织在一起，在夜幕的映衬之下，掀起了赶糖会的阵阵高潮。

一边，"来，来，来，吃糖水了"，刚刚家中添丁的村民，脸上洋溢着热情与欣喜，将带来的糖水分给在场的众人。一时间，你一碗、他一碗，大家都来讨个彩头，满满两桶的糖水所剩无几。另一边，沁人的酒香飘来，几个人围坐一圈，在一起猜酒拳、行酒令，在推杯换盏中寄托着来年得女的期盼。村里的老支书告诉我们，"今天到这里的人，常常带着白酒和甜食来祭祀，有的是祈福求子讨吉利，有的是得偿所愿来此还愿。出于讨个好彩头的想法，大家往往会分食别人带来的白酒和甜食。如果是想在来年生个大胖小子，便吃糖水，如果是想求个乖巧的女儿，就喝白酒"。此时，如果觉得糖水太腻、饮酒又乏味的话，有喜事的人家，便会把粑粑、水果之类的点心拿出来分享给大家。

当然，赶糖会最为热闹的环节，无疑是"撒糖"。"撒糖啰！"一个稚嫩的声音在人群中传开，众人满心期待，分散开来，围成一圈。突然，颗颗糖果如同点点雨滴般抛出，闪烁着晶莹，在空中形成无数条优美的抛物线，而后渐渐落地，大家纷纷弯腰拾起，传递着回馈祖宗，祈福美好的憧憬。作为参与祭祀的主角，小朋友在此时也有自己的事要忙，在仪式中，我们看到村民们会让自己的孩子对着"白胡老爷"行跪拜之礼，祈求"白胡老爷"对孩子的保佑。跪拜完毕后，小孩子便会参与到赶糖会的过程中，将家中的糖果、糖水、点心、粑粑、白酒等分享给众人。不过，也有贪玩的小孩子，会在这里放烟花、放鞭炮，将赶糖会的氛围烘托得喧腾鼎沸。此刻的我们，也融入其中，与村民们一起分糖水、抢糖果、吃粑粑，双手被村民瞬间塞满，此刻我们除了能感受到古树窖藏出的岁月芬芳和民俗氤氲着的历史底蕴之外，还能感受到人们共同寄托的对美好生活的向往与愿景。

随着夜色渐深，赶糖会在渐次稀疏的人群和慢慢沉寂的声音中落下帷幕。众人离场后，一片阒然，月光如同皑雪般皎洁，穿过斑驳的树影，映在"白胡老爷"石雕上。忽然间，几处碎语划破清寂，侧耳一听，或是"'白胡老爷'可要庇佑我们事事顺利"的生活期盼，或是

"今年喝了糖水，明年家里希望能添个男娃"的求子心愿，或是"马上要高考了，'白胡老爷'要保佑我家的女娃能考上大学"的期望。无论所求为何，"白胡老爷"救世传说依旧在横寨人口中传诵，对生活的美好期待仍然在横寨人心中赓续相传。

"平生感知己，方寸岂悠悠。"在赶糖会遇到的每个人都是岁月赠予的温柔与浪漫，幸运的是我们也成了其中一分子，无憾亦无悔。一场赶糖会，让疲惫的身心得到舒缓，动人的场景时时令人怀念与流连。那纯纯的微笑，让人由衷畅怀；顺势的搭话，让人推心置腹。猝然间，仿佛自己就是横寨人，或许这便是古语中的抱朴含真。在这里，有民族间的大融合，有邻里间的大和睦，更有对新生活的美好展望。如今在各级党组织和政府的关怀下，横寨村民正充分发挥地理优势，大力发展农家院，向着赶糖会中祈求的美好生活努力，不断砥砺前行，奋力夺取新时代乡村振兴的胜利！①

勐先镇的"讨东西祝福"是调查组在勐先镇谦乐村调查时通过村民了解到的。很遗憾的是调查组并没有赶上这一节日活动。进村调查时，村民们绘声绘色地给调查组介绍了这一节日民俗活动，并且给调查组看了村民们在朋友圈发的活动情况：

农历正月十五元宵节节庆活动中，宁洱县勐先镇保留着一个古老奇特的节日民俗，那就是"讨东西祝福"。元宵节这一天晚上，村子里的小孩子聚在一起，用稻草扎成大嘴雀的头和大嘴，然后用一整块布（床单）扎在下面，做成斗篷。然后，孩子们把有大嘴雀头的斗篷披在身上，挂上铃铛，背上背篓，在装扮成哑巴的大人（戴草帽、拄拐杖）的带领下，列队出发，挨家挨户去讨东西。到了村民家的院子里，孩子们齐声说："主人家、粑粑要；粑粑不给，肠肠要；肠肠不给，嘎嘎

---

① 云南大学历史系硕士研究生冯全镇田野调查日记，2024 年 2 月 15 日。

（指肉）要。"听到这些讨要，主人家就会拿出一些粑粑、香肠、腊肉、小费等放到这些孩子们的背篓里。孩子们讨到东西，说一些吉利的祝福话，磕头后离开，继续到另一家讨要东西。孩子们兴致勃勃，挨个村寨去讨要，有时还要搭村民的车到外村去讨要，等"讨东西祝福"结束，孩子们的背篓里已经装满了粑粑、腊肉、香肠、零食等东西。

对于"讨东西祝福"的民俗活动，调查组问村民是哪个民族的民俗，村民们说：

> 我们不分民族，不是哪个民族的，是我们村子里的（民俗）。孩子们热闹一下，讨个吉利，图个开心。

近年来，宁洱县各乡镇还创新发明了一些节日，这些节日大多数与当地的特色产品和民俗文化有关，如同心那柯里茶马古道节（国庆节期间举行，2014 年首届举办）、德化窝拖村糯玉米节（国庆节期间举行，为丰收节，2016 年首届举办）、宁洱温泉村红蛋节（每年农历二月的第一个属猪日举行，2015 年首届举办）、磨黑烧烤节（11 月 11～15 日举行，2017 年首届举办）、黎明岔河村多依果节（每年 9 月最后一个周末举行，2018 年首届举办）等。这些节日的发起者主要是乡镇政府或者村民委员会，借助本地的一种特色产品举办节日，通过节日活动扩大本地影响力，促进乡村旅游发展，丰富群众社会生活，促进民族交往交流交融。下面具体介绍几个节日。

1. 宁洱温泉村红蛋节

温泉村是一个以哈尼族彝族为主的少数民族村寨，红蛋节主要是挖掘当地哈尼族农历二月初二吃红蛋的民俗而创造的一个新节日。每年农历二月的第一个属猪日，温泉村的哈尼族群众每家每户都做红蛋和黄饭（用黄色染饭花煮出来的饭，黄色且有特殊清香），相互赠送红蛋表达祝福，同吃黄饭象征对美好生活的向往。当地政府挖掘和整合温泉村的茶马文化和民俗文化，从 2015 年开始举办宁洱温泉村红蛋节，掀起民族团结促进乡村振兴的热潮，也吸引了越来越多外地游客参与。目前，温泉村的红蛋节活动内容丰富多样，包括开寨门仪式、歌舞表演、红蛋制作展示、斗鸡比赛、民族团结盟誓体验、寻找红蛋节鱼王、哈尼长街宴等。温泉村借助红蛋节，不仅发展乡村旅游经济，而且拓展民族团结创建思路，创新民族团结创建形式，丰富民族团结创建内容，通过以节交朋友、以节增友情、以节促团结、以节建和谐、以节谋发展，在节庆中处处洋溢着各族群众"共同团结奋斗、共同繁荣发展"的浓浓情谊，把民族团结进步示范村创建得有声有色。

2. 磨黑烧烤节

磨黑烧烤节在磨黑镇举办。磨黑镇是云南著名的古盐镇，因井盐的开采和运销，清代以来商旅云集，成为外来文化与本地文化交融的重要区域，在饮食文化上也产生了融合全国各地菜系特色的独特饮食文化，其美食以品种繁多、口味独特的特色见长。其中，磨黑烧烤远近闻名，具有重油、味厚、鲜、香、酥、软、脆等特点。磨黑镇政府借助当地美食传统，举办烧烤节。在节日期间，不仅在大街小巷上到处摆满烧烤架、烧烤摊让参观者随处可坐下来大饱口福，而且还举行装香肠比赛、撸串比赛、啃猪蹄比赛、吃小米辣比赛等趣味赛事。节日期间，还组织千人跳笙、板凳龙等文艺表演。各式各样的农特产品、特色小吃也成为节日的主角，备受游客们青睐。

3. 德化窝拖村糯玉米节

窝拖村糯玉米节，是宁洱县德化乡窝拖村举办的一个节日，一般在每年的国庆期间举行，活动时间在五天左右。节日期间，窝拖村举办各种丰富多彩的活动，包括开幕式、以玉米为主题的比赛、玉米文化展览、传统农耕技艺表演等。参与者可以欣赏精彩的表演，与当地人民一同品尝美味的玉米食品，还能亲身参与千年传统的农耕活动，并学习玉米的种植和加工技巧。以玉米为主题的比赛最有特色，比如做玉米粑粑比赛，还有吃玉米、堆玉米、搬玉米、脱玉米粒等比赛。在窝拖美食街上，能吃上玉米制作的美食和其他美食，比如煮新鲜玉米、蒸玉米、玉米糕、玉米粑粑；美食街上还有具有当地特色的大锅煮肉，配上香辣蘸水，十分诱人；还能见到山里的各种野生果子，比如藤子果、曼登果、锥栗、山桃、野葡萄、香橼、酸木瓜等。村寨里哈尼族、彝族、拉祜族、傣族杂居，各民族团结和谐，同庆糯玉米节，村民们也用他们的热情好客，招待着来自各地的游客。

从以上对宁洱县的节日文化和民俗特色的分析可以看出，宁洱县参与群众最为广泛、最为重视，也最具影响力的节日是中华民族共享的节日，如春节、中秋节、端午节等。这些全国人民共享的节日，是中华民族的共同记忆和文化符号，通过共同庆祝和体验，增强了边疆各民族对祖国的认同感，增强了中华民族共同体意识。一些新创设的节日，如烧烤节、红蛋节这类由乡镇或村委会举办的特色节日，办得越来越热闹。这些节日不以特定民族冠名，如红蛋节虽为温泉村哈尼族村民的民俗，但并不以哈尼族来冠名该节日，开放式的冠名体现的是宁洱各族人民的团结包容。在节日期间，人们通过举办各种庆祝活动，为不同民族之间的交流和融合提供了平台，这些活动有助于促进不同民族之间的了解、尊重和友谊，从而增强民族团结。在这些节日中，调查组印象最深刻的是无意间参加的新平村横寨小组的赶糖会。当天晚上横寨村民将家中的糖果、糖水、点心、粑粑、白酒等分享给调查组的师生，在师生还没反应过来的时候，双手已经被塞满了糖果和点心。村民们并不知道师生们是谁，是来横寨做什么的，但是非常接纳调查组的师生，并赠予满满的祝福。通过赶糖会的活动，调查组切身感受到了宁洱人的热情、包容和团结。

第二节　共进共退：各族人民脱贫成功推进乡村发展

2015 年 11 月，我国发布了《中共中央 国务院关于打赢脱贫攻坚战的决定》，标志着全国脱贫攻坚战打响。宁洱县全面贯彻落实党的十八大和十八届三中、四中、五中全会精神以及各级扶贫开发工作会议制定的相应政策，派遣驻村工作队指导，从党建、产业、教育等各方面入手，围绕"四个全面"战略布局和脱贫攻坚总体思路，坚持创新、协调、绿色、开放、共享的新发展理念，以脱贫攻坚统揽全县经济社会发展全局，以精准扶贫、精准脱贫为基本方略，坚持把贫困人口脱贫致富和全县经济社会实现跨越发展作为核心，最终于 2017 年率先实现脱贫摘帽。2017 年云南省 10 个州（市）的 15 个贫困县实现了脱贫摘帽，它们是云南省首批脱贫摘帽的贫困县，宁洱县成为其中之一。

宁洱县率先实现脱贫摘帽，是宁洱各族人民紧跟党中央战略部署的体现，是依靠县委县政府的统一指挥精准扶贫所取得的成果；是全县各族人民团结一致、艰苦奋斗，为打赢脱贫攻坚战坚持到底的成果；是来自全国和全省各地的众多支持力量汇集成河、同心协力共同战斗的成果。在脱贫攻坚战中，宁洱县得到了上海市金山区、中国宝武等来自全国、云南省直机关单位、普洱市相关单位和部门的大力支持，正是因为这些单位在资金上、技术上、人才上、平台上、创新理念上等多方位上给予宁洱县支持帮助，宁洱县才有了率先脱贫的基础。正是因为宁洱县各族人民"像石榴籽一样紧紧抱在一起"，把来自外部"要我富"的支持力量变成"我要富"的决心和行动，宁洱县各族人民才实现了提前进入全面小康的新局面。

一　提前打赢脱贫攻坚战

2015 年 1 月，习近平总书记在云南调研时作出重要指示，要全面贯彻党的十八大和十八届三中、四中全会精神，用全面建成小康社会、全面深化改革、全面依法治国、全面从严治党引领各项工作，加快贫困地区、民族地区经济社会发展，为到 2020 年如期实现全面建成小康社会奋斗目标加紧奋斗。[①] 10 月，党的十八届五中全会提出坚决打赢脱贫攻坚战。11 月 27～28 日，中央扶贫开发工作会议在北京召开，吹响脱贫攻坚战的冲锋号。在会议上，习近平总书记代表全党作出庄严承诺："我们要立下愚公移山志，咬定目标、苦干实干，坚决打赢脱贫攻坚战，确保到 2020 年所有贫困

---

① 《习近平在云南考察工作时强调 坚决打好扶贫开发攻坚战 加快民族地区经济社会发展》，环球网，2015 年 1 月 21 日，https://china.huanqiu.com/article/9CaKrnJGVia。

地区和贫困人口一道迈入全面小康社会。"① 11 月 29 日，《中共中央 国务院关于打赢脱贫攻坚战的决定》发布，一场全社会共同参与的声势浩大的脱贫攻坚战开启了。这场脱贫攻坚战以国家力量推动，以"精准扶贫"方式进行扶贫，很快取得了成效。2017 年 2 月，井冈山成为全国首个脱贫摘帽县，同年，全国又有 40 个县实现脱贫摘帽……2020 年 11 月 23 日，贵州省宣布所有贫困县摘帽出列，至此，中国 832 个国家级贫困县全部脱贫摘帽。2012~2020 年，中国共有 12.8 万个贫困村出列，832 个贫困县摘帽，近 1 亿人摆脱绝对贫困，创造了人类减贫奇迹。② 2021 年 2 月 25 日，全国脱贫攻坚总结表彰大会在北京举行，习近平总书记庄严宣告，我国脱贫攻坚战取得了全面胜利。③

宁洱县是一个贫困多发县，早在 2001 年被国务院扶贫开发领导小组确定为国家扶贫开发工作重点县。2013 年底，宁洱县的贫困发生率高达 8.22%，全县共识别建档立卡人口 4312 户 15029 人，分布在 9 个乡镇 85 个行政村 925 个村民小组。2015 年底，宁洱县有 1 个贫困镇，12 个贫困村，9394 名农村建档立卡贫困人口，建档立卡贫困人口分布在 73 个行政村 420 个村民小组，占全县 85 个行政村的 86%，占全县 1179 个村民小组的 36%。④

在党中央吹响脱贫攻坚的集结号和冲锋号后，宁洱县率先行动起来，按照"决不让一个少数民族、一个地区掉队"的要求，以民族团结誓词碑精神为引领，及时组织召开县、乡、村三级干部大会，要求各级干部团结带

---

① 《习近平在中央扶贫开发工作会议上强调 脱贫攻坚战冲锋号已经吹响 全党全国咬定目标苦干实干》，共产党员网，2015 年 11 月 28 日，https://news.12371.cn/2015/11/28/ARTI1448713072980179.shtml。

② 于乐荣、龚建艳：《【中国网评】75 年来，新中国如何创造世界减贫奇迹?》，中国网，2024 年 10 月 3 日，http://www.china.com.cn/opinion/2024-10/03/content_117458860.html。

③ 《全国脱贫攻坚总结表彰大会隆重举行 习近平向全国脱贫攻坚楷模荣誉称号获得者等颁奖并发表重要讲话》，中国政府网，2021 年 2 月 25 日，https://www.gov.cn/xinwen/2021-02/25/content_5588866.htm#1。

④ 宁洱县人民政府扶贫开发办公室、宁洱县发展和改革局：《宁洱县"十三五"脱贫攻坚规划（2016—2020 年）》，2016。

领各族群众大胆探索和实践，努力闯出一条边疆少数民族地区脱贫致富的新路子。宁洱县研究出台了《宁洱县"十三五"脱贫攻坚规划（2016—2020年）》，确立了主要发展指标和具体落实的单位，坚持精准扶贫精准脱贫、全面落实主体责任、统筹推进改革创新、实施绿色可持续发展、激发群众内生动力活力等原则，出台了《中共宁洱县委 宁洱县人民政府关于打赢脱贫攻坚战的实施意见》《宁洱哈尼族彝族自治县脱贫摘帽工作方案》《宁洱县脱贫攻坚三年行动暨脱贫成果巩固提升实施方案》等一系列政策文件，实施了产业发展脱贫、教育扶贫、健康扶贫、兜底保障、生态补偿、转移就业脱贫、基础设施建设、电商扶贫、资产收益扶贫、易地搬迁脱贫、旅游扶贫和党建扶贫双推进等措施，建立健全了一系列到村、到户、到人帮扶的具体措施，全面打响了脱贫攻坚战。

宁洱县按照云南省的总体部署和普洱市脱贫攻坚的总体要求，确定了努力争取率先进入云南省第一批脱贫摘帽县的目标。为了实现这一目标，宁洱县举全县之力、集全民之智，以更加明确的目标、更加有力的举措、更加有效的行动，打赢脱贫攻坚战。具体做法包括以下方面。

一是产业发展脱贫。主要包括特色产业扶贫、旅游扶贫、电商扶贫、资产收益扶贫等方面。总体上坚持以市场为导向，充分发挥农民合作组织、龙头企业等市场主体带动作用，完善企业和农户的利益联结机制，强化"一县一特、一乡一业、一村一品"产业培育，走绿色、生态、规模化、集约化产业道路。农业产业与旅游产业相结合，带动服务业发展。建立健全产业到户到人的精准扶持机制，打造一批特色优势产业。通过产业培育，使每个贫困乡镇、贫困村形成若干特色拳头产品。确保每个贫困乡镇至少有1个种植基地、1个养殖示范小区，每个贫困村有1~2个产业发展项目，每个贫困户掌握1~2项实用技术，指导有劳动能力和脱贫愿望的贫困户自主选择，做到村村有产业、户户有项目，增强发展能力。

二是转移就业脱贫。主要通过大力开展职业技能培训，全面提高建档立卡贫困人口劳动技能和素质，根据建档立卡贫困人口的学历、年龄和发展需求分类、分项进行培训。推进就地就近转移就业，建立定向培训就业机制，依托龙头企业带动就业，积极开展校企合作、订单培训，力争培训一人、就业一人。将贫困人口转移就业与产业聚集园区和城镇化建设相结合，鼓励引导企业向贫困人口提供就业岗位，对优先安排贫困人口就业的企业或产业园区给予财政资金支持。

三是易地搬迁脱贫。通过精准识别搬迁对象，积极稳妥实施搬迁安置，组织实施好易地扶贫搬迁工程，加强规划约束、政策支持和组织保障，确保搬迁群众住房安全得到有效保障，确保安全饮水、出行、用电、通信等基本生产生活条件需要得到满足，确保搬迁群众享有便利可及的教育、医疗等基本公共服务，确保迁出区生态环境明显改善、安置区特色产业加快发展、搬迁群众收入水平不断提高。实现贫困人口搬得出、稳得住、能脱贫。

四是教育扶贫。改善办学条件、强化教师队伍建设，不断提升基础教育水平。完善对困难学生的资助救助政策，加大对贫困家庭学生高等教育的支持力度，减轻贫困家庭学生就学负担。加强教育扶贫支持力度，全面提高贫困地区人民群众的基本文化素质和劳动者技术水平，让贫困家庭子女都能接受公平有质量的教育，从根本上阻断贫困代际传递。

五是健康扶贫。深化医药卫生体制改革，进一步加强统筹协调和资源整合，采取"六个一"措施，全力落实基本医疗保障体系和建档立卡贫困人群的医疗和基本公共卫生服务工作，保障农村贫困人口享受基本医疗卫生服务，切实解决贫困群众看病难就医难问题，防止因病致贫、因病返贫，全面提高贫困人口健康水平。

六是生态补偿。加大贫困地区生态保护修复力度，认真实施新一轮退耕还林、还草工程，建立健全生态补偿机制，加强农业资源保护和生态治理修复，提升可持续发展能力。逐步扩大对贫困人口的生态补偿范围，增加生态公益性岗位，使贫困群众通过参与生态保护实现就业脱贫。

七是兜底保障。以保障贫困农户基本生活为根本目的，着力提升贫困地区农村基本公共服务水平，为城乡居民尤其是困难群体的基本生活提供物质帮助，加快建立基本社会服务制度，完善农村社会救助体系，促进扶贫开发与社会保障有效衔接，健全农村"三留守"人员和残疾人关爱服务体系。充分发挥农村低保等社会救助制度在稳定脱贫中的保障作用，实现社会保障兜底脱贫。

八是社会扶贫。发挥东西部扶贫协作和定点帮扶的引领示范作用，坚持政府主导、政策扶持、社会参与相结合，广泛动员和凝聚社会力量参与扶贫，着力构建社会扶贫长效工作机制，营造全党齐动员、全民齐参与、全心谋扶贫、全力促增收、全面奔小康的浓厚氛围，切实增强脱贫攻坚的整体合力。

九是提升贫困地区基本设施建设水平。围绕脱贫攻坚目标、"造血功能"建设，着力解决区域性整体贫困问题，以1个贫困镇、12个贫困村和分布建档立卡贫困人口的村民小组为重点，着力解决贫困村通路、通水、通电、通网络等问题。实现贫困村全部通水泥路、通客运、通互联网，贫困户有放心水、有可靠电、宽带网络使用率提高及有活动场所，为脱贫摘帽提供基础设施保障。

在这些政策措施的全面实施下、在宁洱县各族人民的共同努力下、在各方社会扶贫力量的支持下，2017年底，宁洱县累计实现了32个贫困村出列、3651户13236名贫困人口脱贫，贫困发生率降至1.26%。[1] 经过第三方评估，宁洱县各项指标符合脱贫要求，成功实现了率先脱贫摘帽。

2018年，宁洱县在脱贫攻坚取得决定性胜利后，注重巩固脱贫成果并开始转入乡村振兴阶段。习近平总书记指出："脱贫攻坚取得胜利后，要全面推进乡村振兴，这是'三农'工作重心的历史性转移。"[2] 为此，宁洱县建立起常态化监测机制。以易地扶贫搬迁为例，主要措施包括以下方面。一是规范监测对象"进""出"的程序，按照"综合分析研判、实地调查、信息核查、评议公示、乡镇审核、县级确定"的程序规范、精准识别监测对象和精准消除风险。二是以群众自主申报、村组干部日常走访排查、行

---

① 《中共宁洱哈尼族彝族自治县委、宁洱哈尼族彝族自治县人民政府关于2016—2020年五年脱贫攻坚工作情况的报告》。

② 中共中央宣传部、国家发展和改革委员会编《习近平经济思想学习纲要》，人民出版社、学习出版社，2022，第105页。

业部门预警线索筛查的方式常态化开展防返贫动态监测帮扶工作，每月一研判。三是紧盯脱贫不稳定户、边缘易致贫户和突发严重困难户，严格落实"四个不摘"要求，重点关注"两不愁三保障"和饮水安全保障，压实县镇村工作队、驻村工作队责任，定期走访排查。① 在总体方面，2021年以来防返贫动态监测帮扶工作机制主要是：按照相关行业部门每月监测1次的要求，村级防止返贫动态监测工作队对重点人群至少每月监测2次，做到常态化监测，适时组织信息比对核实，及时上报返贫致贫风险信息，录入防返贫监测信息系统，及时跟进帮扶措施，确保农村易返贫易致贫人口早发现、早干预、早帮扶，避免农户因未录入系统，帮扶措施无法及时落实。通过这些政策措施的实施，2013~2020年，全县累计脱贫4312户15029人，实现了所有贫困人口全部脱贫，夺取了决战决胜脱贫攻坚、全面建成小康社会的决定性胜利。②

二 宁洱县率先脱贫的主要经验

（一）加强领导，举全县之力进行脱贫攻坚

为加强对全县脱贫摘帽工作的领导，做好脱贫摘帽各项工作，2016年1月，宁洱县委县政府成立脱贫摘帽指挥部。由县委书记、县长任指挥长，由县委县政府的各副职领导、县新农村建设驻村帮扶工作总队总队长、县人大常委会主任、县政协主席、县委宣传部部长、县纪委书记、县委政法委书记、县委办公室主任、县人武部部长、县委组织部部长等任副指挥长。

由县委办公室、县委政策研究室、县委组织部、县委宣传部、县发改局、县工业商务和信息化局、县教育局、县民政局、县财政局、县人力资源和社会保障局、县国土资源局、普洱市环境保护局宁洱分局、县住房和城乡建设局、县交通运输局、县农业和科学技术局、县林业局、县水务局、

---

① 《宁洱哈尼族彝族自治县2022年巩固拓展易地扶贫搬迁脱贫成果工作总结和2023年工作计划》。

② 《中共宁洱哈尼族彝族自治县委、宁洱哈尼族彝族自治县人民政府关于2016—2020年五年脱贫攻坚工作情况的报告》。

县文体广电旅游局、县卫生和计划生育局、县审计局、县统计局、县政府扶贫办、县移民局、县档案局、县茶叶和特色生物产业局、县供销社、团县委、县妇联、县工商联、县残联、县红十字会、国家税务总局宁洱县税务局、县地方税务局、国家统计局宁洱调查队、中国人民银行宁洱支行、中国农业银行宁洱支行、县农村信用合作联社、宁洱供电有限公司、中国电信宁洱分公司、中国移动宁洱分公司、中国联通宁洱分公司、云南广电网络宁洱支公司的主要领导以及宁洱县所辖九个乡镇的主要党政领导，共同组成脱贫摘帽领导小组的主要成员。

脱贫摘帽指挥部负责全县脱贫摘帽工作的统筹协调和工作部署，制定有关政策措施。指挥部下设办公室和九个工作组，简称"一室九组"。九个工作组分别是：宣传报道工作组、党建脱贫双推进工作组、项目整合与资金管理工作组、产业脱贫工作组、易地搬迁脱贫工作组、基础设施建设工作组、生态补偿脱贫工作组、教育及转移培训就业脱贫工作组、社会保障兜底扶贫工作组。这九个工作组负责提出"五个一批"脱贫行动的相关保障措施以及具体项目的组织实施。

从以上脱贫摘帽指挥部的组成人员和组织架构可以看到，宁洱县脱贫摘帽领导小组阵容强大，整合了全县所有的党政机关、事业单位、群众组织以及负责资金融通、基础设施保障的企业单位等，可以说是举全县之力，团结一致、全力以赴打好脱贫攻坚战。

（二）筑牢组织保障，以党建带脱贫、以脱贫促党建

在脱贫攻坚工作中，宁洱县把基层党建与脱贫攻坚深度融合，充分发挥基层党组织的战斗堡垒和党员的先锋模范作用，把党的政治优势转化为脱贫攻坚的强大动力。成立了党建脱贫双推进工作组，明确了工作组的主要职责：抓好贫困村基层党组织建设，发挥基层党组织和基层党员干部在扶贫工作中的战斗堡垒和先锋模范作用；抓好贫困村驻村工作队（第一书记）的选派、管理、考核等工作；抓好乡镇领导班子和领导干部扶贫工作实绩考核；做好党建带团建、党建带社区建设工作，发挥好共青团、妇联等群团组织的作用，组织广大农村青年和妇女积极投身于扶贫工作；完成指挥部交办的其他工作任务。

宁洱县党建脱贫工作主要做法包括以下方面。一是选优配强干部,强化脱贫攻坚一线力量。择优提拔和调配优秀干部担任乡镇党政正职、挂职锻炼和挂任助理,定向乡镇招录公务员,招聘县、乡、村民政助理员,充实脱贫一线力量。二是融合党建资源,强化脱贫攻坚基础保障。新建或提升改造村组活动场所,实现村民小组活动场所全覆盖。三是发挥党员示范作用,强化脱贫致富带动力量。县委县政府制定《宁洱哈尼族彝族自治县农村党员结对帮扶贫困户实施方案》,建立农村党员能人与贫困户结对帮扶机制。县、乡、村"三级联动"常态化开展党员培训,提升队伍整体素质,选派村干部、致富带头人到上海市金山区学习培训。实施"基层党员创业致富贷款",为有需求的农村优秀党员、模范党员提供创业致富担保贷款用于发展产业,解决农村党员在发展生产中资金不足的问题,切实发挥农村党员引领脱贫致富示范作用。

(三)创新手拉手,建立"挂包帮"和驻村扶贫工作长效运行机制

建立"挂包帮"长效运行机制,是实施精准扶贫的一项创新政策,是中国特色社会主义制度优越性的充分体现,也是中华民族大家庭共同团结进步、共同繁荣发展的具体体现。从中央到地方,动员全社会的力量对贫困地区贫困人口进行挂钩帮扶,确保乡镇有县级领导挂联、贫困村有县级领导和单位挂包、贫困户有干部职工结对帮扶,做到不脱贫不脱钩。帮扶单位发挥行业优势,配合贫困村制定脱贫攻坚规划和年度实施规划,汇聚各类资源帮助贫困村发展、解决实际困难问题。帮扶干部根据贫困户的实际情况,制订精准帮扶计划,落实帮扶责任。建立县级整合资源机制,由县级统筹安排到县的各类帮扶力量。加强驻村扶贫工作队力量,县委派一名专门分管扶贫工作的副书记或副乡镇长,挂包贫困村的单位派一名班子成员驻村抓扶贫工作;健全完善驻村帮扶机制,驻村扶贫工作队的队长由村党组织第一书记兼任,队员由5~10人组成。驻村扶贫工作队主动对接"挂包帮"单位和帮扶干部,全力推动脱贫攻坚各项任务全面落实。

驻村扶贫工作队的主要职责有:宣传党委、政府关于扶贫开发重大方

针政策，帮助落实好强农惠农富农政策和扶贫措施；协调落实"挂包帮、转走访"工作，配合村"两委"完成贫困村、贫困户建档立卡和动态管理工作；逐村逐户分析致贫原因，帮助制定村级脱贫发展规划和年度实施规划，找准发展思路、制定脱贫措施、增加农民收入；引导贫困村发展特色产业和村级集体经济，帮助协调解决贫困户住房、就学、就医等实际困难；组织开展实用技术培训、劳动力转移技能培训等工作，提升贫困群众能力素质，拓宽农民增收渠道；推进扶贫开发与基层党建双推进工作，协调解决各种矛盾纠纷，监督村务公开、财务公开，促进基层干部依法办事。

为进一步打牢群众基础、密切干群关系、激发贫困群众内生动力、凝聚强大合力、聚力脱贫攻坚，2016 年以来，宁洱县采取"挂包帮"干部入户"五个一"群众工作法，即吃一顿饭、干一天劳动、开一次家庭会、解决一件实际困难、打扫整理一次家庭卫生。切实提升了全县"挂包帮"干部服务群众的能力和水平，赢得了群众在脱贫攻坚工作中的信任和拥护，切实提升了群众满意度和认可度。

宁洱县"挂包帮"干部入户"五个一"群众工作法推行，就是要干部密切联系群众，手拉手、心连心，走进群众的日常生活之中，与群众建立密切的感情联络，听群众心声，聊家长里短，准确掌握所挂包贫困户的基本情况，宣传脱贫攻坚政策措施，争取群众理解与支持，理清发展思路，落实帮扶措施，扎扎实实为群众做好看得见、摸得着的实事。在服务群众中锤炼了干部党性，增进了群众感情，以真心换得民心，密切了党群干群关系，进一步激发了贫困群众的脱贫致富热情，使贫困群众实现从"要我脱贫"到"我要脱贫"的思想大转变，不断增强脱贫攻坚工作实效。

（四）加强教育扶贫，阻断贫困代际传递

扶贫先扶智，脱贫先治愚。宁洱县坚持落实《教育脱贫攻坚"十三五"规划》提出的"促进教育强民、技能富民、就业安民"的要求，加大教育扶贫支持力度，以全面提高贫困地区人民群众的基本文化素质和劳动者技能水平、让贫困家庭子女获得公平教育为目标，大力实施教育扶贫。

一是加强中小学幼儿园的硬件条件建设。实施学前教育三年行动计划，

推进幼儿园建设项目特别是乡村幼儿园的建设,满足城乡适龄幼儿入园需求。保证每个乡镇至少建好1所公办中心幼儿园,人口集中的大村独立建园,小村设分园或联合办园。宁洱县新建德化镇幼儿园、德安乡幼儿园、黎明乡幼儿园等幼儿园,加大对农村初中校舍改造工程、义务教育合格学校建设、城镇义务教育扩容改造、农村义务教育薄弱学校改造计划等项目的资金支持力度,改善所有非完全小学和教学点的基本办学条件,进一步缩小义务教育校际、城乡间、区域间差距。推进农村寄宿制学校标准化建设,完善各类设施设备,特别是宿舍、食堂、医务室、厕所、浴室等必需设施,改善寄宿学生吃、住、学、乐等基本条件。按照"缺什么补什么"的原则改善义务教育学校基本办学条件。建设宁洱县磨黑镇团结小学学生宿舍、宁洱县同心镇那柯里村小学教学楼、宁洱县德化镇窝拖小学教学综合楼、宁洱县勐先镇中心小学环形跑道、宁洱县勐先镇竹山小学厕所和浴室等一批中小学基础设施。

二是强化教师队伍建设。扩大"特岗计划"实施规模,重点补充紧缺学科教师和幼儿园教师,确保特岗教师与在职在编教师享受同等待遇。鼓励和支持各地自主实施以补充乡村幼儿园教师为主的当地"特岗计划"。出台农村中小学引进紧缺骨干教育人才等激励政策,吸引省内外人才到贫困地区从教。招聘教师优先保障乡村学校紧缺学科教师需求,招聘计划向本地生源倾斜。鼓励城镇退休的特级教师、高级教师到贫困地区乡村学校支教讲学。与此同时,加强教师队伍培训。把乡村教师培训纳入基本公共服务体系,全面提升贫困地区教师能力素质。"国培计划""省培计划"等教师培训项目重点向乡村倾斜,将乡村学校校长、教师纳入全员培训体系。鼓励教师在职学习深造,提高学历层次。引导与发达地区中小学开展"手拉手"结对帮扶。

三是实施多个支持项目切实降低贫困家庭学生上学负担。为了更好地支持帮助贫困家庭学生减轻上学负担,宁洱县全面落实"营养改善计划""两免一补""职业教育东西协作行动计划""雨露计划"等教育扶贫政策,出台保障学生就学、保障家庭减负的"两个保障"措施,减轻义务教育贫困学生入学负担，确保不因贫辍学。从 2016 年起，宁洱县每年针对贫困学生的专项扶贫资金水平不断提高，相关部门及时调整优化教育资助政策，将精准识别、精准资助、精准发放落实到人。到 2022 年底发放各类学生资助资金 2406.8 万元，惠及学生 50298 人次；落实"雨露计划"及东西协作资金 119.1 万元，资助学生 385 人；发放生源地助学贷款 1440.88 万元，资助学生 1492 人。通过教育扶贫，确保每一名困难学生都能顺利入学、安心就学。

在这些政策措施的支持下、在全县人民群众的共同努力下、在全社会的共同支持帮助下，宁洱县在脱贫攻坚的道路上坚定前行，在全省范围内率先实现了脱贫，也是全国率先脱贫的贫困县之一。

第三节　凝心铸魂：文化振兴引领各族群众共赴乡村振兴

习近平总书记在党的二十大报告中强调："加快建设农业强国，扎实推动乡村产业、人才、文化、生态、组织振兴。"这为新时代新征程全面推进乡村振兴、加快农业农村现代化提供了根本遵循。乡村文化振兴是乡村振兴的重要内容和有力支撑。推动乡村振兴，既要凝心又要铸魂，不断丰富人民精神世界、增强人民精神力量，更好培育文明乡风、良好家风、淳朴民风，提高乡村社会文明程度，焕发乡村文明新气象。

宁洱县积极推动文化振兴，充分利用优秀传统文化，大力发展先进文化，提高广大人民群众的民风良序、公民意识和国家认同意识，以文化振兴促进经济发展、社会和谐、民族团结和边疆稳定。除了宣传和发扬源远流长的中华优秀传统文化，宁洱县还积极推动先进文化走进村寨，包括以"文化下乡"推动国民素质提升、在民族文化保护传承中增进民族团结、以"本地好人"为榜样助力精神文明提升。通过建设乡村图书馆，利用大喇叭、小喇叭宣传党的方针政策和精神，组织村民卫生评比等具体活动，满足村民精神文明需求，提升村民素质，用实际行动让人民享有更加充实、更为丰富、更高质量的精神文化生活。

一 以"文化下乡"推动国民素质提升

（一）建设乡村图书馆（室）和开展阅读活动

1. 乡村图书馆（室）

据《宁洱县乡镇图书馆名录》，宁洱县图书馆系统由宁洱县图书馆（总馆）和包括宁洱镇分馆、宁洱镇太达村服务点、同心镇分馆、同心镇同心村服务点、梅子镇分馆、梅子镇民乐村服务点、德化镇分馆、德化镇勐泗村服务点、磨黑镇分馆、磨黑镇星光村服务点、普义乡分馆、普义乡普义村服务点、黎明乡分馆、黎明乡岔河村服务点、德安乡分馆、德安乡文化村服务点、勐先镇分馆、勐先镇和平村服务点在内的共19处图书馆及服务点组成。此外，乡村图书室在各乡镇和村组全覆盖。各乡镇和村组的图书馆（室）藏书主要包括以下类别：国家法律、党的方针政策及学习读本、经典文学名著、云南历史文化、农村实用技术等。藏书均可供阅读和外借。

除了上述图书馆和乡村图书室以外，宁洱县还建设了一些具有特色的乡村图书馆，如同心镇那柯里"云上乡愁书院"、勐先镇农家书屋、温泉村"大鬼小鬼图书馆"等。同心镇那柯里"云上乡愁书院"，是普洱市首家景区书院，院内书籍常年保持在600种1000册以上，书籍内容涵盖普洱本土风情、旅游文化、文学艺术、农村种植养殖技术等，书院书香气息浓郁，强化了那柯里作为茶马驿站的文化特色。

勐先镇探索"农家书屋+新时代文明实践站"融合建设模式，充分发挥农家书屋作用，促进乡风文明。农家书屋管理员积极为阅读的村民推荐惠农科技、作物栽培、特色养殖、移风易俗、法律等方面书籍，激发群众读书热情，大家品书香、增知识、学技能，农家书屋成为村民文化生活的"精神家园"。

温泉村上南温小组的"大鬼小鬼图书馆"，主要服务于附近村寨的居民，特别是少年儿童。"大鬼小鬼图书馆"以少儿图书为主题，在一个简易的农家小院，辟出一个读书角落，书架上摆放少儿读物、科普读本、儿童绘本等书籍，墙上贴着孩子们的手绘作品。一张张简朴的书桌，让孩子们有静静阅读的空间。负责图书管理的老师，还十分用心地通过积分奖励等手段，鼓励孩子们经常到图书馆读书，养成良好的阅读习惯。

2. 有声图书馆（"有声墙"）

宁洱县图书馆的"有声图书馆"可以通过"有声墙"扫码进入，馆内分设党史党建、每日一听、兴趣科普、健康养生、文学文艺、童话故事等14个栏目，每个栏目均附带一个二维码，读者无须下载App，只需要用手机微信"扫一扫"，即可进入所选栏目，随时随地听到县图书馆实时更新的电子书籍（见图5-1）。除了县图书馆体验区，"有声图书馆"已经实现所有乡镇、所有乡组全覆盖。一些乡镇还依托各村新时代文明实践站，通过志愿者入户走访，把迷你版"有声墙"发放到村民手中，让村民足不出户就能在家里阅读、学习，有效提升了全民阅读推广服务水平，获得了广大村民的好评。

图5-1　宁洱镇细石头村的"有声墙"

资料来源：调查组供稿。

3. 开展乡村阅读活动

宁洱县依托各类图书馆、文化馆，广泛开展阅读推广活动，引导全县人民爱书读书，激发群众读书热情，用浓郁书香凝聚精神力量，提高群众精神文化生活的幸福感、获得感，促进宁洱县精神文明建设。例如，2022

年4月19日，宁洱县委组织部联合县图书馆在县老年大学举办老年人数字阅读培训。在培训中，宁洱县图书馆工作人员通过展板直观呈现和现场演示等形式，向老年人介绍了宁洱县图书馆"有声墙"阅读平台功能、亮点特色和操作指南。手把手教会老年人通过手机扫码关注"宁洱图书"微信公众号，进行数字阅读操作，在指导他们使用图书馆免费数字资源的同时，呼吁他们积极向身边的亲戚朋友推广，营造全民阅读新风尚。在2023年4月23日世界读书日，宁洱县2023年全民阅读活动暨深化"阅读之城"创建启动仪式、世界读书日亲子阅读主题活动、县职业高级中学的阅读品茗主题活动同时举办。宁洱县还开展了普洱市"小桔灯"家庭亲子阅读活动暨宁洱县2023年"阅读榜样"评选活动。宁洱县妇联发挥在引领亲子阅读风尚、开展亲子阅读活动、提供亲子阅读指导等方面的积极作用，推进亲子阅读活动常态化，营造全民阅读、弘扬家庭美德的良好氛围，让书香飘进每一个家庭，让书籍浸润每一颗童心。

（二）广播电视下乡

广播电视作为一种广泛覆盖的媒体形式，可以将各种新闻、时事、科技、健康、教育等信息传递给广大人民群众。人们可以通过收听广播、收看电视节目了解国内外的最新动态和重要事件。广播电视提供了大量的教育节目和文化内容，如教学课程、纪录片、历史传记、文学艺术欣赏等。这些内容不仅拓展了人们的知识面，还有助于文化传承和价值观培养。广播电视广泛应用于公共服务和紧急通知领域。政府可以利用广播电视发布重要公告、通知和政策，向民众提供紧急情况下的安全警报、天气预警等信息，提高公众的安全意识和应急处置能力。广播电视可以传递社会责任和公益理念，引导公众关注社会问题和参与公益活动。通过宣传社会正能量、弘扬社会公德，广播电视对社会道德建设和公民素质提高起到积极作用。

宁洱县广播电视新闻宣传紧紧围绕县委、县政府工作，牢牢把握舆论导向，充分发挥主流媒体采编优势，精准选题靠前策划，搭建上下协作网，建设新媒体平台，显现媒体融合发挥优势，用一篇篇有深度、有温度、有力度的新闻报道，不遗余力讲好宁洱故事、传播宁洱声音、凝聚宁洱力量，创作了一大批鲜活生动、影响广泛的新闻作品，为全县经济社会发展凝聚了强大正能量。在普洱市召开的 2021 年普洱广播电视宣传工作会议上，宁洱县融媒体中心荣获普洱广播电视台 2020 年度广播电视新闻宣传工作第一名，创历史最好成绩。宁洱县融媒体中心 4 名记者被评为"2020 年度广播电视新闻宣传工作优秀通讯员"。

宁洱县宣传工作主要依靠融媒体中心开展，其中运营的媒体平台包括宁洱广播电视台、微信公众号"宁洱发布"、宁洱融媒以及七彩云端 App 等。宁洱县在这些融媒体平台上开设各种专题专栏，将党的方针政策宣传到基层。县委宣传部还积极参与国际传播，配合南亚、东南亚国际传播中心开展采风活动，并在海外社交媒体上开通账号进行宣传。

宁洱县在乡村振兴过程中围绕品牌开展宣传工作，宣传工作依据宁洱县的特色资源、新兴产业、传统文化等优势，特别是在民族团结进步、茶马古道遗产、乡村新貌、咖啡产业、茶叶经济、冬农蔬菜等方面聚焦热点，进行精准宣传。县委宣传部进行了有针对性、特色亮点的宣传，充分展现了宁洱县团结干事的作风和经济社会发展的独特魅力。

相比其他宣传方式，"村村响"大喇叭宣传氛围更浓厚，群众知晓率也更高。"村村响"大喇叭平时除了播报民生信息和村情事务、日常宣传引导，还承担着宣传党政方针、惠民政策、乡村振兴政策、农业科学技术的任务。"村村响"大喇叭把新观点、新举措讲给村民们听，是传播政策好声音的"扩音器"、村民致富的"信息站"，真正让村民听得进、记得住，在潜移默化中培育良好的村风民风。调查组在宁洱县勐先镇谦乐村调研时发现村里的喇叭早晨六点就开始播放正能量歌曲，九点左右开始播放晨间新闻。无论是村民小组开会还是活动通知，都是通过"村村响"大喇叭进行宣传广播（见图 5-2）。

宁洱县充分利用"村村响"大喇叭这一平台，大力发挥其传播速度快、影响范围广、收听效果直接的作用，创新开展"1+X"扶贫政策宣传新模式。"1"即以贯彻落实习近平总书记扶贫开发战略思想及中央、省委、市

图 5-2　谦乐村的"村村响"大喇叭

资料来源：调查组成员拍摄。

委、县委脱贫攻坚决策部署和防灾减灾、气象预报、应急预警为主题，"X"即按"你点我播"模式，由乡镇宣传文化工作人员收集群众收听意愿，结合各村群众发展需求，量身定做"一村一播"广播稿，并以每天早、中、晚滚动播放"一条扶贫政策、一件民生实事、一个身边先进典型"的方式，让群众深入了解精准识别、精准帮扶、精准脱贫要求和共建共享政策实惠，教育引导群众感党恩、颂党恩、学先进、共致富。通过"村村响"大喇叭实现信息共享，确保党的路线、方针、政策和省、市、县各项决策部署家喻户晓、人人皆知、入耳入心，进一步提高群众满意度。截至 2018 年，宁洱县在全市率先实现了 85 个行政村"村村响"大喇叭全覆盖。

（三）设置新时代文明实践中心

设置新时代文明实践中心来推进精神文明建设，是宁洱县在促进乡风文明、实现乡村振兴的又一抓手。新时代文明实践中心是宣传落实国家有关法律法规、政策措施和重点工作的窗口，开展各种形式的文明建设宣传和教育活动，寓教于乐地普及司法知识、传递安全提示等相关信息，为促进经济社会发展和维护社会稳定提供支持。新时代文明实践中心也是传承中华优秀传统文化、倡导绿色低碳生活、推进全民健身、提升公民素质等的重要场所，通过开展丰富多彩的文化活动和培养文明新风尚，引导广大人民群众树立中国特色社会主义核心价值观，提高全体人民的精神文明素质。

截至 2024 年初，宁洱县共设立了 1 个新时代文明实践中心和 5 个分中心，建立了 9 个乡镇文明实践所和 89 个村（社区）文明实践站。新时代文明实践中心负责推广新时代文明的具体实践活动，通过开展一系列群众喜闻乐见的主题活动，大力发展乡风文明，促进乡村振兴。

> 勐先镇谦乐村新时代文明实践站每个月都会开展志愿活动、节日庆祝活动、普法活动、阅读活动等。例如，2023 年 1 月的志愿服务关爱行动内容包括：开展孤寡老人、残障人士、农村留守儿童等困难困境群体结对帮扶、走访慰问等活动；开展平安勐先宣传教育和巡逻排查等活动；开展"文化进万家""送欢乐下基层"等文体文艺志愿服务活动；开展科学文明生活方式宣传教育活动，倡导"光盘行动"、节俭过年，抵制陈规陋习；春节前还举行了"我们的节日——春节"除尘迎新活动，组织全镇各单位、各村除尘迎新。①

新时代文明实践中心、实践所和实践站充分发挥阵地作用，通过学习科学理论、宣讲党的方针政策、践行社会主义核心价值观、深化移风易俗以及开展文化活动等方式，将精神文明融入日常生活，使之成为人们的自觉行为。通过深化群众性精神文明创建活动，致力于营造乡村优美环境，打造农村良

---

① 2023 年 8 月谦乐村罗彩婷访谈资料。

好秩序，创造高品质的乡村生活，助推乡村振兴向高质量发展。

二 在民族文化保护传承中增进民族团结

民族文化是一个民族精神生活的体现，它反映了一个民族的思想、观念、信仰、价值观等文化特征。民族文化是一个民族的重要标识，是一个民族自我认同的基础。传承和弘扬民族文化，是增强中华民族文化自信的重要内容，也是促进中华民族交往交流交融、铸牢中华民族共同体意识的重要路径。随着旅游业的不断发展，民族文化也成为少数民族地区重要的旅游资源。开发民族文化旅游，可以带动当地经济的发展，提高当地居民的收入和生活水平。宁洱县以开放包容的理念来传承民族文化，鼓励全社会各族人民共同参与传承和保护民族文化，促进多元文化的发展，通过民族文化的保护传承践行各民族共同团结进步。

非物质文化遗产保护传承的实践，是民族文化保护传承的重要体现。宁洱县以文化传承保护为抓手，保护、传承少数民族语言文物古籍、音乐、舞蹈、体育、建筑、服饰、餐饮和医药等文化遗产，取得了诸多成就："普洱茶·贡茶制作技艺"被列入国务院公布的第二批国家级非物质文化遗产名录；茶乡女儿、知名彝族电影演员杨丽坤主演的《五朵金花》《阿诗玛》成为世界影视文化的瑰宝，小品《一个不能掉》，舞蹈《捡豆豆》、《布鲁豪些》和《马帮》，花灯小戏《观礼归来》等一批优秀民族文艺作品获省级、国家级大奖，花灯歌舞剧《盟誓》成功展演；创新性传承哈尼族苦扎扎节、红蛋节，彝族火把节等传统节日文化；提升打造普洱民族团结园—谦岗村火塘夜校—困鹿山古茶园—磨黑镇思普革命纪念馆—那柯里美丽乡村旅游的民族团结进步干部教育教学路线。宁洱县通过民族文化和红色文化的传承保护，促进了民族团结。

非遗文化进校园活动是推动民族文化代代相传的重要途径。在梅子镇中心学校，芦笙、唢呐、三弦等传统乐器的传承人在校园里开设专门的教学课程，每周四下午为学生们提供指导，通过手把手的教学方式，让学生们亲身感受这些传统乐器的魅力。这些传承人在教授传统乐器的吹、拉、弹、唱过程中，并不区分学生的民族身份，而是对所有学生开放、一视同仁。在勐先镇中心小学，一套具有浓郁民族特色的课间操吸引了所有学生的参与，每天上午第二节课后，全校学生不论哪个民族，一律穿上哈尼族民族服装，在运动场上活力四射地挥洒汗水，展现出阳光、自信、快乐的精神面貌，成为一道独特的校园风景线。哈尼族刺绣作为传统民族文化的一个重要组成部分，也受到了宁洱县的重视。勐先镇宣德村蚌扎组开展的"传承民族刺绣·绽放巾帼风采"培训班，不仅吸引了众多哈尼族妇女参与，也对愿意学习的其他民族的妇女开放，并不会刻意加以区别对待。在这个培训班上，普洱市女企业家协会会员普洱弄潮儿民族文化开发有限公司负责人李增老师对色彩搭配、针法、图案组合等进行讲解和指导，帮助参与妇女提升技艺，并将手工刺绣与旅游产品结合，为参与妇女提供增加收入的新途径。宁洱县的这些举措不仅让一些少数民族的优秀传统文化得到了保护和传承，也让其他民族的成员能够参与其中，学习和体验这些独特的文化。这种开放和包容的态度，不仅促进了不同民族之间的交流和理解，也通过鼓励所有民族积极参与，深化了民族团结和加快了社会进步的进程。

宁洱县在保护和传承少数民族优秀传统文化方面做出了积极的努力。通过非遗申报和非遗传承，不仅提高了各民族的文化自觉和自信，也促进了各民族之间的交流和融合。同时，通过引入非遗项目进校园、在中小学校开展特色课程以及在山乡村寨举办培训班等方式，宁洱县为少数民族文化的传承和发展提供了良好平台。这些努力对于保护和传承少数民族优秀传统文化具有重要意义，也为促进民族团结和社会进步做出了积极的贡献。

三　以"本地好人"为榜样助力精神文明提升

（一）好人评选先进事例

宁洱县委聚焦奋斗在一线的优秀党组织、优秀共产党员，弘扬榜样精神、凝聚奋进力量，激励全县广大党员干部和人民群众学习先进、争当先进、学习榜样、肩负使命、实干担当、锐意进取，为实现经济社会高质量发展贡献先锋力量。同时，还在各行各业、各个年龄段评选出村民身边的好人好事，让榜样的事迹贴近日常生活，这也使榜样的力量更加深入人心。近年来，普洱市精神文明建设指导委员会办公室每个季度都要评选"普洱好人"，每一季度的"普洱好人"榜上，都会有宁洱"好人"的身影。上榜的宁洱"好人"们，并没有惊天动地的事迹，他们只是兢兢业业奋斗在第一线、勤勤恳恳做好自己的本职工作和本分事情。他们就是身边的令人亲近的邻居、同事、朋友，他们以其朴实实干的经历，激励着更多的人做好自己的工作。

2024年第一季度"普洱好人"榜，宁洱有4名"好人"入选。他们的事迹如下：

> 李红富，男，汉族，1985年出生，中共预备党员，宁洱县梅子镇永胜村芭蕉林组村民、梅子镇电子商务服务站负责人。1995年，10岁的李红富因一场意外受伤致残，失去了右腿，被鉴定为肢体二级残疾，他身残志坚，成为永胜村"巅清摆尾箐"茶的商标注册人，引领村民脱贫致富，成为当地的致富带头人；他热心助人，帮助其他残疾人掌握政策、申办残疾证，通过微信群成功帮助多名残疾人就业。李红富先后获得2018年普洱市残疾人技能竞赛木雕组第二名，2021年云南省残疾人工艺品工美杯木雕铜奖，2023年度宁洱县"致富先锋"荣誉称号。

> 杜忠，男，彝族，1969年生，南方电网云南普洱宁洱供电局宁洱供电所高级网格服务员，地市级四级拔尖技能专家、技能内训师，用电检查专业地市级岗评师，多次参加省级单位组织的技能培训、考评及岗评标准修编。2018年获评省级单位人力资源工作教育培训先进个人，2020年获省级单位特授予的"董事长嘉奖"，先后3次获评县级单位先进生产（工作）者。

> 毕金花，女，哈尼族，1978年生，宁洱县普义乡普治村上寨村民小组村民。2014年，毕金花的丈夫在景洪轮胎厂打工时，因突发性脑出血治疗无效死亡，丈夫的离世对于这个上有老下有小的家庭来说是致命的一击。两位老人因承受不了丧子之痛一病不起。两个孩子还要上学，

真的是"叫天天不应，叫地地不灵"，生活的重担全部落在了毕金花一个人的身上。但是命运的磨难并没压倒这个柔弱的女人，她勇敢地肩负起了这一份责任，把所有的痛苦和压力变为前进的动力，伺候老人、照顾孩子、洗衣做饭、种地收割等里里外外的活全靠她一个人挑着。但她依旧事无巨细地照顾着这个家庭，成了村里人人称道的好儿媳。

王庆光，男，汉族，1971 年生，中共党员，宁洱县梅子镇农业综合服务中心工作人员。他 32 年来专注兽医行业，以高度的政治责任感和工作危机感为动力，在平凡的岗位上默默地奉献，以"立足于农村、扎根于基层、服务于群众"的工作思路，无怨无悔地投身于畜牧兽医事业当中。2018 年荣获"云南省首届百名农技推广大使"称号。①

榜样的力量是无穷的，他们在平凡的工作和生活中默默奉献和引领群众发展的行为，起到了很好的示范作用。宁洱县正是依靠不断推出村民身边"好人"，去激励更多的人成为"好人"，以此践行社会主义核心价值观，塑造自尊自强、积极向上的精神面貌，营造敬老爱幼、守望相助的良好社会风气，促进乡村社会的和谐发展。

（二）以志愿者服务传递爱心传播文明

为进一步增强中华民族共同体意识，推动全国民族团结进步创建示范县创建工作向更高层次拓展，宁洱县积极创建新一轮全国民族团结进步创建示范县志愿服务队。这些志愿服务队分别是民族团结誓词碑精神宣讲志愿服务队、民族团结普法宣传志愿服务队、民族团结卫生健康志愿服务队、民族团结文化文艺志愿服务队以及民族团结便民服务志愿服务队。此外，9 个乡镇也组建了各自的民族团结志愿服务队，志愿者总人数为 2000 余人。这些志愿服务队的主要任务包括：一是以铸牢中华民族共同体意识为核心，抓紧教育、交流、发展、法治和稳定等方面的工作；二是以学习宣传贯彻《中国共产党统一战线工作条例》为重点，深入宣传各级政策和民族团结誓

---

① 《身边的榜样！2024 年一季度"普洱好人"名单公示，宁洱县 4 人！》，"宁洱发布"微信公众号，2024 年 4 月 11 日，https://mp.weixin.qq.com/s/n81hHqZCK9qwXnrGukVYrw。

词碑精神；三是以社会主义核心价值观为引领，组织各种民族文化节庆活动，增强不同民族间的凝聚力；四是创新方式方法，全面开展民族团结进步进机关、进乡镇、进学校、进社区（村）、进医院、进军（警）营、进服务窗口、进企业、进景区、进宗教活动场所等"十进"活动，巩固民族团结进步创建成果；五是积极推进移风易俗，弘扬时代新风尚。志愿服务队为宁洱县各族人民的共同发展和民族团结进步做出积极贡献。

在宁洱县城乡各地，活跃着不同的志愿者团队，他们运用自己的知识技能和爱心热情，无私奉献，尽力帮助群众解决问题。例如，2022年12月3日，由县中医医院、宁洱镇卫生院的医生组成的医疗健身志愿服务队，在太达村为群众提供健康咨询、免费测血压、针灸、拔罐等服务。在现场，志愿者们耐心地询问了解村民的身体情况，给出指导建议并进行免费针灸、拔罐等治疗。同时，志愿者们还为村民详细讲解中医知识、日常保健方法及疾病预防方法等。又如，团县委充分发挥组织优势，积极搭建平台，于2023年2月组织52名寒假返乡大学生，深入社区（村）、车站等基层，通过开展"春运暖冬""情暖医心""助力双减"等志愿服务活动，一方面为广大群众提供一些力所能及的帮助，另一方面也为大学生搭建了解社会、参与社会实践的平台，用实际行动践行"奉献、友爱、互助、进步"的志愿精神。

第四节　合力共创：以示范区建设为依托铸牢
中华民族共同体意识

近年来，宁洱县以铸牢中华民族共同体意识为主线，大力弘扬民族团结誓词碑优良传统，围绕"共同团结奋斗、共同繁荣发展"的目标，以民族团结进步示范区建设为依托，以"弘扬民族团结誓词碑精神、铸牢中华民族共同体意识"为创建主题，以政治引领为根本，以思想建设为基础，以治理服务为内涵，着力推进社会治理高质量发展，不断推进铸牢中华民族共同体意识建设。2009年，宁洱县人民政府被国务院表彰为全国民族团结进步模范集体，2018年被国家民委授予"全国民族团结进步创建示范县"称号。

宁洱县在工作中坚持把抓基层党建与民族团结进步相结合，突出基层党建在民族团结进步中的引领作用，全面落实党的民族宗教政策，开创了"党建+民族团结"工作新格局。通过挖掘民族文化资源、弘扬民族文化拓展民族团结和谐的深度和广度，推动创建工作由"创建型"向"示范型"转变。

一　党旗下的两次宣誓——筑牢初心使命和民族团结决心

宁洱县在开展民族团结工作的诸多举措中，最振奋人心和刻骨铭心的是党旗下的两次宣誓。宁洱县把新党员入党的宣誓活动，安排在民族团结园里，在民族团结誓词碑前挂上鲜红的党旗。新党员要在这里进行两次宣誓。

一次是入党宣誓。面对鲜艳的党旗，新党员举起右拳庄严宣誓："我志愿加入中国共产党，拥护党的纲领，遵守党的章程，履行党员义务，执行党的决定，严守党的纪律，保守党的秘密，对党忠诚，积极工作，为共产主义奋斗终身，随时准备为党和人民牺牲一切，永不叛党。"铿锵有力的铮铮誓言响彻广场上空，宁洱县又注入了新鲜血液，源源不断的新青年加入党的队伍，彰显出党的强大生机与活力，展现出党的事业欣欣向荣的蓬勃气象。

一次是民族团结宣誓。新党员在民族团结誓词碑前，再次举起拳头宣誓，誓词为："我们二十六种民族的代表，代表全普洱区各族同胞，慎重地于此举行了剽牛，喝了咒水，从此我们一心一德，团结到底，在中国共产党的领导下，誓为建设平等自由幸福的大家庭而奋斗！此誓。"宣誓的誓词为民族团结誓词碑上面的碑文，这块碑被誉为"新中国民族团结第一碑"，见证了中华人民共和国成立初期边疆各族人民拥护党的民族政策，也见证了几十年来中国各民族团结进步的历程。新党员在入党这一庄重时刻，以民族团结誓词碑的碑文进行庄严宣誓，以自己的党性恪守民族团结的坚定信念，以自己党员的先锋带头作用为民族团结工作贡献更多力量。

在党旗下两次宣誓的引领下，宁洱县的民族团结工作渗透到生活中的方方面面，宁洱县各族人民始终"像石榴籽一样紧紧抱在一起"，共同团结奋斗、共同繁荣发展。

二　重温民族团结历史——发扬誓词碑
精神铸牢中华民族共同体意识

在宁洱县成立周年、国庆节、"七一"建党节等重要纪念活动，宁洱县委县政府都会在民族团结园举行重温民族团结历史的活动（见图5-3）。一个年轻的党员告诉我们：

> 参加活动的党员群众，首先听园区讲解员讲解民族团结誓词碑的来源，重温六十多年前宁洱各族人民以剽牛喝咒水的方式，结盟宣誓同心同德跟着共产党的决心。之后，我们在讲解员的引导下，迈着坚定的步伐，大家一起手拉着手、一步一步庄严地走上台阶，走到民族团结誓词碑前，大家共同举起拳头，以誓词碑的碑文进行庄严宣誓。这个仪式我们参加过很多次，但每次把拳头举起，宣读民族团结誓词碑上的誓词，都会热血沸腾，感受到团结的力量。

图5-3　重温民族团结誓词碑

资料来源：许时斌拍摄。

宁洱县的民族团结园内，有一个展览馆，展览馆将文物和历史照片配以解说词和一些影像资料，生动地向广大群众展示新中国成立以来的民族政策、思普地区民族团结工作开展的情况以及改革开放以来宁洱县在民族团结进步方面取得的成就。

在全面实施乡村战略、推进中国式现代化的今天，宁洱县的民族团结誓词碑作为民族团结的永恒纪念，已成为西南边疆民族团结的历史见证。它对于弘扬民族团结精神、进行爱国主义教育、促进西南少数民族社会文化进步仍然具有重要的启示和教育作用。在西南边疆各族人民经历着时代变迁的今天，边疆各族人民仍然铭记誓词、世代遵守，这种民族团结的精神已经成为边疆各族人民永久的集体记忆。

除此之外，宁洱县近年来以民族团结誓词碑精神为引领，通过融合多个地方文化资源，进一步挖掘和传扬民族团结誓词碑精神的内涵。这些举措包括创作纪录片、文学作品、歌舞剧等艺术形式，以及撰写相关著作，旨在向全国各地传达民族团结誓词碑精神。同时，宁洱县还着力打造民族特色文化精品，推出了一系列优秀的民族文艺作品，其中小品《一个不能掉》和舞蹈作品《捡豆豆》《布鲁豪些》《马帮》等获得省级大奖。此外，宁洱县还保留并举办了少数民族的传统节日，如苦扎扎节、红蛋节、火把节和谷雨节，展示了浓厚的少数民族风情。当地还有芦笙舞、板凳龙舞、敬茶神、祭龙神等原生态的民间民俗表演。这些举措和活动不仅丰富了宁洱县的文化内涵，也展示了民族团结誓词碑精神的魅力。通过传播和弘扬这些精神，宁洱县向全国各地传递了民族团结、文化多样和爱国主义的正能量。这些活动的开展也为当地旅游业发展提供了一定的支持，吸引了更多的游客前来体验普洱的独特魅力。

宁洱县以创建民族团结进步示范县、民族团结进步示范单位等活动为契机，加强对民族团结进步的宣传。在城市道路的主要出入口、交通干道、公园、车站、广场、街道、学校等人流密集的公共场所，张贴、播放、悬挂民族团结进步的横幅标语，开展民族政策的宣传咨询活动，发放民族政策和法律法规的宣传资料，以广受少数民族群众喜爱的形式宣传民族团结，有效促进民族政策更加深入人心。

三 民族团结教育进校园——厚植民族团结的根基

促进民族团结是每个公民的义务，新一代青少年又是国家和民族未来的希望，学校不仅要教授他们科学文化知识，更要培养他们具备尊重多元文化、理解并促进民族团结的精神。宁洱县在传播民族团结精神方面，主张从我做起、从小事做起，特别注重加强对青少年中华民族共同体意识的培养，以中小学为抓手，以学校为主体，组织一系列民族团结教育进校园活动。

宁洱县教育体育局开展铸牢中华民族共同体意识主题教育实践活动，以普洱中学为试点，推动中华民族共同体意识进校园、扎根校园，并形成每周利用校园广播宣传教育，每学期举办民族团结教育专题主题班会，每个班级培养1~2名学生为民族团结小讲解员等常态化民族团结教育办学治校机制。将民族团结教育列入中小学德育工作、纳入教育教学计划、融入学生教育全过程，注重思想引领，守好课堂教学主阵地，加强课堂教学设计，每学期以《民族常识》《中华大家庭》《民族政策常识》等书籍为教材开设民族团结课程，该课程不少于8课时，把民族团结教育贯穿于常规课堂之中。

宁洱县各中小学根据自己学校的情况，开展各具特色的民族团结教育。

普洱中学坚持党的全面领导，贯彻党的教育方针和民族工作方针，将党建工作与学生工作相结合，与党支部、团支部、少先队相配合，与党史学习教育、"四史"学习教育相融合，通过主题班会、演讲比赛、学校文艺演出活动等多种形式，引导全校师生听党话、感党恩、跟党走，在师生心中种下铸牢中华民族共同体意识的种子。

梅子镇中心学校深化民族团结进步示范创建进学校工作，以党建为引领，凝聚师生向心力，多举措扎实开展民族团结进步教育，举办家长进学校讲民族团结故事、手把手教学民族特色菜肴、邀请本土非遗传承人教授传统乐器等多民族特色活动，让民族团结石榴花开遍校园。

宁洱镇第一初级中学开发具有校园文化特色的民族团结教育校本教材，如《天碧晓霞》读本从和谐校园、校园心语、碧血丹心、誓言铭记四个不同的层面集中展示广大师生对民族团结的所思、所想和内心的真实感悟，使一代又一代青年学子铭记民族团结誓词碑精神。

德安乡中心学校在宁洱县图书馆开展"走近民族团结誓词碑、铸牢民族团结共同体意识"系列宣传教育活动，德安乡中心学校小学部师生共计300 余人参加学习活动，活动内容主要有宣讲民族团结誓词碑相关知识、观看民族团结相关文艺演出、参加民族团结知识抢答活动、阅读民族团结展板图文等。

宁洱县直属小学在 2023 年春季学期开展"民族团结创和谐、绿美茶乡展新颜"主题教育实践活动，活动内容包括聆听红色讲座，感触红色历史；参观民族团结园，感受民族团结精神；前往黑龙潭公园踏春，感知家乡新颜新貌；绘画民族团结故事，向家人讲述民族团结誓词碑背后的故事；等等。

以上这些实例，仅仅是宁洱县中小学开展的民族团结教育进校园活动的一个侧面。通过这些活动，宁洱县把铸牢中华民族共同体意识，深深扎根于青少年心中，让民族团结的旗帜代代相传。

四　各尽其责争先创优——各单位争创民族团结进步示范单位

在宁洱县，民族团结进步示范单位的创建是一个常态化工作，县委县政府主要领导高度重视。2023 年 7 月，宁洱县启动了新一轮全国民族团结进步创建示范县创建工作。县委书记、副书记组织召开创建新一轮全国民族团结进步创建示范县第一次领导小组会议。专班工作人员先后走访了民族团结誓词碑的研究专家黄桂枢、张世雄，民族团结誓词碑签字代表召存信、昌恩泽、雷同、唐登岷、拉勐、李保、张石庵、罗恒富的后人，首次国庆到北京观礼代表苏里亚、李晓村的后人；组建了铸牢中华民族共同体意识专家顾问团队，充实完善了民族团结誓词碑史料，为创建工作提供了人才支撑和智力保障。

团结聚力促进民族地区乡村振兴
——云南省宁洱县乡村振兴调研报告

2023 年 8 月 11 日，县委县政府召开创建新一轮全国民族团结进步创建示范县动员大会暨"传承精神 续写荣耀"启动仪式，对示范县创建工作进行全面部署和安排。在微信公众号平台发布"宁洱县创建新一轮全国民族团结进步创建示范县应知应会手册"系列文章，向大众宣传民族团结的重要性和创建工作的必要性。在县城区主要街道、公园、广场及高速收费站、火车站至民族团结园主干道设置铸牢中华民族共同体意识主题宣传设施，营造民族团结的浓厚氛围。

县级各单位精心组织，争先创优，争创民族团结进步示范单位。为了加大宣传力度，县委宣传部开展了创建示范县的宣传工作培训，培训就"做什么"和"怎样做"两方面对宣传工作展开讲解。培训强调，宣传工作一方面要紧扣"弘扬民族团结誓词碑精神、铸牢中华民族共同体意识"这一创建主题，宣传好利用好民族团结誓词碑，完善丰富民族团结誓词碑史料，对外讲好宁洱县的新时代民族团结誓词碑故事；另一方面要创新宣传形式，充分利用抖音、快手、微信短视频等各类新媒体平台创作出群众喜闻乐见的作品。

宁洱县委统战部、县民宗局着力打造民族团结誓词碑宣讲品牌。通过党组织、社会、媒体渠道挖掘典型，选强配优宣讲员，把民族团结誓词碑签字代表后人、"云岭先锋讲师"、党史专家、青年骨干、各乡镇和各部门主要负责人纳入宁洱民族团结誓词碑宣讲团，又根据宣讲团成员的特点和专长分成了红色教育宣讲组、宁洱文化宣讲组、精神文明宣讲组等宣讲组，让宣讲员"当好主角、唱好主唱"，让宣讲队伍"强起来"。宣讲团成员规模已达百人，2023 年面向基层开展宣讲已达 60 余场，覆盖全县 9 个乡镇。同时，宣讲团依托各乡镇新时代文明实践所（站）、农家书屋、党群服务中心、活动广场等重要阵地，利用火把节、铸牢中华民族共同体意识宣传月、民族团结纪念日等节庆活动及宣传节点，深入基层，通过群众喜闻乐见的文艺表演等方式，讲述民族团结誓词碑的故事。积极开辟网络宣讲阵地，拍摄制作《"千万工程"宣传跳笙调》等具有宁洱地域特色、群众喜闻乐见的宣讲微视频，把互动问答、新媒体技术等新手段巧妙运用到宣讲之中，实现宣讲传播"落地"与"出圈"。在宣讲中聚焦群众关心的重点热点话题，定制特色宣讲内容，既讲"大道理"，又关注"小话题"，用"接地气"的方式讲好党的创新理论、民族政策、民族团结小故事、科普知识、实用技术等，以生动直观的方式讲好边疆各民族把自己的命运同中华民族的命运紧紧连在一起，进一步继承和弘扬民族团结誓词碑的光荣传统、铸牢中华民族共同体意识、坚持党对民族工作的领导、建设好美丽家园的故事。

宁洱县人武部开展铸牢中华民族共同体意识教育实践活动暨民族团结进步进军营"军民鱼水一家亲"主题活动，对全县的100余名基干民兵进行轮训，共同营造"军爱民、民拥军、民族团结一家亲"的浓厚氛围。此次活动的主要内容包括开展铸牢中华民族共同体意识专题培训、重温民族团结誓言、铭记誓言践行承诺、高唱红歌颂党恩、续写民族团结誓词碑精神、参观民族团结纪念馆等。

宁洱县人民法院成立以院长为组长的创建领导小组，坚持发展新时代"枫桥经验"，构建"法院+"多元纠纷解决联调共治新格局，设立调解中心和调解室，引入多元化调解纠纷机制，支持各类力量参与到调解队伍当中，发展壮大人民调解员队伍；设立少数民族双语法官接待窗口，提供翻译工作，充分保障少数民族当事人的合法权益；推动少数民族人才培养，现有少数民族干警24名、双语法官1名、科级以上少数民族领导干部11名；加强法院文化建设，把民族文化引入法院文化。

其他单位也在积极行动，因地制宜地开展创建民族团结进步示范单位的工作，持续推进铸牢中华民族共同体意识工作。宁洱县通过持续创建民族团结进步示范单位，让民族团结进一步深入人心，把铸牢中华民族共同体意识深深根植于广大人民群众的社会心理之中。

第六章　宁洱县乡村振兴典型案例

涂尔干在《社会分工论》中指出，人类社会有两种社会团结形式，一种是机械团结，一种是有机团结。机械团结是这样一种社会联结，即通过很强的集体意识将同质性的个体结合在一起，如共同的宗教信仰、道德情感等，由此形成的集体意识，构成了社会秩序的基础，维系着社会成员的存在。有机团结是社会团结的另一种形式，它是建立在社会成员的异质性和相互依赖基础上的社会联盟，是基于职业专门化造成的社会分工而形成的社会成员之间的相互依赖。在宁洱进行乡村社会调查的过程中，以上两种社会团结形式都鲜活地存在于当下的乡村社会中。一方面，乡村传统的文化结构仍然深刻地影响着村民的生产与生活，促使其仍认同自己是统一体中的一员；另一方面，随着现代化进程的加快及科学技术的发展，农业生产逐渐出现的专业化分工也使得乡村社会中人与社区、社群及个人之间出现了新的关系，形成了合作共生并获得经济效益的团结。宁洱乡村社会中以更加本土化的特征对"机械团结"与"有机团结"进行了全新的阐释。

内力之外，中国乡村社会的发展也受到综合外力的积极影响。在对宁洱乡村进行调查的过程中，调查组明显感受到教育部、中央组织部、中国宝武、云南省委省直属机关工委等单位为促进宁洱发展所做出的贡献，这些部门先后挂钩宁洱县，派驻驻县、驻村工作人员，在资金、项目、技术、人才等方面立体化帮助宁洱脱贫攻坚和促进乡村振兴，团结合力共同谋划宁洱发展新篇章。因此，才使得调查组能在宁洱乡村中发现并挖掘出更多在乡村振兴方面有典型示范性的案例，这些案例不仅蕴含着团结聚力的"内外协作"及宝贵的发展经验，也蕴含着学者们与乡村百姓对这片土地的深情。

第一节　黎明乡岔河村：有效治理与乡村
致富协同推进

一　背景介绍

民族要复兴，乡村需振兴。乡村要振兴，治理得有效。早在党的十九大报告中，"治理有效"就被列为乡村振兴的总要求之一。在党的二十大报告中又指出，要"完善社会治理体系。健全共建共治共享的社会治理制度"。习近平总书记在 2017 年 12 月的中央农村工作会议中指出，"建立健全党委领导、政府负责、社会协同、公众参与、法治保障的现代乡村社会治理体制"。[①]"治理有效"是乡村振兴的基础，也是乡村振兴的保障。基层乡村治理，既是国家治理的"最后一公里"，也是人民群众感知公共服务质效和温度的"神经末梢"。治理越有效，乡村振兴战略的实施效果就越好。反之，如果没有乡村的有效治理，党群上下不和、一盘散沙，乡村矛盾纠纷不断，农村社会不能安定有序，广大农民不能安居乐业，那么奢谈乡村全面振兴就是一句空话。没有乡村的有效治理，就没有乡村的全面振兴。实施乡村振兴战略以来，云南各地乡村的基层治理在路径与手段创新上都做出了积极的探索，也涌现了不少典型。

宁洱调查组在宁洱县黎明乡岔河村，看到了一个村在交通可达性较差的条件下，却凭借在乡村治理方面的卓越成效，成了全县乡村治理的典范，还获得了全国乡村治理示范村的荣誉。岔河村在基层治理中，突出优秀党建引领发展，契约式村规民约促进村民自治，强大公信力促进团结协作共同发展，稳定壮大集体经济以服务基层、服务村民，推动村民转变观念自觉自发追求高质量发展等方面，已成为宁洱县基层治理的"岔河经验"，其中行之有效的治理办法、独创的治理措施极具借鉴价值。这个地处偏远、

[①]　《中央农村工作会议在北京举行 习近平作重要讲话》，今日中国网，2017 年 12 月 30 日，http://www.chinatoday.com.cn/chinese/news/201712/t20171230_800113378.html。

做法先进的反差,真实客观地反映了乡村治理有效对于乡村发展的重要性。

"万物得其本者生,百事得其道者成。"岔河村跳脱出区位与资源优势的价值判断,落脚于人的发展,将人作为治理的核心,体现了上下一心、目标一致、协同发展的乡村治理理念和效能,体现了乡村治理的因地制宜与因势利导。"乡村治,百姓安,国家稳。"治理有效成为岔河村推动乡村振兴的保障性、基础性要素,乡村治理体系和治理能力现代化是岔河村实现乡村振兴的内在动能。"岔河经验"确实有不少值得借鉴之处。

二 案例简介及主要做法

(一)案例简介

岔河村地处宁洱县黎明乡南边,东邻江城哈尼族彝族自治县宝藏乡,西、南面与康平乡接壤,北邻汪街村,距乡政府所在地15公里,距宁洱县城114公里,处于宁洱县的最南端。全村辖10个自然村,14个村民小组,截至2023年,常住人口204户876人,有汉族、彝族、哈尼族、瑶族等16个民族在此居住,少数民族人口占总人口的58%,是多民族聚居地。村内主要产业有茶叶、烤烟、核桃、澳洲坚果及特色的小红米、多依等。

岔河村曾是宁洱县的偏远贫困山村。从资源条件来看,岔河村没有优越的历史资源、文化资源和自然资源;就区位条件而言,岔河村地处宁洱县边缘地区,距离宁洱县中心区域较远,也非旅游路线的必经之地。但是,在脱贫攻坚和乡村振兴中,岔河村依靠努力,探索出属于自己的发展道路。近年来,岔河村充分挖掘党建引领作用,村党总支探索出了"四好"组织建设、"四化"产业发展、"四管四治四为"乡村治理模式,让岔河村群众过上了"四子"生活,将岔河村建设成了"四美"的省级美丽村庄。岔河村自2018年以来荣获多项殊荣,2018年5月被评为"普洱市五四红旗团支部(总支)",2018年12月被评为省级文明村镇,2020年12月被评为省级美丽乡村,2021年6月被评为"普洱市先进基层党组织",2021年6月被评为"普洱市第六届文明村镇",2021年9月被评为"第二批全国乡村治理示范村",2022年1月被评为"第九届云南省文明村镇"。以优秀党支部引领社会发展和人居环境整治两个方面的突出表现，使其成为全县创建国家乡村振兴示范村的典型。

（二）主要做法

岔河村始终坚持"以党建为引领、法治为保障、德治为基础、村民自治为根本"的乡村治理方法，在实际工作中，总结出了一整套工作方法和工作经验。"四管四治四为"的模式被确立为岔河村乡村治理的主要抓手：管人管事管物管发展，治脏治乱治差治穷根，为情为民为村为振兴。岔河村努力在思想与行动上统一认识、步调一致，团结一心带领群众振兴乡村。

1. 强化党建引领作用，信息上墙加强监督

全村所有党员信息上墙、悬挂家门标识（党员家庭大门外挂标志旗），党员信息公开一步到位，方便沟通与监督，督促村"两委"以身作则，突出示范效应。村"两委"班子奉行"说了算、定了干、马上动"的做事原则，形成一整套会议制度，及时将村民反映的热点、难点问题拿到会上讨论研究，将各项工作责任细化、分工到人，保证在规定时间内解决问题。长期坚持村委会"不空岗"举措，即使周末假期村委会也安排值班人员，保障村民有问题、有困难时，村委会做到反应"零延迟"。由此凝聚村"两委"与村民之间的联系，建立起牢固的信任关系。

2. 用党建激活"头雁"，优选乡村振兴带头人

以村"两委"换届为契机，将群众基础好、想干事、会干事、能干成事的人选入村"两委"班子，提升了村"两委"办大事、办实事的效率和能力。为了壮大乡村发展领头人队伍，积极挖掘回引致富能手、农村实用人才、优秀返乡创业带头人等，依托乡土人才库，集聚乡土有用之才，抱团发展、强村富民。将一批懂农业、知农村、爱农民的干部充实到乡村振兴"一线作战队"。

3. 以有效治理理顺关系，以公信力带动产业发展

村"两委"以政治精英和致富能手为双驱动，以科技兴农为抓手，克服了重重困难，带领村民改良了茶叶及特色经济作物——多依的品种，大大提高了产品售价，村民收入增长明显。同时引进核桃、坚果、烤烟、佛

手种植，并鼓励农户发展养殖业，实现了种养结合、长短互补的产业格局，全面促进产业发展，带领全村脱贫致富。

4. 坚持"四美"乡村创建，深化生态文明与精神文明建设

目前，岔河村基础设施建设已较为完善，基层治理在三个方面的成效最为显著。一是人居环境提升成果在全县形成示范效应。村委会健全制度，建立完善了《岔河村村庄保洁管理制度》《岔河村公厕卫生管理制度》。制定了"逢10"卫生日，通过党员干部示范引领、定期检查评比（每年开展一次"岔河村人居环境大评定"，制定打分标准，评优既针对村民小组也针对家庭，全村干部逐一走访200多户农户，并以无记名投票方式决定评选结果）、表彰奖励带动等方式，大张旗鼓开展厕所革命和垃圾、污水整治，美丽庭院建设。二是以村规民约倡导共享共建共用的基层治理模式，《岔河村村规民约》细化了各项规定，并制定了有效的约束与奖惩机制，强化了全民认识，形成了全民自治氛围。三是以村干部为示范，转变观念，在全村树立现代健康观念，改变村民生活方式，在全村普及饮用水净化及生活环境美化，倡导全民追求高品质生活。

5. 建立契约式村规民约，为有效治理建制度保障

走进岔河村，最让人印象深刻的便是各个小组所立的村规民约，全以展板形式立于各村民小组活动室外，条款末尾附各小组户主的签名与手印。岔河村的村规民约对于乡村公路与村民建筑之间的距离、全村卫生月的安排与奖惩机制、婚丧嫁娶的礼金，甚至对野生蜂子的归属问题都做出了细致而明确的规定。村规民约针对性突出，不仅细化到位，且具有切实的可行性，对于规范村民行为、树文明之风发挥了重要作用。

三　取得的成效

基于以上行之有效的举措，岔河村以有效基层治理为核心，在多个层面加强了党建引领及村"两委"示范效应，以切实可行的办法带动了乡村振兴，取得了显著成效。

（一）优质组织，精英个人——产业与治理"双带动"明显

通过脱贫攻坚的严峻考验，岔河村党总支的战斗力得以最大限度发挥。"四好"党组织①建设目标基本实现，村"两委"逐步成为岔河村群众最值得信赖的指挥部，也成为全县著名的示范党组织。2016 年，岔河村党总支被评为"普洱市先进村党支部"；2017 年，被授予"全县先进基层党组织"荣誉称号。党建引领的核心仍然是"人"，村干部作为乡村精英，其在岔河村身体力行的示范做法在治理中发挥了较大的作用。

首先，积极对村"两委"班子进行人才结构优化。2021 年，村"两委"成员平均年龄较上届降 2.7 岁，班子成员中大专以上学历占比达 42.86%，实现了学历、年龄"一升一降"。截至 2023 年，全村共储备后备人才 21 名，其中大学生 7 名、致富能手 5 名。在应对村委会"人才外流严重、村干部年龄结构老化"的普遍难题时，岔河村落脚点并未放在盲目改变村干部年龄结构上，而是讲求优化配置，让老中青三代各自发挥在村情掌控、威信力、创新力方面的特长，合力投入乡村振兴各项事业。

其次，优化产业布局。村"两委"成员既是村干部，也是致富带头人。乡村治理的核心是建立上下畅通的机制，村"两委"将国家政策与民情联通起来，成为两者之间坚不可摧的桥梁，由此建立村民与村干部之间坚不可摧的信任感，这对产业发展有着极大的影响力。围绕"一村一品"，岔河村确立了茶叶发展主体地位，2021 年全村共有茶园面积 3200 亩，村干部带头成为茶叶种植大户，全村茶叶收入为 1000 万元，村民仅种茶一项年人均收入就在 14000 元以上，特别在建设"3 个 1000 亩"，即探索品种改良 1000亩、育种新茶 1000 亩、种植生态茶 1000 亩时，更体现治理有效的带动性。茶叶改良过程并不顺利，连续三年改良失败，农户是基于对村干部的信任，才坚定地相信茶叶品种改良会为自身带来福利，最终顶住三年颗粒无收的压力，获得成功（见图 6-1）。当宁洱县其他地区茶叶每公斤价格仅为 13~20 元时，岔河村改良茶叶收购价可达每公斤 40~50 元。伴随茶叶产业发展，

---

① "四好"党组织是指岔河村为村"两委"的管理服务职能提出的要求和目标，即村"两委"班子好、阵地建设好、服务能力好、群众反映好。

村干部带头建立茶叶加工厂，截至 2023 年全村已有 9 家。除茶产业之外，村"两委"还积极引进并发展多依果种植等特色产业，自 2010 年岔河村引进嫁接技术以来，村"两委"就带头对多依品种进行嫁接改良，在全村大范围开展种植，截至 2022 年，岔河村共种植多依果达 3200 亩，并新建多依果冷库一个，多依果产业收益在 210 万元以上。为丰富农民收入来源，村干部还带领农户积极发展核桃种植、烤烟、肉牛等产业，形成了种养结合、长短互补的产业格局。截至 2022 年，共引进核桃 826.5 亩、坚果 1243 亩、烤烟 500 亩、佛手 234 亩、黄牛存栏 648 头。2021 年，全村农户收入普遍提高，其中收入最高一户达 18 万元。

图 6-1　岔河村的茶叶采收

资料来源：朱育霖拍摄。

（二）观念重塑，措施可行——村民素质全面提升

岔河村基层治理的重要理念是带动村民个人发展，以个人发展带动家庭发展，其中，人居环境提升是岔河村基层治理成效最突出的方面。在人居环境建设中，村民的主体地位突出。窗明几净、院落整洁、村落美丽成为家家户户的共识。2016 年以来，岔河村累计争取人居环境整治资金 2280 万元，建设人畜分离养殖小区 5 个，涉及农户 122 户，实现了 14 个村民小

组猪鸡圈养、狗拴养、牛羊人畜分离。组织党员群众在村组道路沿线栽种樱桃、多依苗 3000 余株，完成了村主干道和村组路共计 15 公里绿色生命防护工程，也实现了道路的美化。为提高村民在环境提升方面共建共享的认知，引入竞争机制，创新性地提出年度"岔河村人居环境评选"活动，奖惩结合，极大地调动了村民建设美好家园的积极性（见图 6-2）。2022 年，岔河村共评选出卫生村寨 2 个、最美家庭 12 个，岔河村生态文明建设"软实力"不断增强。岔河村通过较长时间对村民进行引导，提升了村民自然审美能力以及促进了村民对家居环境的改造。家里明厨亮灶、家外纤尘不染已经成为岔河村共识，因此，凡是集体活动，岔河村村民参与的积极性和主动性都远高于其他调研村落。党员干部带头干，人民群众跟着干、比着干、赛着干，形成了良好的"大事一起干、好坏大家判、事事有人管"的村庄环境。

图 6-2　岔河村人居环境提升工作成效显著

资料来源：调查组成员拍摄。

（三）主动"契约"，内化执行——村规民约效用强

其一，从内容来看，岔河村的村规民约规定细致、权责更为明确，有较高的可执行性，可以落实在量化的标准上。因此，在处理村内事务时有理有据，奖罚有度。其二，从订立方式来看，岔河村在与村民签订村规民约时更突出契约效应及法律精神，必须签字并盖上红手印以保证村民在权责利益的判定中具有一定的法治精神，特别体现在将村民违规受罚的钱款称为"违约金"而非"罚金"的措辞，突出了培养村民现代法治精神的决心。岔河村的村规民约所体现的契约精神为有效的基层治理奠定了坚实的基础，最终使得岔河村通过村规民约理顺了村民与村民、村民与家庭、村民与集体之间的关系，构建起一个产业兴旺、生态文明、稳定和谐的社区。

四　可推广的经验

（一）以有效的基层治理促进产业、生态、人才振兴正向关联

基层治理不仅是组织振兴中重要的组成部分，还是一个内化在乡村振兴整体中的关键要素。乡村治理的关键是与村民共同构建一种新认知，包括村民对各级政府及村"两委"的信任、愿为生活富裕付出的努力、对家庭幸福生活的重视、对和谐社区构建的认同、对美化居住环境的认可以及对个人高质量生活品质的追求，这一系列难以完全外化和量化的观念与认知的变化，重构的是乡村大众对"自我"的认知，可见，乡村治理的根本是对"人"的治理。

岔河村将基层治理的重心放在"人"身上。"其实乡村治理中没有什么捷径可以走，我们奉行'说了算、定了干、马上动'的做事原则，党员干部带头干，一组一组地开会，一家一家地动员，发挥拓荒精神，示范给群众看、宣传给群众听、动员好群众跟、引导好群众做，只要是有利于群众利益的事，就能团结大家把村内的好事办好，难事办成。"[①]岔河村把"乡村治理最大的受益者是广大农民"的理念根植到农户心中。因此，在乡村

---

① 2023年2月岔河村党总支记李丰访谈资料。

振兴的全局里，无论是发展产业、生态保护，还是人才培养，群众都将自己置于受益主体地位，这从根本上解决了内在发展动力的问题，解决了观念转变的问题，也解决了上通下达的问题，使得村民在产业选择方面相信村干部的引导，因地制宜地实现科技兴农及多元产业发展，促进产业振兴；在生态振兴方面则坚定贯彻"两山"理念，整个岔河村森林覆盖率达75%，植被覆盖率达80%，真正做到"绿水青山"；干群的良好关系则使得村干部班子逐渐壮大，岔河村为乡土精英实现振兴家乡的抱负提供了优质的平台。岔河村解决了"人"的问题就从根本上为乡村振兴的各个方面提供了正向的引导，使各个层面的振兴融为一个整体，发挥出正向联动的效应。"岔河经验"再次验证乡村治理是国家治理的基石，也是乡村振兴的基础；乡村治理不仅关系到农业农村改革发展，更关乎党在农村的执政基础，影响社会大局稳定。

（二）用强大的公信力促进村民集体协作共同发展

"政无信不兴"，良好公信力的形成可以确保乡村治理稳定有效，可以凝聚全村的力量，发挥出最大效能。村"两委"公信力确立的多重"组合拳"效应使得全村上下一心奔赴振兴。岔河村在具体工作中注重发挥村干部的模范带头作用，村干部在日常工作中总结出一条重要经验："说得再多无用，顶不上你做给老百姓看。"村干部带头种植茶叶，并引入农业技术积极进行产业升级、品种改良，最终使茶叶成为岔河村"富民兴村"的"试金石"，茶山逐步成为岔河群众的"致富山"，岔河村的茶叶每公斤的价格是其他乡镇的3~4倍，极大地强化了村委会的公信力。村干部为了让村民树立人居环境提升有益身心健康的理念，率先在家中安装饮用水净化装置，提升饮用水安全，并积极联系净水器厂家以惠农价格提供给农户。如今，岔河村超过90%的农户家中安装了饮用水净化装置，卫生健康观念逐步普及。此外，窗明几净、明厨亮灶，更是村"两委"以身作则，向村民展示的家居生活新面貌，对全村产生了积极的带动作用。向好向善的发展，是公信力确立的必要过程，而好的结果反过来又加强了基层治理责任主体的公信力，在双向的积极互动中，"其身正，不令而行；其身不正，虽令不从"有了鲜活的体现。

（三）以产业振兴与人居环境同频共振吸引村民留下安居乐业

乡村振兴离不开"人"。留得住人，农村发展才有希望。岔河村留住村民、防止外流的方法，并不仅限于产业振兴、村民致富，还包括让村民能在建立美好家园的过程中，不断提高生活品质，感受人居环境带来的"诗和远方"，正可谓物质文明与精神文明协同并进。为了让村民脱贫致富，村内以茶叶生产、加工、销售为主体，辅以多元产业协同并进。以小多依为例，作为岔河村特色经济作物，通过品种改良成为大多依。再通过积极利用短视频平台进行直播带货，以电子商务带动销售，村民创造了可观的经济收入。"仓廪实而知礼节"，产业发展与人居环境整治成为乡村发展的"两驾马车"。岔河村运用"三个三"工作法推动人居环境提档升级。一是开展"三级"评比。制定人居环境整治成效"红黑榜"评比制度，组织村、组、户三级对人居环境整治情况进行评比，按照"典型引领""教育后进"的方式，在全村范围内营造人居环境提升"比学赶超"良好氛围。二是用好"三支"队伍。发挥党员先锋队、志愿服务队、公益性岗位"三支"队伍作用，通过宣传给群众听、做给群众看、带领群众干，形成大家共享共治的良好局面。三是完善"三项"保障。用好网格化管理先进经验，完善村规民约、积分制管理，充分调动群众参与人居环境整治的积极性。通过走访，田房小组村民表示"出去打工一个月还不如我在家摘半个月茶，谁还愿意出去打工啊"，大桥小组村民则表示，现在的新家（易地扶贫搬迁社区）基础设施配套完备、庭院明亮宽敞、厕所干净卫生、屋内电子产品齐全，自己的家庭生活与城市已无太大差别，生态环境却比城市还好。可见，岔河村以此真正实现了"留得住、能致富"。最终，岔河村让大山里的群众拥有了住上好房子、开上好车子、过上好日子、活得有面子的"四子"生活。

（四）将村民对美好生活的追求内化为乡村发展动力

宁洱的区位、资源优势明显，在调研中发现，部分地区存在安于现状、缺乏发展动力的问题。宁洱地处滇南乃至中国连接东南亚的交通要道，距普洱中心城区仅 33 公里，部分村镇已实现较高程度的城镇化；全县冬无严寒、夏无酷暑、四季如春。因此，基于区位和资源优势，部分地区在乡村振兴中缺乏内生动力。岔河村地处宁洱最南端，交通的闭塞并未带来观念和信息的闭塞，相反，岔河村不断强化以家庭为单位、以个人为主体的高质量发展理念，让村民不断为自己确立新的生活目标。脱贫攻坚让村民们普遍住上了新居，致富能手盖上了别墅，让岔河村在全县率先脱贫出列。脱贫成功后，全体村民致力不返贫、能致富，通过不断进行产业结构调整、优化，放弃了不适合在岔河村种植的咖啡产业，转而强化茶叶种植和特色经济作物种植，村民收入不断增加，209 户常住户中的 191 户建盖了小楼房，有小轿车、货车 136 辆，车辆数占农户数量的 65% 以上，村内开起了 6家餐馆、民宿。有了稳定的收入后，能拥有健康、舒适、美好的生活环境又成为村民新的追求。岔河村村民普遍形成一种强调个人发展、重视家庭建设、不甘于人后的风气，在经济收入、家庭氛围、家居环境、个人行为等方面都对自身有较高要求，普遍出现家中孝老爱亲、邻里团结互助、个人遵纪守法、社区共建共享的好现象。个人对美好生活的追求不设限，就能成为乡村发展的最大动力，而个人及家庭的素质提升决定乡村的发展水平。

五　进一步完善的建议

（一）人居环境整体改造提升还有较大空间，需借助专业力量实现庭院经济与旅游产业的联动发展

岔河村具有良好的生态资源优势，山清水秀，民居整洁，庭院景观别致，但由于缺乏庭院建设的专业性规划及指导，庭院建设缺乏艺术性与观赏性，无法支撑旅游产业发展。未来需加强庭院经济发展，推动星级民宿建设，创新茶园生态旅游基础设施，创造亮点及营销热点，以多媒体平台推介为传播手段，克服区位条件限制，将无法进行产业开发的森林资源融入生态旅游观光产业发展之中，整合岔河村的各种优质资源，推进农旅、文旅融合，将乡村治理的好办法拓展到更加广泛的范围内。

（二）在乡村治理中对于数字化、智能化治理方式的运用还不足

随着互联网的普及，在乡村治理中应更多地运用数字技术统一管理村

民信息、畅通沟通渠道，并进行科学知识普及，如现在已普及的"有声墙"项目，以提高乡村治理效能。同时，运用互联网方面的理念也需要不断更新，将其运用到产业发展、生态保护等更多方面，加大电商发展的支持力度，促进产业升级，全面带动乡村发展。

第二节 磨黑镇星光村：以挖掘"红色资源"激发动能推动乡村振兴

一 背景介绍

中国共产党千千万万的革命先辈为了推翻旧社会、建立新中国，进行了艰苦卓绝的斗争，付出了巨大的牺牲，取得了伟大的成就。同时也留下了无数的红色资源，每一个历史事件、每一位革命英雄、每一件革命文物，都代表着党走过的光辉历程，展现着党的梦想和追求、情怀和担当、牺牲和奉献，汇聚成党的红色血脉，这些红色资源是党艰辛和辉煌奋斗历程的最好见证，是最宝贵的精神财富。

如何更好地传承红色基因、赓续红色血脉、开发红色资源、推动乡村振兴、让村民过上美好生活，是许许多多具有红色资源的乡村地区面临的重大课题。宁洱县磨黑镇星光村是思普地区革命根据地及党在思普地区第一个红色据点——磨黑中学的所在地，辖区内还有革命烈士曾庆铨、蒋仲明的殉难遗址可参观，有陈盛年、杨正元、张培英等一批英雄故事可听，是普洱市重要的革命传统教育基地。多年来，星光村在保护好、管理好、运用好红色资源方面做出了积极的探索，特别是星光村作为 2021 年滇西南片区唯一被中共中央组织部批准实施的红色美丽村庄试点村，围绕"传承红色基因，强化党建引领，助力乡村振兴"总体思路，按照宁洱县全域旅游发展规划，深入挖掘红色文化底蕴、大力发展强村致富产业、着力壮大村级集体经济，构建"红色+N"主题文旅产业体系，着力建设有特色、有品位、远近闻名的红色文旅新品牌，真正把红色资源优势转化为群众增收致富的优势，大力推进乡村振兴。

　　同时，星光村还是一片多元文化交织的神奇土地，有哈尼族、彝族、傣族等多个少数民族在此居住，生活在这里的每个民族都以其独特的人文传统、饮食文化和民间艺术，传承着独有的智慧，展示着不同的魅力，共同绘就了一幅绚丽多彩的乡土画卷。每逢二月二、红鱼节、红蛋节、泼水节、火把节等盛大的民族节日，星光村就会成为欢乐的海洋，热闹非凡。板凳龙舞、芦笙舞等独具特色的表演，更是令人目不暇接。这些传统文化瑰宝以其独特的韵律、舞步和内涵，展示了传统文化的魅力，传递了深厚的民族情感。

　　宁洱调查组深入宁洱县磨黑镇星光村，看到了一个自然环境优美、具有历史文化底蕴的小镇，这也是一个集红色旅游和人文景观于一体的旅游胜地。如今进入星光村，无论是观光杨丽坤故居、漫步阿诗玛广场（见图6-3）、徘徊饮食文化园，还是坐在临街烧烤摊享受烧烤乐趣，或是追寻历史的脚步、忆往昔峥嵘岁月，都能给游客带来一次难忘的旅程。宁洱调查组的师生们在调研中，用心体会着星光村的巨变，亲身感受红色历史的厚

图6-3　磨黑镇星光村的阿诗玛广场

资料来源：调查组成员拍摄。

重，追寻革命先烈的足迹，回忆过去那峥嵘岁月；用情记录着如今星光村的新生，亲身感受传统文化的魅力，体验深厚的民族情感。宁洱调查组师生们纷纷表示不虚此行。

二 案例简介及主要做法

（一）案例简介

星光村是宁洱县磨黑镇下辖的一个行政村，位于磨黑镇政府驻地，星光村与庆明村、曼见村、秀柏村、城镇社区、上胜村、下胜村、江西村、把边村、芭蕉林村、团结村相邻。距宁洱县城 23 公里，昆曼国际大通道、国道 213 线和玉磨铁路穿境而过，是连接东南亚的交通要道和必经站点。截至 2022 年底，全村辖木成箐、黄家寨、大营、牌坊等 10 个自然村 13 个村民小组，有户籍人口 882 户 2295 人。星光村党总支下设 3 个党支部，共有党员 59 名。近年来，星光村在脱贫攻坚和实施乡村振兴战略中，特别是成为中共中央组织部批准实施的红色美丽村庄试点村后，抓住机遇，明确思路，党建引领，强化落实，发展产业，努力走出以红色旅游与历史传承融合发展推动乡村振兴的特色模式，把红色资源优势、传统文化优势转化为群众增收致富的优势，大力推进乡村振兴，取得了显著成效。2022 年，村民人均纯收入达 2.16 万元，村级集体经济收入达 44.32 万元，经营性收入达 37.9 万元。

说来很有意思，据老辈人讲，"星光"命名于 1956 年，意为农业合作化的星星已放出光芒，并一直沿用至今。也许是有星星发光的优秀传统，近年来，星光村又发出新的光芒，取得了不少荣誉。2004 年，星光村获评"民族团结示范村"（见图 6-4）。2018 年 12 月，2018 年云南省卫生村名单出炉，星光村上榜。2021 年 12 月，星光村入选 2021 年度云南省美丽村庄（州市级）。2022 年 12 月，星光村黄家寨自然村、安乐组被评为"云南省 2022 年乡村振兴'百千万'工程美丽村庄"。2023 年 12 月，云南省文化和旅游厅发布 2023 年云南省最美乡愁旅游地认定名单，普洱市宁洱县磨黑镇星光村大营组位列其中。2023 年，被省委组织部授予"云岭先锋红旗党支部"等荣誉称号。

图 6-4　2004 年星光村荣获"民族团结示范村"

资料来源：调查组成员拍摄。

（二）主要做法

1. 上下瞄准目标共发力，构建项目推进新机制

在推进星光村红色美丽村庄试点项目建设过程中，宁洱县上下同心、同向发力、强力推进、强化落实。一是高位统筹谋划。宁洱县委、县政府结合实际制定《磨黑镇星光村红色美丽村庄建设工作方案》，形成县委书记、县长"双组长"高位推，23 家部门联动推，6 个工作小组压实推的"三推"工作格局，确保项目有力有序推进。二是责任压紧压实。建立"一把手负总责、一名分管领导跟进、一个工作组落实"的"三个一"跟踪问效机制和"述职评议+年度干部实绩考核"的"双考核"机制，项目建设期间实行"三天一调度、一周一报告、双周一次现场会"的工作推进模式，确保责任到人、工作到位。三是多方筹集资金。充分发挥中共中央组织部400 万元资金撬动作用，以"部门对口争取、县内自筹整合、社会资本投

入"方式，整合资金4598万元，为项目建设集智、聚力、集资。

2. 牢牢守住红色根与魂，打造革命教育新高地

在建设红色美丽村庄过程中，牢记初心使命，保持红色根本，坚持以人民群众满意为目标。一是努力契合民心。项目建设与"思宁一体化"布局、磨黑特色小镇规划相融合，以红色文化为内核，重点打造"三园+一街一馆一栈道"文化体验走廊。在收费站入口建"初心园"，聚人气、树品牌；在集镇区建"特色饮食文化园"，抓创收、强经济；在曾庆铨、蒋仲明烈士殉难处建"烈士纪念园"，建阵地、强党性；完成一条红色文化主题街、一个思普革命纪念馆、一条红色革命栈道建设。让红色文化潜移默化融入老百姓生活中。二是力求群众满意。新建党建驿站以满足党群服务需求为导向，设置党群活动场所，提供红色阅读、红色影视观看、志愿服务、网络Wi-Fi使用、便民药箱、饮用热水、收集充电、爱心雨伞等功能和物品，打造"家门口"的"红色服务"阵地，让村民在茶余饭后、农闲之余、重大节日之时有去处、更舒心。三是教育入心入脑。星光村建成全县、全市乃至全省的红色教育示范基地，自项目建设完工后，各级党员干部通过参观遗址遗迹、重温入党誓词、学习党的革命历史，进一步强化党员党性锻炼，累计接待各级党员学习培训400余场共20000余人次。

3. 强化党建引领作表率，形成基层治理新局面

紧紧围绕目标，制定《星光村红色村党组织振兴工作方案》，聚焦提升村党组织的组织力，全面建强村党组织，推动乡村振兴。

一是强化堡垒作用。以党组织为核心，构建"党建+网格+清单"的管理模式，59名党员以"1+X"的方式实现13个村民小组557户现住居民全覆盖网格化管理。推行村干部坐班、"两代表一委员"轮流接待、无职党员志愿服务形式，扩大为民服务网络，随时回应群众关切，让群众诉求得到保障。通过开展"我是党员亮承诺"活动、粘贴党员"十带头"门牌、党员志愿者常态维护景区等措施，星光村构建党支部引领、党员示范、群众主动参与的项目建设管理模式。

二是强化法治思维。探索实施"1+3+N"矛盾联调模式，形成"小事不出村，大事不出镇，矛盾不上交"的治理经验，组建普法宣传队，开展"普法到田间地头""普法到街头巷尾"等宣传活动，让各方资源主动靠拢，村干部与人民群众面对面沟通、心贴心交流，群众积极参与法治监督、依法参与治理决策的氛围得到营造。

三是培养文明风尚。星光村结合"我为群众办实事"实践活动广泛开展"我是党员亮承诺"活动，修订完善村规组约，建立健全小微权力清单、红白理事会，全面落实"四议两公开"民主决策制度，常态长效开展"红色最美家庭"评比等，推动村民自我管理、自我教育、自我服务、自我监督水平不断提升。

三　取得的成效

（一）群众收入明显提高

星光村通过打造"红色+N"的乡村旅游品牌，形成思普革命纪念馆、磨黑中学、杨丽坤故居、生态水果采摘园、孔雀屏—曼抗古村落、扎罗山等连线成片的精品旅游线路，并于2021年获得国家3A级旅游景区和省级历史文化街区的殊荣，有效带动茶叶、槟榔芋、甘蔗等农特产品销售，促进腊肉、香肠、烧烤等饮食文化发展，推动周边民族歌舞表演业、当地传统手工业兴起，成功举办三届"磨黑烧烤节"，建成肉制品加工坊23家，烧烤、住宿、餐饮等企业226家，三次产业融合发展成效显著，实现百姓多渠道增收。2022年，村民人均纯收入达2.16万元。

（二）集体经济发展壮大

通过打造星光村特色饮食文化园，以固定资产收益、联营分红等形式壮大村级集体经济。以木成箐田园综合体建设为依托，盘活集体闲余资产，促进闲置土地进行再利用，以土地入股或集中流转方式，招资引入涉农企业，参与经营收益分红，拓宽集体经济收入渠道。通过"党组织+合作社+农户"和"党组织+企业+农户"模式发展雪茄烟产业，农民组织化、产业规模化程度进一步提高，产业布局进一步优化。2022年，村级集体经济收入达44.32万元，经营性收入达37.9万元；2023年，村级集体经济收入突破50万元。

（三）村庄环境巨大提升

通过红色美丽村庄试点项目建设，实施古镇核心区路面改造、雨污分流、厕所建设、传统民居修复、河道治理等工程，实现了农村人居环境的华丽转变；建立人居环境整治督查考评机制，常态化开展"红色最美家庭"评比、"我是党员亮承诺"活动，在党员户门前粘贴共产党员"十带头"门牌，引导党员在推进绿美公路、绿美乡村、绿美河湖建设等工作中发挥作用，持续推进人居环境整治提升；群众家家利用庭院空闲土地，因地制宜发展小菜园、小果园、小药园等庭院经济，让空闲的土地"绿"起来，把星光村打造成了"春有花、夏有荫、秋有果、冬有景"的和美新农村，有效激发了乡村振兴活力（见图6-5）。

图 6-5　星光村的街道

资料来源：调查组成员拍摄。

（四）产业培植成效初显

星光村以"强村+富民"为导向，积极探索"红色+N"主题文化产业体系，以红色为底色，充分挖掘和盘活红色文化、盐文化、古道文化、饮食文化、农耕文化等文旅资源，重点打造包括初心园，特色饮食文化园，曾庆铨、蒋仲明烈士纪念园，红色文化主题街，思普革命纪念馆，红色革命栈道在内的"三园+一街一馆一栈道"文化体验走廊，以及建设民俗展陈馆、市民驿站、党建驿站、红色风雨廊和十字街核心区域历史保护风貌提升改造等项目，构建"之"字形的红色教育资源"初心地图"，同时推动种植养殖、生态休闲、采摘观光、红色旅游等多元化产业发展。特别值得一提的是，星光村大营组村民心灵手巧，通过扎染、佤族织锦等传统手工艺创新发展特色旅游文创产品，延伸红色旅游产业链，实施"以染织公益传承助力宁洱乡村振兴"项目，以面向部分困难群众开展公益传承云南传统染织技艺为抓手，送技术、助义卖，形成人才、技术、产品、产业的良性循环，助力宁洱乡村振兴。2023年6月，"以染织公益传承助力宁洱乡村振兴"项目获第四届云南省红十字公益项目展金奖。

四　可推广的经验

（一）围绕"4个一"，建强党组织

星光村党总支围绕"4个一"，牢固树立一切工作到支部的鲜明导向。

建好一个阵地。在曾庆铨、蒋仲明烈士纪念园旁沿河道建好一处约350米，集革命史、村发展史和村组议事之地于一体的党群联系文化长廊，打造红色暖心家园和阵地。

选优一个带头人。以村"两委"届中分析为契机选优配强村"两委"班子，特别是把准村民小组干部人选选优配强。首次启动村民小组干部考核，优化调整村民小组干部2人，持续深化村级组织"大岗位制"改革。

建强一支队伍。注重从致富能手、青年农民、本土大学毕业生、退役军人等人员中发现优秀人才，把符合条件的优秀人才发展为党员，把党员培养成村组干部。截至2023年，共招引返乡青年4人，发展党员3名，培养6名致富能手，储备3名后备干部。

建立一套关心关爱制度。建立健全关心关爱革命"五老"人员制度，结合七一、国庆和有关节点进行走访慰问，及时送去党委和政府的关心和

温暖，切实增强红色村党组织凝聚力。

（二）围绕"3个好"，打响红色牌

星光村村支书、村委会主任车存福说："我们村党总支要把红色资源利用好、把红色传统发扬好、把红色基因传承好，加大红色资源保护提升和挖掘开发力度，统筹乡村振兴、绿美行动，打响星光'红色+N'的乡村旅游品牌，让群众生活过得红红火火。"领导班子不仅这样说，也是这样做的。星光村与"思宁一体化"布局、磨黑特色小镇规划相融合，以红色文化为内核，打造"三园+一街一馆一栈道"文化体验走廊。坚持深入挖掘、整理革命烈士、英雄模范典型事迹，依托村组广播，抓好党员群众红色教育，让红色教育走深走实。

（三）围绕"2模式"，治理成体系

围绕红色美丽村庄试点项目建设目标，探索实施"1+3+N"矛盾联调和"5+2-1=0"群众工作两大模式，健全党组织领导的自治、法治、德治相结合的治理体系，逐步形成了"党建强引领、德治润民心、自治促和谐、法治强保障"的共建共治共享的治理格局。努力做到"小事不出村，大事不出镇，矛盾不上交"，组建普法宣传队，举办"普法到田间地头""普法到街头巷尾"等宣传活动，推动群众积极参与法治监督、依法参与治理决策。

（四）围绕"1联合"，融合共发展

宁洱县磨黑镇素有"滇南盐都、茶马古镇、革命老区、丽人故里"之称。自该镇星光村红色美丽村庄试点项目实施以来，磨黑镇实施联动机制，促进全镇融合发展，"红色+N"主题文化产业体系的成功打造，带来了资源共享、人员共用、多方参与、多方受益、多产发展的联动反应机制，逐渐成为广大游客打卡红色旅游、游览美丽村庄、品尝美食的优选之地。如今在星光村的广场上，"百名丽人志愿服务队"的队员们忙着清扫垃圾、解答游客问题，这些队员们来自磨黑镇各村社；红色文化主题街、饮食文化园中商铺林立，店主大部分是外村人。"人"的融合，促进了发展的融合。通过星光村的带动与联合，整个磨黑镇的人气旺了，产业也旺了。随着大量游客涌入，有效带动全镇茶叶、槟榔芋、甘蔗等农特产品销售，推动三次产业融合发展，群众实现了多渠道增收。据村委会统计，星光村2021年人均纯收入达2.01万元，村集体经济收入突破20万元。2022年，全镇村级集体经济收入显著增长，村党组织服务能力进一步增强。

五　进一步完善的建议

目前星光村的发展有了良好的基础和态势，但总体层次还不够高的问题较为明显。红色旅游产业影响范围较小，辐射范围不大，旅游产品比较单一，其他产业依然停留在传统产业上，多元化程度不够，规模不大，后劲不足，未来产业发展需要全面提升质量。想要进一步保护好、管理好、运用好红色资源，做大做强产业，有效促进乡村振兴，仍需要不断努力。

第三节　同心镇那柯里村：从传统到现代转型，一个古村落的涅槃重生

一　背景介绍

我国乡村在漫长的形成过程中受气候条件、资源禀赋、经济发展、社会变迁、人口流动、战争等多种因素的影响，形成了各种类型的发展模式并导致了不同的命运。有的发展繁荣变成了城镇，有的衰落甚至消失在历史长河中，也有的至今仍顽强地保留着以往的格局。今天还能看到的传统古村落，是中国农耕文明留下的最大遗产，蕴藏着丰富的历史信息和文化景观，是宝贵的历史文化遗产和珍贵的文化旅游资源。

很多传统的古村落，拥有一定历史、文化、建筑、艺术、经济或社会价值，非常值得传承保护和开发利用。但是，在快速工业化、城镇化进程中，传统古村落消失得越来越快，成为消失了的、回不去的家园。这种现象十分令人担忧。

如何既保持古村落的面貌，又激发古村落的发展活力，让乡村成为现代人的诗和远方，留住中国人的根与灵魂，是现代中国人面临的一个重大课题，也是乡村振兴面临的一道难题。宁洱调查组在宁洱县同心镇那柯里村，看到了一个传统村落实现现代转型、涅槃重生的鲜活样本，这让师生们激动不已。

那柯里村是古普洱府茶马古道上的重要驿站，具有深厚的普洱茶文化、茶马古道文化和马帮文化，拥有传承百年的荣发马店和历经风霜洗礼的风雨桥，是一个将独特人文历史文化和秀美自然风光融为一体的古老村落。这个传统的古村落，曾经是茶马古道边的一个小驿站，在历史上因马帮驿站而成为小有名气的路边村寨。在20世纪50年代昆洛公路通车后一度衰落，回归于传统农耕村寨。改革开放以后，因磨思公路经过村寨有利于发展汽车旅馆等路边经济而繁华一时，但是随着昆曼国际大通道的修建通车，因高速公路的封闭运行，那柯里村又面临着失去路边经济的困境。特别是2007年"6·3"宁洱大地震时，那柯里村是重灾区之一。宁洱大地震后，面对满目疮痍，以及即将失去发展路边经济的优势，村民们也一度迷茫。但在党和政府的关心帮扶下，那柯里村党总支始终把习近平总书记的指示和嘱托牢记在心、落实于行，团结带领村民们艰苦奋斗，用实干实绩扛起建设"茶马驿站"那柯里特色民族文化旅游村的光荣使命，经过多年的努力建设，古老的茶马驿站展现出全新的活力。如今的那柯里村，青青石板路，潺潺溪流水，袅袅炊烟舍，绵绵风雨桥，悠悠古道风，浓浓民族情，特有的秀美吸引着全国各地的游客到那柯里村旅游，旅游经济越来越红火，那柯里村旅游经济的快速发展助力那柯里村村民在致富奔小康的路上越奔越远。

二 案例简介及主要做法

（一）案例简介

那柯里村是同心镇下辖的一个行政村，距宁洱县城23公里，距同心镇人民政府9公里。截至2022年底，全村辖15个村民小组，共有户籍人口

450 户 1910 人，常住人口 510 户 2400 人，有汉族、哈尼族、彝族、傣族、回族等 9 个民族在此居住，其中少数民族人口约为 1300 人。全村共有党员47 人。①"那柯里"为傣语发音，"那"为田，"柯"为桥，"里"为好，"那柯里"的意思是桥旁的好田地，即村庄小桥流水，有沃土肥田，是理想的人居之地。历史上这里是滇南茶马古道上的一个重要驿站，保存有较为完好的茶马古道遗址，拥有深厚的普洱茶文化、茶马古道文化和马帮文化，自然风光秀丽。

2007 年以来，那柯里村抓住宁洱县为普洱市大茶马古道旅游规划重点打造县的机遇，积极探索了"结合＋整合＋提升＝品牌"的旅游开发模式，整合了新农村建设项目、旅游产业项目、特色小镇项目等，修复了那柯里村至思茅坡脚段 4.4 公里的茶马古道，建成了绝版木刻、河道自然景观、古道陈列馆、驿站广场、马鞍人行桥、马鞍风雨桥、马鞍吊桥、水车等 20 多个人文景观旅游景点，成为很多人心目中的旅游打卡地。旅游业收入是该村重要的收入来源之一，截至 2022 年 6 月，全村实现旅游业收入 620 万元。此外，那柯里村还保有一部分种茶、种坚果等农业经济。截至 2022 年底，全村实现农村经济总收入 2900 万元。

（二）主要做法

1. 牢记嘱托谋发展，同心聚力建家园

2007 年"6·3"宁洱大地震时，那柯里村是重灾区之一。2008 年，时任中共中央政治局常委、中央书记处书记、国家副主席习近平到那柯里村调研，他走村寨、访农户、问冷暖，把党中央的深切关怀播洒到边疆各族群众心田，对村民们的重建工作给予了肯定和勉励。②那柯里村党总支始终不忘嘱托，践行新理念，因地制宜谋发展，以"党建领村、生态立村、民主治村、文化兴村、旅游旺村"为发展思路，牢记"绿水青山就是金山银山"，带领群众重建新家园。不断挖掘并丰富"茶马古道"文化内涵，充实

① "中国乡村社会大调查（云南）"宁洱调查组收集数据。
② 《那柯里：同心追梦 不负韶华》，云南网普洱频道，2020 年 1 月 18 日，https://puer.yunnan.cn/system/2020/01/18/030572320.shtml。

那柯里村面对文化旅游市场的能量，在基础设施不断完善的前提下，充分调动村民们投身乡村生态休闲旅游业的积极性，在提升"那柯里"整体品牌效应的同时，也为乡村生活注入了全新的活力。那柯里村以"全域旅游"建设为重点，围绕"思宁一体化"的空间发展格局，突出党建引领，发挥党员先锋带头作用，大力发展乡村旅游，助推乡村振兴战略，努力拓宽农民增收致富渠道，开启"党建+乡村旅游"新局面。

2. 顾全大局搞旅游，创新思路谋新篇

在县委县政府号召以"茶马驿站"那柯里为文化符号发展那柯里村乡村旅游的过程中，那柯里村村民也经历了思想意识转变的洗礼。为符合"茶马驿站"文化旅游品牌建构需要，村寨民居均需进行"穿衣戴帽"式的复旧装饰：敲掉各家各户的个性化外墙瓷砖，整齐划一地涂上红泥土墙面；打掉豪华洋气的铝合金玻璃，重装古色古香的木雕花窗。不仅如此，为了修建环村的旅游行道和水车、碾坊、栈道等景观，村民还要让出部分宅基地、菜园地、山坡地等。旅游村的建设首先从"动奶酪"开始，一开始村民们很不理解，迟疑观望、消极对抗等情绪普遍存在。

在这一关键时刻，村"两委"发挥了重要作用，为村民争取政策红利、协调村庄改造利益冲突、促进规划落地等，做了大量工作。村干部还以身作则，或让出部分宅基地用于修路，或按景观要求保留菜园子、水田作为村寨特色景观。村民们也逐渐意识到要谋发展必须顾大局，大家纷纷按照村庄旅游规划的要求，刷墙面、改门窗、修庭院。为了让游客更好地体验农家生活，村民们打开自家宅院大门，让游客自由地进家参观，让自家的农家生活成为游客眼中的景观。为了旅游，村民遵守村规民约，在庭院不养狗养鸡，只种花种草，打造一个安全卫生、赏心悦目的庭院，不仅让游客观赏愉悦，而且也大大提升了自己的生活品质。

随着旅游经济的发展，那柯里村空间狭小的问题日益突出，土地资源日益紧张。村"两委"解决问题的办法是让渡办公空间为旅游空间。在2016年前后，为了让位于旅游规划，那柯里村的村委会搬迁至村落外围几十米处，房子盖得很新但位置较偏并不引人注目，与村委会办公楼相并排的是村卫生所。2018 年，为了争创全国乡村旅游示范基地，达到国家对乡村旅游示范基地考核的要求，如旅游服务区占地面积等指标，为了那柯里村旅游经济更上新台阶，村委会和村卫生所再次让位，搬迁至距离那柯里村五六公里之远的烂泥坝村。

为了村寨的旅游经济发展大盘，村民们一而再再而三地放弃曾经属于他们的公共空间、公共设施、公共服务，甚至部分让渡了他们自己的私人空间和集体空间。也正因为如此的深明大义，那柯里村才有今天的反转。今天的那柯里村，已按开发旅游的需要对村寨进行了景观重构，形成了符合城里人凝视想象的，能找得到"乡愁"、具有"茶马驿站"特色的传统村落景观。那柯里村先后获评"云南省第二批省级旅游特色村""云南三十佳最具魅力乡村""中国最美休闲乡村""全国民族团结进步创建示范村"等荣誉。2019 年，那柯里村获评"全国乡村旅游重点村"，同年被确定为省级特色小镇。2021 年，普洱那柯里茶马古道驿站景区被正式确定为国家 4A 级旅游景区。

3. 返乡创业立志高，乡村旅游添活力

随着城市化的发展和农村人口的流动，很多村寨常住人口结构变成了以老年人和留守儿童为主。但是，在那柯里村，却活跃着一群年轻人，他们出生在那柯里村，在城里受过高等教育，也曾一度在省城和沿海工作，在那柯里村乡村旅游开发中，他们毅然回到了家乡，用青春的激情为那柯里村的经济社会发展增加一分热度。

张宏雷，是那柯里村"90 后"年轻人。大学时学习的是旅游经济专业，毕业后在省城打过工。那柯里村旅游开发启动之后，学习旅游经济专业的他意识到，自己的家乡也是一个可以发挥自己所学之长的地方。于是，他从省城返回家乡发展。刚回来时，村委会正在积极配合县乡政府开发那柯里村旅游，各种旅游项目的实施需要一个懂电脑会操作的大学生来帮忙，于是他就在村委会做一些具体的事情。不管什么工作，交到张宏雷手里都能很好地完成。这个做事踏实、手脚麻利、为人温和又有新思维的年轻大学生，逐渐赢得村民的认可，在村委会的选举中，张宏雷被村民们选为村

委会副主任。如今又被村民们选为村委会主任，张宏雷说话做事更有自信，当被问到在做乡村工作遇到推诿责任的情况他是怎么处理的时候，小张提高声音说："遇到困难和问题，当然是我来承担责任。"

高仕兴，是那柯里村农家乐"高老庄"的经营者。20多岁的高仕兴阳光帅气，热情活泼，充满青春活力。高仕兴高中毕业上了一所大专学校，毕业后就去了广州打工。后来看到那柯里村正在发展旅游业，就回村里开始自己创业。近年来，旅游经济发展中体验经济是一个新兴方向，见多识广的高仕兴率先在那柯里村搞起了体验经济。回村后，他的第一个大动作就是把父母开的"高老庄"农家乐转型为茶文化体验中心，在这里游客可体验从鲜叶杀青到茶饼成型的全过程，然后将自己亲手制作的茶饼带回家。高仕兴第二个大动作是开发了骑马游古道的旅游项目，让"茶马驿站"那柯里的旅游体验更加贴近游客的想象。高仕兴还积极开发互联网经济，他在抖音、小红书等平台开网店，身着彝族服装进行网络直播，吸引了不少粉丝。他还注册运营"那柯里"微信公众号，以介绍那柯里村人文风情为主，努力用自己的力量为那柯里村扩大宣传。

赵祺也是大学毕业后选择回乡创业的青年，刚开始时跟着父母经营心园饭店，后来随着那柯里村打造景区、创建特色小镇，游客越来越多，他着手经营农家乐和特色民宿，生意越做越红火，如今已在思茅区开起了两家分店，2023年的年收入达到了100多万元。特色民宿是在他返乡后逐渐规划兴建起来的，他在民宿的经营上融合了现代酒店管理方式，并且在大众点评和美团等平台上运营，让越来越多游客愿意留宿那柯里村。

在那柯里村，不仅有张宏雷、高仕兴、赵祺，还有其他不少年轻人，他们都受过一定的高等教育，也曾被现代化的城市生活方式所吸引而在城市里打拼过，但最终都选择回乡，在家乡这片沃土开启创业之路。这些经营着自己事业的年轻人，脚踏实地、信心十足。村寨也因为他们的回乡创业，不断发生着改变。

三 取得的成效

（一）闯出了一条发展乡村旅游带动群众致富的成功路

近年来，那柯里村牢固树立了"生态立村"的发展理念，依托茶马古道历史文化资源，充分利用了秀美环境，将清新的自然风光和人文历史文化结合起来，恢复了古道驿站的特色文化景点，将那柯里村打造成了全县最具魅力的乡村旅游典范，走文旅融合、农旅融合的发展道路，积极探索了"结合+整合+提升＝品牌"的旅游开发模式，取得了脱贫攻坚的胜利，为乡村振兴开辟出新局面（见图6-6）。截至2022年，那柯里村共开设农家乐26家、民俗客栈9家、特色小吃店13家、民族工艺品店6家，日均接待游客800余人，每年可实现营业收入1200余万元，人均纯收入达15568元，并先后被授予"全国文明村""全国民族团结进步创建示范村""全国生态文化村""中国少数民族特色村寨""全国美丽宜居村庄示范"等称号。

图 6-6 那柯里村寨全景

资料来源：尹世章拍摄。

（二）建成了一个宜居宜业宜游的美丽新村庄

那柯里村把建成幸福美丽新家园、推动和改善民生作为发展的出发点和落脚点，依托"历史遗存、自然风光、民族风情、非遗传承"等资源，以茶为源、以道为始、以民为本，着力打造"产业聚集、文化多元、乡愁浓郁、特色彰显"的宜居宜业宜游的那柯里茶马古道小镇。该小镇投资已经突破15亿元。那柯里村对村庄、茶马驿站等进行提升式打造，着力实施民房改造、茶马古道恢复改造、河道栈道改造等工程，建造茶马文化长廊、马帮文化陈列室、活动广场，实施道路硬化工程、景区亮化及村庄环境美化等硬化、亮化、美化工程，取得显著成绩。截至2020年，那柯里村就通过恢复建设实心树连心桥、驿站广场、风雨桥、水动助力碾子房、马掌铺、游客入村栈道、沿河风景等17个历史人文景观，再现了那柯里村茶马古道驿站曾经的繁华与热闹；通过提升打造茶马古道驿站特色杆栏（又名"美人靠"）等复古式建筑风格民居46户等，改善了人居环境和提高了村民生活质量（见图6-7）。如今的那柯里村，年年有变化、年年有新貌，展现在世人面前的是一个宜居宜业宜游的美丽新村庄，成为一个新小镇。

图6-7 那柯里村展示牌

资料来源：尹世章拍摄。

（三）实现了三次产业融合发展的新局面

那柯里村开发"趣味""果味""美味""土味""茶味""野味""寨味""节味"八种味道八大旅游品牌，举办丰富多彩的乡村文化旅游节，让游客们充分体验"亲近自然、感悟山水""亲近田园、感悟民俗""亲近马帮、感悟文化"的乡村旅游文化的魅力。以种植茶叶、香橼、草莓、葡萄等为基础，在完善农业观光体验的同时，把农产品开发成为特色旅游商品，实现了三次产业的融合，带动了乡村旅游业的强劲发展。

截至 2020 年 6 月，那柯里村已新建旅游管理中心 200 平方米；入口提升工程完成小镇入口生态铺装 3000 平方米，建设小镇牌坊 1 座，完成绿化 1000 平方米，新建文化墙 80 米；改造民宿客栈 3 家，建成特色餐饮 21 户，经营特色民宿 14 家、民族手工艺品售卖店 5 户、特色茶叶体验店 5 户，建成草莓、葡萄生态采摘园 500 亩。村民兴办的特色农家乐由十年前的 3 家发展到 2020 年的 26 家，各种民俗旅店、旅游商铺、手工艺品店、茶庄、特色小吃店琳琅满目，让人目不暇接。

如今，那柯里村大多数农户从原来依靠农业种植的传统单一型发展模式，逐渐走向以旅游经济为主的发展模式。在旅游旺季，开民宿店、农家乐的村民，请大量以经营茶园为主的农户做帮手，负责择菜洗碗、招待客人、打扫卫生；在旅游淡季，民宿店、农家乐宽裕的人手又到经营茶园的农户家帮忙摘茶。在村内实现了劳动力的互助。因发展旅游业，周边村寨的农户在山上捡的菌子，种的茶叶、水果等都有了销路。产业融合的发展，在更大范围上推动了农民增收，改善了群众生活质量。

四　可推广的经验

宁洱调查组在宁洱县同心镇那柯里村，望着郁郁葱葱的山林，走着宁静悠远的古道，赏着流水潺潺的小溪，仿佛听到清脆悠扬的驼铃声，仿佛闻到远古飘来的茶草香气。师生们沉醉在梦幻般的风情里，留恋在惊艳的时光中，围炉夜话、品茗探讨，认真剖析和总结一个传统村落实现现代转型、重现昔日繁华的历程、成效和经验，觉得那柯里村的经验，对于激发古村落的发展活力具有一定的借鉴推广价值。

（一）充分挖掘自身特色

那柯里村的成功，是因为挖掘了茶马古道的历史文化资源，充分利用了秀美的乡村环境，将厚重的人文历史文化和清新的自然风光结合了起来，走出了一条从传统农业转向文旅融合、农旅融合的发展道路，探索出了"结合+整合+提升=品牌"的旅游开发模式。这些措施不仅帮助那柯里村取得了脱贫攻坚的胜利，还为其乡村振兴开辟出新局面。

（二）重视旅游景观建设

那柯里村为打造茶马古道特色小镇，在旅游景观建设中做足文章。由于2007年6月3日宁洱县发生6.4级大地震后需要恢复重建那柯里村，政府投入大量资金完善了那柯里村基础设施和建设了旅游景观。那柯里村按传统"八景"历史书写的方式构建了"那柯里八景"，并对每个景点进行了历史文化追溯和文化建构，体现其浓郁的历史文化特色。同时，大力实施茶马古道恢复改造、河道栈道改造等工程，修建茶马文化长廊、马帮文化陈列室、活动广场等，实施村民饮水、道路硬化、景区亮化、村庄环境美化等硬化、亮化、美化工程，对传统民宅进行维修改造，将其改成特色民宿、特色门面、体验场所等（见图6-8）。村寨景观重塑为那柯里村旅游业的发展奠定了扎实的基础。

（三）保留浓厚乡土气息

对那柯里村，游客最认可的是那柯里村的商业气息比较淡薄，仍然保持着质朴与天然的特色。有游客表示："来到那柯里村，就深深爱上了这个地方，觉得这个地方非常好，有一种让心灵静下来的感觉。"这是一个留得住乡愁的地方，之所以留得住乡愁，是因为那柯里村寨里流淌着溪水诉说的历史故事，是因为那柯里村寨菜园的翠绿让人垂涎欲滴，是因为那柯里村村民的热情淳朴让人感到了回到自己的家。今天那柯里村的村民，在旅游经济发展中，不断深入挖掘农村生活细节，展示给南来北往的游客，让他们凝视、让他们体验、让他们记住这一乡愁。

图 6-8　那柯里村旅游景观

资料来源：苏祺涵拍摄。

（四）引入现代文化提升旅游品质

那柯里村注重把现代理念赋能乡村旅游，用现代文化提升旅游功能。那柯里村在发展旅游中，积极推进茶马文化体验项目、绝版木刻艺术村建设项目、音乐文化创意街区建设项目等，以保持项目发展活力和旅游市场竞争力，保持传统村落旅游发展的可持续性。其中，那柯里村引进普洱学院的绝版木刻项目十分具有特色。绝版木刻是云南版画的一种特殊表现技法，它诞生于 20 世纪 80 年代的普洱，是中国当代版画的四大流派之一，普洱学院把绝版木刻作为其学院优势学科和特色学科。为了营造那柯里村的艺术氛围，提升旅游景区品质、增加游客的旅游体验，那柯里村引入了普洱学院的绝版木刻项目，在村里建立了一个绝版木刻教学实践基地，提供场地展示普洱学院师生们的绝版木刻作品，让该基地成为绝版木刻工作室等，通过艺术家群体的创作和其与游客的互动来提升景区文化品质。此举起到了良好的效果，如今绝版木刻展览室成为外地游客打卡的必到景点。

（五）发挥优势借船出海

那柯里村是一个因路而生、因路而兴、因路而变的村寨，村民深知作为一个路边村寨的经济价值和文化价值。在今天高速公路、动车铁路成为主要交通道路的现代社会，如何让一个小小的村寨继续发挥路边村寨的区位优势？那柯里村的干部群众创新思路，积极向上级政府和交通部门争取在昆曼国际大通道那柯里段开一个路口，最终获得了在高速公路建停靠站的项目。目前该项目已经建成，在高速公路往来的旅行者和游客可以将车停在停靠站的停车场内，人可从栈道步行到那柯里村吃饭、休息和旅游。以停靠站为引流方式，那柯里村又重新获得了路边村寨的区位优势。

那柯里村距离普洱市大约 15 公里，有大约 20 分钟的车程；距离西双版纳景洪市也只有 120 公里，有大约 2 小时的车程。普洱市和景洪市都是滇南旅游的黄金线路必经之地，那柯里村在发展旅游过程中，努力将那柯里村打造为这条旅游黄金线路的旅游目的地之一。目前，这一策略已经有明显成效，来那柯里村旅游的外地游客，多是来西双版纳、普洱旅游的游客。

五　进一步完善的建议

（一）着力解决旅游经济淡旺季不均的问题

那柯里村的旅游经济虽然已经呈现快速增长的良好势头，但是，旅游经济淡旺季不均衡问题十分突出，春节、国庆节、劳动节等节假日，是那柯里村的旅游旺季，大量外地游客、本地游客涌入，村民常常应接不暇。但是，平时除了周末有一定的本地游客（指普洱市范围内的游客）前来，其他时间常常冷冷清清。这说明那柯里村吸纳游客的能力还不足，特别是辐射外地游客的能力还较为薄弱。需要在对外宣传上进一步加大力度，在旅游特色上进一步凝练，在服务质量上进一步提升。

（二）着力解决基础设施不足和服务功能薄弱的问题

由于那柯里村地理条件的限制，村里的基础设施还不适应日益发展的旅游经济的需要，突出表现为停车场少、指示牌不够醒目、停车位不足的问题，在一定程度上限制了游客量的增长。那柯里村的厕所和垃圾桶不足情况也有存在，街道上保洁有时不到位，造成旅客的体验感低于预期。这些问题都会在无形中影响到那柯里村旅游经济的可持续发展问题。更为重要的是，一些开发初期建起的旅游景观在维护上有所忽视，使那柯里村的景观特色呈现淡化模糊化趋势，这十分不利于那柯里村旅游发展。

（三）警惕过度商业化趋势

那柯里村的特色在于它作为古村落的宁静和朴实，在于茶马驿站的历史文化特色。但是，近年来，村民在旅游经济的刺激下，家家开农家乐、人人摆小摊铺，商业化日益侵蚀着那柯里村。如果这一问题不能得到足够的重视，过度商业化将使那柯里村的旅游特色逐渐丧失。

第四节　磨黑镇团结村：以壮大集体经济引领产业发展推动乡村振兴

一　背景介绍

农村经济的发展能够为乡村的发展和建设奠定基础、提供保障，有利于推动农村各项工作积极开展，促进农村向繁荣富裕的方向前进。农村集体经济的壮大对于农村建设、优化农业产业链条、拓宽农民收入渠道、提高农业经济效益具有非常重要的意义和作用，能够有效推动农村经济可持续增长。而农村集体经济组织在壮大集体经济方面具有独特的、不可替代的作用。作为农村经济合作组织，村级集体经济拥有优化资源配置和拓展要素合作的制度优势。通过规模化生产，农村集体经济组织可以降低组织成本和交易成本，提高农户应对市场风险的能力，从而带动农民实现共同富裕。

首先，农村集体经济组织在供给村庄公共品和解决公共性问题方面发挥着重要作用。它能够为基层党组织建设和村民自治提供支撑，促进村庄社会的再组织化。通过集体经济的发展，村庄社区能够加强内部协作与合作，形成有效的治理机制，更好地解决村庄公共事务和问题。其次，农村集体经济组织还能推动经济合作和治理合作的实现。它为农民提供经济合作的平台，进一步促进村民之间的互助和合作。同时，集体经济组织的存在也为村庄治理提供有力支持，在推进村庄治理过程中发挥着积极的作用。

宁洱调查组在宁洱县磨黑镇团结村，看到了一个以集体经济发展为带动、以共同致富为目标的典型，看到了宁洱县脱贫攻坚与乡村振兴过程中涌现的"团结经验"。宁洱调查组称之为"集体经济带动型"模式。团结村是宁洱县乡村振兴中具有代表性的村落，该村结合自身发展条件，通过"党总支＋投资商＋合作社＋基地"的联营种植方式，构建"村、社、企、户"四位一体发展模式，发展集体经济、带动村民致富、实现乡村振兴、使乡村生机勃勃的经验，值得认真总结推广。

二　案例简介及主要做法

（一）案例简介

团结村是磨黑镇下辖的一个行政村。东邻芭蕉林村，南邻庆明村，西邻宁洱镇宽宏村，北邻德安乡恩永村，距离磨黑镇政府所在地 12 公里，离宁洱县城 36 公里。全村辖松丫、马道子、大黑树等 22 个村民小组。2020 年末总户数为 1040 户，共 3106 人，常住人口有 656 户 2565 人。团结村党总支下设有四个党支部，共有党员 100 名。[①]

在实施脱贫攻坚战略之前，团结村作为山区多民族贫困村，自然条件恶劣，基础设施落后，产业类型单一，经济发展滞后，村民受教育程度普遍较低。在国家脱贫攻坚与乡村振兴战略实施后，团结村的面貌发生了翻天覆地的变化。团结村在村党总支的带领下，积极发展特色产业，集体经济收入持续增加。2022 年荣获全省"乡村振兴'百千万'工程精品村"称号。

---

① 宁洱哈尼族彝族自治县统计局编《宁洱县 2020 年统计年鉴》，2021，第 121 页。

（二）主要做法

1. 支委以身作则，党员先行先试

团结村坚持党建引领，将党的指导思想、上级的指示精神、奋斗目标、工作要求融入村庄的发展全局，通过优化党课的形式，把党课变成思想碰撞的讨论课，深化党的先进思想并将其融入工作建设之中。在具体工作中坚持党员先行先试，以支部示范引领推动村级集体经济发展。在芒果产业的发展过程中，受到传统思想观念的限制，推广种植甜脆芒果的想法遭到了很多老百姓的否定。为了解决这个问题，团结村的村"两委"班子以身作则，率先带头种植了100亩甜脆芒果，给党员和群众做示范。大家看到村"两委"班子成员真干了，再通过党员的引领和动员，村民们就积极参与了，后来共有22个村民小组投入种植，种植面积扩大到2023年的5300亩。从2019年开始，甜脆芒果陆续投产，到2021年产量已经达到140吨、产值达50万元，成为本村拳头产品。

2. 畅通沟通渠道，打造发展环境

和谐的社会环境是乡村发展的基础条件。和谐环境的形成，在于有效的乡村治理，其中人是最核心的因素。团结村坚守以人为本的原则，注重密切连接村委会、村民小组组长和村民之间的联系，特别是村民小组组长与村民之间的沟通与交流起到了至关重要的作用。团结村的村委会积极畅通沟通渠道，建立多个微信工作群、联系群，这些渠道不仅起到了通知和宣传的作用，还成了连接全村村民的纽带。村民们可以及时在微信群提出问题和表达感想，一旦出现矛盾，村委会和村民小组组长便可通过微信群进行调解，及时解决村民之间的矛盾和问题，实现足不出户的管理和调解。这样一来，团结村便形成了村民们有问题就积极反映，村委会立刻处理和及时纠偏的良好局面。以现代通信工具为平台的沟通机制的建立，使工作效率明显提高、治理效能显著提升。这为产业发展提供了稳定与和谐的群众基础，组织建设工作的细致程度与管理效能的高低直接影响了乡村振兴的全局。

3. 强化制度建设，管好集体收入

管好用好集体经济收入，是赢得村民信任和支持的关键，也是营造共同团结奋斗的关键，团结村在这方面做出了表率。不断完善集体经济管理办法，健全支出审批、财务公开、民主监督等制度。通过严格、准确的标准化流程，加强资源、资产、资金"三资"管理，确保集体资产不流失、不浪费，确保集体经济收入管好用好、稳定增长。同时，明确村级集体经济资金使用范围，严格遵循"四议两公开"程序，做到让每一笔村级集体资金的使用都直观明了，确保村务、财务的公开透明。此外，团结村注重制度宣传，力求村"两委"和村民双熟知，防止出现"村干部不清不楚花错钱、村民不明不白白监督"的问题。这些措施成为团结村集体经济持续发展的重要制度保障。

4. 走出去引进来，强本领谋发展

为了发展产业、壮大集体经济，团结村注重学习外地经验，提高技能技术。在村委会层面上，团结村坚持"走出去、引进来"的学习培训模式。多次组织党员干部、村民小组长到文山、元谋、宾川、景洪等地考察学习发展经验，为村民提供更多的学习机会和实践经验。在村民层面上，积极推动田间学堂活动，驻村工作队和村委会共同打造教学平台，邀请专业人员进行现场教学，解决村民们在种植过程中遇到的问题。此外，鼓励村民通过书本、短视频平台等渠道主动学习种植技术，让村民不满足于集中技能培训，而是积极主动地通过自学提升自己的技能。团结村的村民们展现出勤劳肯干和求知好学的精神，他们通过自己习得的种植技术以及精细化管理发展产业，取得了收获。这种强烈的进取意识成了团结村产业发展的重要支柱，推动了整个村庄的繁荣和进步。

三 取得的成效

（一）集体经济收入持续增加，乡村振兴基础更加厚实

在过去，团结村存在基础设施薄弱、交通不便、信息闭塞、产业单一等问题，导致村级集体经济贫困、村委会的财力有限，难以支持全村的发

展和提供有效的服务，使得村委会的凝聚力和号召力不强、群众对发展致富的信心严重不足。自脱贫攻坚工作开展以来，团结村在新的村党总支带领下，采取了一系列措施，努力改变了落后局面。2019 年底，团结村 32 户建档立卡贫困户全部脱贫，全村经济总收入达 5866.3 万元。村级集体经济实现了从 2013 年"全零"到 2014 年"破零"，再到 2020 年"加零"的 0 到 100 万元的突破。截至 2020 年底，农村经济总收入 8839.4 万元，村级集体经济收入已达 100 万元。截至 2022 年底，村级集体经济收入达到了 122 万元，是整个宁洱县村级集体经济突破百万元的两村之一。通过活跃和壮大村级集体经济，团结村巩固了脱贫攻坚的成果，并为乡村振兴注入了新的动力。

（二）致富产业不断发展壮大，农民增收更有底气

在村"两委"的带动下，团结村整合全村资源，合理高效利用土地，引导农户依据市场需求调整种养策略，开展多种经济作物种植及家畜养殖，在产业振兴方面取得了显著成果。2023 年，团结村甜脆芒果种植面积为 5300 亩，总产值达 530 万元；茶叶种植面积为 3304 亩，总产值达 500 万元；咖啡种植面积为 980 亩，总产值达 308 万元；核桃种植面积为 860 亩，总产值达 60 万元；烤烟种植面积为 1680 亩，总产值达 800 万元；冬农蔬菜产业种植面积为 1500 亩，总产值达 500 万元；柑橘种植面积为 70 亩，总产值达 28 万元；花卉种植面积为 80 亩，总产值达 68 万元。此外，团结村肥猪存栏数量为 4210 头，总产值达 600 万元；黄牛存栏数量为 179 头，总产值达 358 万元；黑山羊存栏数量为 420 只，总产值达 80 万元；土鸡养殖数量为 6582 只，总产值达 60 万元。全村种植、养殖业总收入为 3892 万元。

除了种养业外，团结村地处交通要道，是宁洱县重要的交通枢纽之一，因此，第三产业也获得较多发展。2022 年，食宿店、汽车修理店等服务业总产值达 500 万元；运输业总产值达 400 万元；务工收入达 990 万元。2020 年底，团结村农民人均可支配收入达 15395 元；2021 年，农民人均可支配收入达 22545 元；2023 年，农民人均可支配收入达 18980 元。①

---

①　"中国乡村社会大调查（云南）"宁洱调查组收集数据。

（三）党群团结奋斗目标坚定，乡村振兴合力更加强劲

团结村党的建设成效明显，村"两委"和党员自身的政治素质和引领能力不断提高，党组织的领导力、凝聚力、影响力不断增强，党员带领群众实现脱贫致富能力逐步提升。在村"两委"带领下，群众的发展意识显著提升，民主决策过程更加规范，村务协商更加民主务实。全村形成了上下团结一心谋发展的良好局面，推动了村庄整体发展。产业不断发展壮大，农业产业链不断延长。基础设施不断改善，团结村实现了村组道路硬化、电网改造和党员活动阵地全覆盖，人居环境持续提升，整个乡村焕然一新。全村呈现和谐发展的局面，人民群众的获得感和幸福感不断增强，乡村振兴的劲头十足。

四　可推广的经验

（一）选好一个带头人是关键

团结村的发展进步，和村支书刘松关系很大。2007年6月，32岁的刘松被全村党员推选为村支书。这个土生土长的本村人，是个经验丰富的"老村干"，对家乡充满了热爱。"当村支书不能有功利之心，不能有官样，要一心为群众发展谋实招、干实事，把事关群众利益的点滴小事做好，才是一位合格的好书记"，[1] 连续担任十多年团结村村支书的刘松把这句话铭记在心，而且在工作中践行，脚踏实地地为村庄谋发展。担起这份责任以后，刘松书记就日夜不停地谋划村庄的发展。把全村的产业分两个层次谋篇布局：低河谷沿线以发展冬早蔬菜、芒果、咖啡为主，相对高海拔地带以发展烤烟、茶叶为主。有了思路后，他就一遍遍地和村委会成员沟通，把全体党员思想做通，让党员以身作则、先行先试，通过党员们的学习、实践和带动，新的产业在团结村得到了快速推广和普及，取得了显著成效。

有了好带头人，还要有好的队伍。过去团结村的班组成员年龄普遍偏

---

① 《人物丨普洱榜样·云南百名好支书：倾心铸就致富路的刘松》，澎湃新闻网，2020年7月3日，https://www.thepaper.cn/newsDetail_forward_8119637。

大，后备力量不足。为此，当时的村"两委"招贤纳士，与返乡农民工、复员退伍军人、大学生等座谈，了解就业意向，阐明团结村的发展前景，对重点对象坚持电话跟踪、实时跟进，引导他们回村支持家乡建设，先后发展了 11 名年轻党员，储备了 9 名后备力量，这些后备力量现已成为包括村支书在内的村"两委"班子核心成员。2020 年至今，团结村把 9 名致富能人培养成党员，把 32 名致富能手培养成入党积极分子。正是村"两委"班子年龄结构合理，重视班子成员的个人发展及后续储备，能形成核心领导力的原因，村"两委"班子始终保持着充足的干劲与冲劲，在脱贫攻坚与乡村振兴中发挥积极的作用。这些成果表明刘松书记很好地发挥了带头人的作用。因此大家都称赞刘松书记是群众致富的"带头人"，勇担责任的"护航者"，破解瓶颈的"当家人"。可见选好一个当家人十分关键。

（二）发展好一批产业是根本

老百姓特别直接，对村"两委"支持不支持、拥护不拥护，主要看村"两委"能不能带领他们致富。团结村的村"两委"目标明确，就是一心一意谋发展，不负众望带领乡亲们脱贫致富过上了好日子。着手组建了"村社合一"的专业合作社，构建了"村、社、企、户"四位一体的发展模式。首先在生产端，团结村在引进种植新品种之前，会进行实地考察，采取因地制宜的发展策略，根据地理条件的不同进行产业布局规划。低河谷地区主要种植枣、蔬菜和芒果等农产品，而高海拔地区则专注于茶叶的种植。为了促进产业的多元化发展和提高竞争力，团结村积极寻求多方支持和与外地公司合作发展。其次在销售端，团结村与多家公司合作，以订单式农业的方式保证销售，销售价格由公司兜底保障，保证农户不亏。订单式农业如同桥梁，连接起农户和公司，而村委会在其中就发挥着巨大的平衡和协调作用，既保证了产业持续稳定发展，又保障了农民收入持续增长。

（三）营造好发展环境是基础

俗话说，"基础不牢，地动山摇"。乡村发展有赖于良好的发展环境，得益于有效的乡村治理。如果一个村庄上下不团结、干群不齐心，只是一盘散沙，是不可能发展起来的。团结村党总支在引领群众上、在公开公平上，做出了表率，赢得了民心，得到了广大村民的信任、支持和拥护，营造了共同团结奋斗的良好环境。在发展产业过程中，由于农户对新产业持观望态度，村"两委"成员就带头种植、以身作则，通过示范效应引导农户们跟着种植。村委会在推广新产业过程中不仅发挥宣传作用，还努力研究种植技术，解决农民在种植过程中遇到的技术问题，用看得见的成果赢得了农户的跟随。在管理集体经济中，不断完善管理办法，健全支出审批、财务公开、民主监督等制度。严格遵循"四议两公开"程序，做到让每一笔村级集体资金的使用都直观明了，用公开透明的方式赢得了农户的信任，成为团结村集体经济持续发展的重要制度保障。

（四）构建好发展模式是保证

团结村深知发展壮大村级集体经济的重要性。通过党建引领，凝聚力量，形成了发展集体经济的强大合力。着力构建"村、社、企、户"四位一体发展模式，组建了"村社合一"的专业合作社，将村民组织与经济合作有机结合起来，实现了资源优化配置和规模化生产，协调了各方共同发展，提升了整体效益。同时为了实现村级集体经济的持续稳定增收，村党总支牵头研究制定了合理的产、供、销管理制度和利益分配机制，以保证村级集体经济的稳定发展和持续增收。具体来说，在发展芒果产业时，在种植方面，投资商免费提供种苗，支付挖塘费用，并提供化肥、农药和管理技术，同时收购芒果；农户负责按照约定的种植标准进行施肥、打药、修剪、采摘等日常管理工作；村委会负责协调、组织农户管理，并监督双方履行职责，维护双方的共同利益。在收益分配方面，农户和投资商各分得50%的收益；村委会对每斤芒果0.10元的管理费进行再分配，其中30%用于村委会招商引资，70%存入村级集体经济账户作为村级集体经济的资金运作。对于村级集体冷库的运营，会以出租等方式投入市场。在收益分配上，首先扣除设备折旧、上缴利税和运行成本等费用，然后将净收益进行合理分配。这样的举措促使团结村的村级集体经济得到了强劲发展，形成了良性循环。村级集体经济的蓬勃发展为整个团结村的经济发展提供了坚实支撑，同时也为乡村振兴注入了源源不断的动力。

五　进一步完善的建议

（一）着力提高村民技术水平

不同的作物或养殖活动需要不同的技术和管理方法，由于团结村村民受教育程度普遍较低，在发展产业中能明显地感觉到村民的技术水平和能力素质跟不上，需要多渠道开展培训活动，不断提高村民的学习积极性，帮助村民掌握相关技能，增强村民劳动力价值，提高村民职业素养，保证农产品质量。

（二）着力完善利益联结机制

团结村的主打产业是芒果产业等，但近年来芒果价格受市场影响波动较大、产业竞争压力较大，如何保证农民经济利益稳定是团结村面临的一个大问题。只有强化与公司的利益联结机制，构建"利益共享、风险共担"的机制，才能保证产业可持续发展。

第五节　勐先镇谦乐村：发挥村"两委"引领作用推动乡村振兴

一　背景介绍

村"两委"是指村党支部委员会和村民委员会，是农村最基层的组织，它们紧密联系着广大群众，在农村社会治理和乡村振兴中发挥着至关重要的作用。村党支部是党在农村的基层组织，是农村各种组织和各项工作的领导核心。它负责贯彻执行党的路线方针政策和上级党组织及本村党员大会的决议，确保农村工作始终沿着正确的政治方向前进。村党支部通过加强党员教育、管理和监督，提高党员素质，发挥党员先锋模范作用，引领村民树立正确的价值观、道德观和法治观。村委会承担着制订实施村庄发展计划的任务，通过发展集体经济、引导村民产业结构转型等，促进村庄的经济发展和社会进步。同时，负责村务管理与服务，为村民提供服务和帮助，解决村民的实际困难；组织各种文化活动，丰富村民的精神文化生活；等等。

以上村"两委"的具体职责和任务，主要是通过村"两委"成员集体决策共同组织实施的，火车跑得快、全靠车头带。乡村振兴行不行，关键就看村"两委"行不行。宁洱调查组在宁洱县勐先镇谦乐村，看到了一个村党支部带领村落发展、村民脱贫致富的典型，看到了宁洱县脱贫攻坚与乡村振兴过程中涌现的"谦乐经验"。宁洱调查组称之为"引领+跟随"型模式。

二 案例简介及主要做法

（一）案例简介

谦乐村是勐先镇下辖的一个行政村，截至2022年底，全村辖11个自然村，14个村民小组，共有户籍人口417户1532人，其中常住人口294户1185人，有劳动力776人。村党总支下设5个党支部，11个党小组，全村有党员86名，正式党员85名（其中男54名、女31名），预备党员1名，有2个支部有党员活动室。谦乐村对外交通较为便捷，有宁洱县城至黎明乡公路（155县道）穿村而过，路况较好。距离勐先镇政府所在地5公里。产业以烤烟、茶叶、水稻、蔬菜、桃李、生猪养殖及肉牛养殖为主，以小麦、玉米、土鸡养殖为辅。

谦乐村在脱贫攻坚与乡村振兴实践中，最为突出的特点就是以村支书苏宏为代表的村"两委"成员发挥着坚强有力的"引领"作用，在集体经济培育、招商引资工作、绿美乡村工程、土地流转工作、产业振兴引导等方面发挥着引导作用。村"两委"还通过在日常生活中的带头作用，引领着村民观念的改造，起到潜移默化的作用，在产业引进、种植技术推广工作中为村民树立表率，通过带动作用吸引村民"跟随"，使谦乐村上下团结协作共同发展，稳定壮大集体经济，真正做到服务村民、服务群众，得到村民拥护、群众支持。

（二）主要做法

1. 善于学习政策，勤于招商引资

在村支书苏宏的带领下，谦乐村的村"两委"非常重视对国家政策与最新形势的学习和研究，努力加强对国家政策和形势的理解和领会。在政策学习方面，他们主要利用两种渠道：一种是利用互联网资源进行学习，比如学习强国、云岭先锋、央视新闻等平台，了解最新的信息和政策动态；另一种是认真学习领会上级传达的会议精神和文件要求，通过吃透上情，确定村党支部发挥作用的体制空间和合法路径，用通俗的话说，就是不会有人来找麻烦，所有措施都是合法合规的，并能得到上级的认可和有力支持。

通过学习，村"两委"也认识到必须适应市场经济的环境，对外寻求合作与发展。为了更好地了解市场情况，村支书经常带着村民小组组长去外地调研，他们外出调研经常住在离农贸市场比较近的地方，以便随时观察市场的交易情况、摸清市场的需求，然后结合本村资源，开展招商引资发展经济。比如引进云南云江云航农业科技发展有限公司，发展特色产业种植四季红叶香椿，种植的500亩四季红叶香椿长势良好。村民通过使用植株矮化技术，不仅便于采收，而且一年四季可以多次采摘，错开传统香椿集中上市时节，错峰抢占市场。产品主要出口日本，经济效益可观，2023年谦乐村该产业收入在180万元左右。

2. 村"两委"先行示范，村民放心跟着干

村支书苏宏不喜欢待在办公室里，大多数时间在田间地头。如果没有人介绍，很难分辨出哪个是他。他怎么干，老百姓就跟着他怎么干，在安排好村里的日常工作后，除了去镇里、县里开会，他基本上就是戴顶草帽在田间地头巡查，看看哪家作物的长势如何，有没有出现侵占基本农田的情况，以及进行安全方面的巡查。这种实干作风，在村"两委"成员身上各个都有体现。村党支部副书记彭华认为，通过自己的努力在村子里做出一些成绩，对自己来说是非常有成就感的，因为这是自己的家乡。他希望在村里起到一个带头作用，只有村干部先做出榜样，老百姓才会跟着你去干。在产业发展方面，对于上级鼓励发展的项目，村民们往往会迟疑观望，老百姓看到村干部在做，他们才放心跟着干。例如，谦乐村发展肉牛养殖项目时，苏书记自己也养了几头牛，在苏书记的带动下，谦乐村养殖牛的家庭越来越多，经济收益也十分显著。苏书记的做法，也深深地影响着其他村"两委"成员，每次村委会发展新项目，他们都带头为村民做示范。

3. 党支部牵头成立合作社，农户流转土地加入共同发展

谦乐村以村党支部牵头，以农户土地和资金入股的方式成立宁洱县勐先镇谦乐村安乐寨蔬菜专业合作社（以下简称"合作社"）。合作社2014年11月成立，现有农民成员总数97户，其中建档立卡贫困户有45户。2018年，合作社已经将全村40%的土地纳入流转；2019年底，全村近60%的土地流转入合作社，由合作社统一规划、统一种植、统一收购。谦乐村从建档立卡户中无劳力户、一般户中无劳力户和外出户闲置田地入手，通过土地折资让农户入股分红，或支付租金让农户获利。合作社为农户缴纳一定比例的养老金和新农合，使农户即使不自己种地也能获得收入和保障。谦乐村采用"党总支+合作社+企业+农户"的产业发展模式，努力走一条由村级合作社带动群众发展致富的道路。

4. 打造宜居乡村，全面提升乡村吸引力

谦乐村村"两委"成员深刻认识到，改善农村人居环境是凝聚力，也是生产力。以"硬化、净化、绿化"的"三化"建设为引领，积极推动宜居乡村建设，提升农村人居环境，为乡村振兴注入新动力。谦乐村投入42.16万元，实施了村内道路硬化工程，极大地改善了村民的出行条件。新建了363立方米的垃圾池，新建了一座占地256平方米的公厕，同时对45户农户进行了卫生户厕改造，使卫生户厕的普及率达到了100%。聘用专职保洁员，确保了村庄的日常清洁卫生。实施村庄道路两旁的绿化美化工程，共种植了2427平方米的绿化树、1200余棵树木。这些措施将谦乐村打造成了一个宜居的乡村。生活环境的改善、生活质量的提升，更加增强了乡村政治精英的影响力，保证了后续各项工作的顺利开展。

三 取得的成效

（一）率先完成脱贫摘帽任务，乡村振兴迈出坚实步伐

通过努力，谦乐村在 2016 年就成功完成了脱贫摘帽任务，是最早完成脱贫任务的村子之一。完成脱贫摘帽后，谦乐村又迈出乡村振兴坚实步伐，各项工作都取得了新的成效。2021 年 12 月，谦乐村入选 2021 年度云南省美丽村庄（州市级）。在宁洱县勐先镇四面"流动红旗"创建中，谦乐村荣获"基层党建""产业发展""乡风文明""宜居乡村"四面旗帜，是全县两次获得四面"流动红旗"的村之一。谦乐村"引领+跟随"型模式，在乡村振兴实践中独树一帜。

（二）集体经济得到大发展，共富能力越来越强

谦乐村优越的气候条件非常适合大规模种植冬季农业蔬菜和热带水果。由于靠近高速路口，交通区位优势明显。然而，过去村民的市场意识相对薄弱，难以直接与市场对接。谦乐村就从大力发展村级集体经济入手。谦乐村村支书苏宏表示："我们作为村集体，就是要大力发展村级集体经济。"2014 年，由村支书苏宏牵头成立的合作社，走土地集约化发展与规模化经营之路，2017 年增加桃李种植面积 1370 亩，2019 年实现合作社人均纯收入 9371.3 元。合作社现有固定资产 100 万元，逐渐形成"两片叶（烟叶、茶叶）百亩菜千亩果"的产业格局。谦乐村以"党总支+合作社+企业+农户"模式运作，比较成功。在发展合作社过程中，通过统一培训、统一育苗、统一管理、统一销售的模式，带领村民发展经济，凸显了村"两委"的"引领"功能。2023 年，谦乐村最小的村民小组集体经济都有 80~90 亩土地，集体经济资金可以达到 8 万~9 万元，村民小组的集体经济资金还可以用于支持其他有利于村民的项目，进一步促进村庄的经济发展和繁荣。

（三）打造宜居宜业和美乡村取得成效，返乡年轻人越来越多

谦乐村村"两委"发现，年轻人普遍外出打工，导致农村缺乏活力，缺少劳动力，产业发展失去动力。而打造宜居宜业和美乡村是吸引年轻人

返乡的重要手段。谦乐村村"两委"决定将村子建设得更加美丽，以"硬化、净化、绿化"的"三化"建设为引领，积极推动宜居乡村建设，改善基础设施，实施村内道路硬化工程，新建垃圾池和一批公厕，实施村庄道路两旁的绿化美化工程，提升农村人居环境。积极争取各方支持，推动产业发展，积极支持年轻人返乡创业。践行"绿水青山就是金山银山"的绿色发展理念，按照"打造样板、示范引领、以点带面"的工作思路，全面推广标准化生产方式。采用"四统一"模式进行集中连片种植，应用测土配方施肥、有机无机肥结合、水肥一体化、绿色防控和统防统治等技术方式，打造农业高标准生产经营示范基地，将"黄土地"变为"绿土地"，推行特色化、规模化的种植。夏秋水稻、冬春蔬菜，一年四季，黄土地里绿色农产品的更替生长，为促进农民增收致富提供了坚实的保障。谦乐村通过提供更好的公共服务、更好的生产条件和更好的生态环境，让年轻人返乡后能够享受到更好的生活条件，现在已经有不少外出打工的年轻人回到家乡。同时，也让这些本地出去的大学生和有意愿来农村的外地大学生，愿意来也愿意留下来。

（四）乡村产业大发展，村民生活水平大提升

谦乐村通过合作社的规模化和规范化管理，进一步提高了合作社的收益，农民的收入也得到了稳定增长。在合作社成立之初，谦乐村的田地分散在各个农户手中，小农户零碎分散的种植方式限制了土地的规模效应，使得其抵抗自然灾害和市场风险的能力较弱，也不利于引进经营主体进行合作发展。因此，合作社采用多种方式，如土地折资、支付租金等，使得农户不用自己种地也能获得收入和保障，为合作社提供了连片土地资源用于发展。2019 年底，合作社将全村近 60% 的土地流转过来，由合作社进行统一的规划和管理。合作社与云南富隆农业集团有限公司携手合作，种植无筋豆的面积达到了 600 余亩，通过先进的种植技术和科学管理，每亩产量在 1.5 吨以上。该公司以每公斤 2 元的价格收购，同时给予合作社每公斤 0.1 元的管理费用。这一合作模式为村民每年增加了 180 万元以上的收入，同时合作社也获得了近 10 万元的收入。合作社与云南元江云航农业科技发

展有限公司签订了桃李种植合同。项目投产后，仅桃李一项，每年可带动谦乐村增收420万元以上，合作社至少可获得60万元的收入。通过合作发展，谦乐村有效带动了当地经济的发展，提高了农民的生活水平，也为未来的发展奠定了坚实的基础。

四 可推广的经验

宁洱调查组在宁洱县勐先镇谦乐村，认真剖析和总结一个村庄的脱贫攻坚与乡村振兴的历程、成效和经验，看到了一个乡村政治精英带领村落发展、村民脱贫致富的典型，觉得谦乐村这一"引领+跟随"型模式值得总结推广。在实现中国式现代化的征途上，在当前乡村利益和价值多元的背景下，保障乡村精英参与乡村振兴的政治认同，把党的价值准则和目标追求作为乡村振兴的导向，通过基层党组织创新引领方式提升整合能力，成为促进乡村全面振兴的关键。挖掘这一模式的价值，对于当下和今后的决策指导具有一定的参考意义。

（一）发挥村"两委"的引领作用，保证乡村振兴的正确方向

乡村振兴，首先要把握好的一个问题就是：乡村振兴的正确方向是什么？路不能走歪，走上歧途。关于这个问题，习近平总书记明确指出，实施乡村振兴战略，"要把好乡村振兴战略的政治方向，坚持农村土地集体所有制性质，发展新型集体经济，走共同富裕道路"。① 基层党组织的引领作用，就是体现在宣传党的主张、贯彻党的决定、领导基层治理、团结动员群众、推动改革发展这几项要求上。基层党组织的构成人员，都是乡村的政治精英，这些乡村政治精英的引领关系到乡村政治生态的好坏，良好的政治生态让一个地方政通人和、安定有序；不良的污浊的政治生态，如党风政风不纯，就必然社会矛盾丛生，振兴无从谈起。良好的政治引领能够激发乡村振兴的内生动力，通过现代生产要素与农村资源禀赋的融合，实

---

① 《习近平主持中共中央政治局第八次集体学习》，中国法院网，2018年9月23日，https://www.chinacourt.org/article/detail/2018/09/id/3511411.shtml。

现"绿水青山就是金山银山"。良好的政治引领能够焕发出乡村的生机活力，把乡村建成有机共同体，把乡村建设成村民的大家庭，成为发展共同体、生活共同体、文化共同体、生态共同体。

在这一首要问题上，谦乐村基层组织给出了正确的答案。以苏宏书记为代表的村"两委"成员们，始终践行为民造福原则宗旨，以身作则，为村民树立了良好的榜样。2014年11月26日，在苏宏书记的推动下，谦乐村成立了宁洱县勐先镇谦乐村安乐寨蔬菜专业合作社。该合作社注册资本为60.6万元，由53户社员组成。在合作社成立大会上，苏书记表示："我们以成立合作社的方式，组织农民共同发展，走共同富裕的道路。"他还特别强调："我们不能忘记农民，必须把他们的利益放在第一位。"这些朴实的语言，体现了乡村振兴的正确方向。

（二）发挥村"两委"的示范作用，凝聚乡村振兴的群众共识

领导带头干、群众跟着干，是谦乐村"引领+跟随"型模式的最佳解释。在调整产业结构，引进推广新作物、新产业的过程中，苏宏书记以身作则，引导村民调整产业结构，发展多元经济。他不仅在合作社中发挥领导作用，而且亲自尝试推广新的作物和产业。每一种新作物或新产业在谦乐村得到推广时，苏书记都会率先种植和支持。村民们看到村支书坚定的行动，受到他的感染和带领，全村铺开的速度就会加快。调查组在谦乐村调研时，发现苏书记经常在田间地头劳作，或是与村民交谈种植技术和对最新政策的理解。他的勤奋和热情感染了整个村庄，激励着村民们积极参与村庄的发展。正是苏宏书记的这种以身作则、勤奋努力的精神，推动了谦乐村的全面振兴。

（三）以土地流转为抓手，乡村精英带领村民走共同富裕道路

土地流转和农业规模化经营是谦乐村乡村振兴的重要举措之一。在村"两委"的坚强领导下，谦乐村积极引导农民流转土地，推进农业规模化经营。村"两委"通过宣传政策、示范引导等方式，鼓励农民将土地流转给新型农业经营主体，如农民专业合作社、农业企业等。按照"合作社+基地+农户+科技+企业"的产业化经营模式，将流转后的土地作为"责任田"

种植旱稻、水稻、蔬菜等农作物。村"两委"积极协调各方资源，为农民提供技术培训、资金支持等服务，帮助他们适应新的生产模式、提高农业生产效益。同时，在土地流转和农业规模化经营的过程中，谦乐村注重维护农民的合法权益。村"两委"与农民专业合作社、农业企业等新型农业经营主体建立了紧密的合作关系，确保农民在土地流转过程中得到合理的经济收益。这种模式不仅提高了土地利用率，增加了农民收入，也实现了集体经济的发展。同时，村"两委"还积极引导农民参与乡村旅游、农产品加工等产业，推动乡村产业的多元化发展，为乡村振兴注入了新的动力。

（四）以建设宜居宜业绿美家乡为载体，吸引外流精英回乡共建家乡

中国人乡土观念强，又有衣锦还乡的情结。改革开放以来，大量村民外出务工，不少人成长为精英人才。吸引这些外流乡村精英回乡，共同建设家乡，是乡村振兴的一个重要途径。谦乐村村"两委"非常重视这一问题，遵循村民集体的意愿，按照法定程序制定了一份与村情相符的《谦乐村村规民约》，依规实现村民自我管理、自我教育、自我服务、自我约束，有效地推动了乡风文明建设和农村人居环境整治工作，使得谦乐村的村容村貌变得越来越好。积极开展农村改水、改厕、垃圾处理等综合治理工作，并推进村庄绿化、亮化、美化工程，逐步形成了宜居宜业的美丽村庄。高度重视生态环境保护，严格控制开发建设活动对生态环境的影响。村"两委"采取了一系列措施来保护自然景观和生态系统的完整性，例如加强对森林、水源地等重要生态区域的保护和管理，实行封山育林、禁烧秸秆等措施，以确保生态环境的健康与稳定。同时，谦乐村注重传承和弘扬乡土文化，保留和修复具有传统特色的民居、古建筑等文化遗产。谦乐村注重弘扬传统文化、民间艺术和习俗，通过文化活动的组织与开展，增强村民的文化自信和归属感。这些举措和成效，吸引了不少外流村民回乡建设家乡，特别是吸引了不少外出打工的年轻人才回乡创业就业，为乡村振兴注入了新的动力。

（五）以标准化生产方式改造为突破口，夯实乡村产业振兴基础

农业标准化生产方式是一种系统化的、规范化的农业生产模式，包括

耕作、播种、施肥、病虫害防治等产前、产中、产后各个环节的系统化和规范化作业。谦乐村村"两委"为了进一步夯实乡村产业振兴基础,着力打造万亩蔬菜基地,引入农业标准化生产方式,以确保农产品质量并赢得市场信任。目前谦乐村在种植上逐渐采用标准化生产方式,通过抓好春耕和冬农种植机会,计划冬农种植西兰花、无筋豆、荷兰豆等多种时令鲜蔬,不断提高产品质量和产量,满足市场需求。为了赢得市场信任,谦乐村积极开展品牌建设,注册了"谦乐"牌蔬菜商标,并申报了上级农业部门的技术支持,建立了相应产品质量检测体系,进一步提升了谦乐村产品的品牌形象和产品质量,为拓展市场奠定了坚实基础。

五 进一步完善的建议

(一)培养村干部的能力向多元化发展

谦乐村"引领+跟随"型乡村振兴发展模式,优点是决策快速,凝聚力强,能够有效推动工作落实,加快发展。但风险也很明显,发展的压力都在村"两委"身上,对领头人要求很高,无论是身体素质、品德素养和决策能力都不能出问题。特别是在当今社会,科学技术不断发展,村民价值需求不断多元化的情况下,比如在种养环节不断出现新技术、在销售端出现电商平台、在品牌包装上出现新文化理念等,靠单一的"泥腿子"经验积累式的乡村人才,是不能完全适应社会环境的变迁的。因此,要高度重视村干部的培养,促进他们的能力向多元化发展,以适应乡村振兴对乡村引领人的更高的能力需要。

(二)加快人居环境整治,让更多的人才流向乡村

乡村要振兴,靠的是人才。今天谦乐村的发展靠的是村"两委"成员对村民的引领和示范,未来的谦乐村发展,靠的是目前大量流向城市务工的年青一代农民返乡创业,他们有知识有见识有能力,是乡村振兴最需要依赖的群体。要让这些年轻人返乡创业,首先要解决的问题是让农村换新貌,让农村的人居环境能与城市媲美,并且还要有乡村独特的温馨宁静。

对于人居环境整治的问题,目前谦乐村已经制定了工作规划。预计用5

年左右时间，逐步提升改造村庄道路，完善道路硬化、亮化、绿化和配套设施；不断整治庭院环境，消除私搭乱建、乱堆乱放现象，提升村庄建筑风貌，突出乡土特色和地域民族特点；完善生活垃圾处理设施体系建设，厕所普及率将达到100%；进一步完善农村饮水维护体系，实现污水处理设备全覆盖，污水处理率在95%以上，供电设施将实现根本改善，村庄消防安全问题将降至0个。努力提升人居环境的质量，打造一个美丽、宜居、富有吸引力的谦乐村，吸引年轻人返乡创业，培育乡村未来需要的人才，同时促进乡村旅游产业的发展，让村外投资者愿意来，也愿意在乡村安居兴业。

后　记

在"中国乡村社会大调查（云南）"宁洱调查组的研究成果即将付梓之际，师生们行走于田间地头，认真观察着云南乡村社会的变化，有辛苦更有收获的那些日子又历历在目。作为观察者、访谈者、参与者与研究者，调查团队在宁洱乡村社会的调查是深入而有成效的，因此，能最终真实反映此次乡村调查结果的书稿凝聚了调查组成员、协助调查的各个政府部门与工作人员以及编辑、校对、排版人员的心血与努力。

首先，本书是"中国乡村社会大调查（云南）"宁洱调查组成员经过认真细致的调研与认真的编撰后完成的。项目负责人张锦鹏教授提出了本书撰写大纲、撰写要求，调研团队按分工进行初稿、二稿的撰写，三稿由张锦鹏进行整书的统一修改和统稿。本书撰写分工如下：绪论，张锦鹏、亏晓兰；第一章，冯全镇、张琛、那瑞珂；第二章，黄琪淋、娜妥、那瑞珂；第三章，娜妥；第四章，方敏烨、陈曦、刘睿宸；第五章，张锦鹏、亏晓兰；第六章，张锦鹏、陈曦。

其次，本书的完成，得到了众多单位、部门和人员的支持与帮助。感谢云南大学及云南大学民族学与社会学学院的领导和各位同仁的支持与帮助，我们很荣幸参与到这样一次具有重大意义的社会大调查之中，这加深了我们对中国乡村社会的认识。衷心感谢宁洱县人民政府、宁洱县各职能部门的鼎力支持及所调查乡镇和村寨干部群众的倾情相助。他们不仅帮助安排、协调调查活动的各种细节，使调查组顺利完成了进村入户的问卷调查和深度访谈工作，还帮忙安排了多场次与职能部门的座谈会，并提供了大量的资料和数据。没有他们的帮助，我们无法完成项目的调研和书稿的撰写。在这里，特别感谢梁家凡、罗健、王正松、张兆恒、顾海、存洁等同志，他们为调查工作给予了大力支持和无私帮助。同时也要感谢社会科学文献出版社领导对本书出版提供的支持与帮助，以及责任编辑庄士龙老师的辛勤付出。总的来说，最终无论是在调查成果内容还是在成书的过程中都充分体现着书稿的核心主旨——团结聚力，正是由于各方的协同努力，本书才得以最终面世。

最后，由于时间紧、任务重，本书还存在诸多不尽如人意之处，我们将在今后的跟踪研究中不断深化认识。本书中的内容可能会存在一些错讹，恳请读者提出宝贵的意见，我们将在今后的研究中加以改正。

图书在版编目（CIP）数据

团结聚力促进民族地区乡村振兴：云南省宁洱县乡村振兴调研报告 / 张锦鹏等著 . -- 北京：社会科学文献出版社，2025.2. --（民族地区中国式现代化调查研究丛书）. -- ISBN 978-7-5228-5074-0

Ⅰ. F327.744

中国国家版本馆 CIP 数据核字第 2025G1585D 号

民族地区中国式现代化调查研究丛书

团结聚力促进民族地区乡村振兴
——云南省宁洱县乡村振兴调研报告

著　　者 / 张锦鹏　陈　曦　等

出 版 人 / 冀祥德
责任编辑 / 庄士龙
文稿编辑 / 王红平　李瑶娜
责任印制 / 王京美

出　　版 / 社会科学文献出版社·群学分社（010）59367002
　　　　　　地址：北京市北三环中路甲 29 号院华龙大厦　邮编：100029
　　　　　　网址：www.ssap.com.cn
发　　行 / 社会科学文献出版社（010）59367028
印　　装 / 三河市龙林印务有限公司

规　　格 / 开　本：787mm×1092mm　1/16
　　　　　　印　张：18　字　数：267 千字
版　　次 / 2025 年 2 月第 1 版　2025 年 2 月第 1 次印刷
书　　号 / ISBN 978-7-5228-5074-0
审 图 号 / 云 S（2024）12 号
定　　价 / 128.00 元

读者服务电话：4008918866